KB235010

10년후
시장의 미래

10년후
시장의 미래

〈트렌즈Trends〉지 특별취재팀 지음 | 권춘오 옮김
ⓒ Neonet Korea, 2014

초판 1쇄 펴낸날 · 2014년 5월 26일
2쇄 펴낸날 · 2014년 8월 8일
펴낸이 · 이효순 | 펴낸곳 · 일상과 이상 | 출판등록 · 제300-2009-112호
편집인 · 김종필
주소 · 경기도 고양시 일산서구 탄현동 큰마을현대대림 아파트 112동 301호
전화 · 070-7787-7931 | 팩스 · 031-911-7931

ISBN 978-89-98453-13-8   13320

값 15,000원

10년 후 시장의 미래

〈트렌즈Trends〉지 특별취재팀 지음 | 권춘오 옮김

일상이상

재생종이로 만든 책

행복한 10년을 위한
'집단지성의 미래설계서'

지금으로부터 약 200년 전, 철도가 처음 설치되었을 때 그것이 곧바로 기존의 역마차 사업을 완전히 장악하지는 못했다. 하지만 종국에는 운송 산업을 완전히 변화시켰고, 철도와 관련된 산업들을 키우고 수많은 기업과 기업가에게 새로운 기회를 제공했다. 약 100년 전, 자동차 산업이 등장했을 때 그것 또한 기존의 운송 수단을 완전히 대체하지는 못했다. 하지만 현재 자동차 산업은 한 국가의 부를 좌우하는 거대 산업이 되었고 삶과 직장, 산업에 혁명을 일으켰다.

세상이 변하는데도 역마차 산업만 고집하던 사람들은 역사의 저편으로 사라지고 말았다. 미래가 행복할지 불행할지는 앞으로 세상을 뒤흔들 새로운 흐름을 얼마나 빨리 이해하느냐에 달려 있다. 이

책에 실린 신기술과 트렌드들에 관심을 기울이면, 지금부터 10년 후까지 새롭게 재편되는 세계 시장에서 생존할 것이다. 이 책은 전 세계 각 분야의 전문가들이 정보와 지식을 공유해 발표한 미래예측서이므로, 이 책을 통해 지금부터 10년 후까지 새롭게 부상할 신흥 시장을 발견할 수 있을 것이다.

이 책은 전 세계 2만여 명의 전문가들이 참여한 미래학 연구지인 「트렌즈Trends」 지에 실린 기사 중 국내 독자에게 유용한 것들을 모아 엮은 것이다. 「트렌즈」 지는 매월 6~8개의 사회·경제·신기술 관련 기사를 각 분야의 전문가들이 각자의 의견과 자료를 공유해 형성하는 '집단지성을 활용한 지식보고서'이다. 세계 최고의 미래학 연구기관인 세계미래학회와 「더 퓨처리스트The Futurist」 지에서 활동하고 있는 이들이 함께 만든 세계적인 미래학 전문지이다. 이 잡지에 실린 글들은 지구촌의 현재를 반영하기도 하고, 가까운 5년 이내의 미래, 10년 이후의 미래를 반영하기도 한다.

「트렌즈」 지가 발표한 기사를 엮은 책은 2012년 이맘때 『10년 후 부의 미래』로 출간된 바 있는데, 이 책은 출간되자마자 예스24 등 주요서점에서 종합 베스트셀러에 올랐고, 전경련 조찬모임과 국방부 진중문고 등 여러 단체의 추천도서로 선정된 바 있다. 또, 그 다음으로 출간된 『10년 후 일의 미래』 역시 경제경영 베스트셀러가 되었고, 한국독서경영연구원의 추천도서로 선정되었다. 그래서 이번에 펴낸 『10

년 후 시장의 미래』 역시 독자 여러분의 뜨거운 반응이 예상된다.

지금 백악관과 CIA, 구글과 애플, 바이오브릭스, 메르세데스-벤츠 등에서는 「트렌즈」를 일독하고 있다. 앞서 말했듯이 '집단지성의 지식보고서'인 「트렌즈」지는 '과거와 현재 그리고 미래의 상황'을 상당히 구체적인 지표와 통계 등을 통해 제시하고 있기 때문에, 일반적인 미래예측 서적들보다 좀 더 개연성이 있는 미래의 모습을 소개한다. 따라서 이 책은 신사업을 추진하려는 기업, 유망직종을 원하는 개인에게 매우 필요한 정보를 제공할 것이다.

인간과 그 외의 존재가 다른 점은, 미래에 대비하는 적극적인 태도를 보이는 것이다. 인간 이외의 존재는 미래에 그 어떤 상황이 닥치더라도 그 상황에 적응하는 데만 급급할 뿐이고, 적응에 실패하면 곧 도태된다. 하지만 인간은 다르다. 미래를 예측해 미래에도 번영할 수 있는 최선의 방법을 찾기 때문이다. 바로 이러한 인간의 능력은 위기의 시대에 꼭 필요한 덕목이다.

미래를 대비하기 위해 알아야 할 지식과 정보는 갈수록 더 많아지고 있다. 세상이 워낙 빠르게 변화하기 때문일 것이다. 『10년 후 부의 미래』와 『10년 후 일의 미래』에 이어 출간된 이 책은 더 빠르게 변화하는 우리 세계에 대한 이야기이다. 급변하는 세상에서 자연도태보다는 진화하기 위해 이 책을 펼쳐보자.

2014년 새봄에, 옮긴이 권춘오

차례

세계경제

전 세계 산업 지도가 달라진다

01 관할권 경쟁과 TPP, 규제 완화로 뒤바뀌는 시장

'글로벌 거버넌스Global Governance'는 하나의 법, 규제, 기준을 전 세계에 통용시키기 위해 태동했다. 그러나 글로벌 거버넌스는 실패했고, '관할권 경쟁Jurisdictional Competition'이라는 새로운 트렌드를 부추겼다. 관할권 경쟁이란 무엇인가? 오늘날 이것이 왜 중요한가?

2014년 4월, 한국의 진도 해상에서 세월호가 침몰되어 300명 이상의 승객이 사망 혹은 실종되었다. 이 일로 한국 사회는 온통 슬픔에 잠겼다. 세월호의 침몰과 함께 정부에 대한 신뢰도 침몰했는데, 이러한 때에 오바마Barack Obama는 박근혜 대통령과 정상회담을 가졌다. 그리고 그 자리에서 FTA의 완전 이행과 함께 TPPTrans-Pacific Partnership에 대해 논의했다.

TPP는 아시아·태평양 지역 경제의 통합을 목적으로 2005년 6월 뉴질랜드, 싱가포르, 칠레, 브루나이, 4개국 체제로 출범한 다자간 자유무역협정이다. 2006년 1월까지 회원국 간 관세의 90%를 철폐하고, 2015년까지 모든 무역 장벽을 철폐하는 것을 목표로 하고 있다. 이 협정에는 상품 거래, 원산지 규정, 무역 구제조치, 위생검역, 무역 기술 장벽, 서비스 부문 무역, 지적 재산권, 정부조달 및 경쟁정책 등 자유무역협정의 거의 모든 주요 사안이 포함되어 있다. 2008년 2월에 미국이 이 협정에 참여하기 위한 협상을 시작했고, 그해 8월에 호주, 베트남, 페루가 참여 의사를 밝혔으며, 2010년 10월 말레이시아가 참여를 선언했다. 이후 TPP에는 미국, 호주, 뉴질랜드, 캐나다, 멕시코, 페루, 칠레, 싱가포르, 브루나이, 베트남, 말레이시아, 일본, 12개국이 참여 중이다.

TPP는 창설 초기에는 그다지 영향력이 크지 않은 다자간 자유무역협정이었으나 미국이 적극적으로 참여를 선언하면서 주목받기 시작했다. 버락 오바마는 TPP가 아시아·태평양 지역 경제 통합에 있어 가장 강력한 수단이며, 세계에서 가장 빠르게 성장하는 지역과 미국을 연결해 주는 고리라고 평가한 바 있다. 미국이 적극적으로 협정 가입을 추진하고, 아시아 국가들의 동참을 유도하고 있는 것은 눈부신 성장을 이루고 있는 중국을 견제하려는 의도가 크게 작용했기 때문이다.

그런데 오바마와 박근혜가 TPP에 대해 논의하던 4월 25일, 타임스 스퀘어 Times Square 에서는 한인들을 포함한 미국의 진보단체들이 오바마의 아시아 순방을 규탄하는 시위를 열었다. 이들은 "TPP는 미국의 아시아 태평양 지역에 대한 경제적, 군사적, 정치적 지배전략이며, 미국과 아태 국가의 극소수 부자들을 위한 경제적, 군사적 동맹 강화정책"이라고 강력히 비판했다.

이들은 왜 TPP를 반대하는 것일까? TPP는 관세 철폐와 투자 및 서비스 시장의 완전한 자유화를 추진하며, 상품 판매에서 자본 투자까지 일체의 장벽을 없애고 미국 주도의 통상 질서를 강화하려는 전략이기 때문이다. 한국이 TPP에 참여하게 되면 쌀 시장 개방을 비롯해 자동차 등 제조업 분야의 관세 철폐, 투자 및 서비스 시장 개방과 민영화 등을 강하게 요구받을 것이다. 그로 인해 농민들의 생존권과 노동자의 기본권은 심각하게 훼손될 수도 있다. 하지만 수출 위주의 대기업들은 실보다는 득이 많을 것이다. 그리고 TPP는 최근 벌어지는 상황으로 볼 때 확산될 전망이다.

유럽과 아시아가 걸어온 두 가지 다른 길을 잠깐 생각해 보자. 시기 500년 무렵 서로마 제국이 붕괴된 이후 1300년까지, 유럽은 전 세계를 기준으로 경제적 변방이었다. 반면 인도, 중국, 이슬람 세계는 세상을 지배하는 주류였고 상당한 발전을 이루고 있었다.

하지만 그 이후는 어떻게 됐는가? 유럽은 르네상스와 계몽주의, 그리고 결정적으로 산업혁명을 경험했다. 반면 아시아는 같은 기간 동안 정체되거나 약화되었다. 19세기 중반까지, 전 세계는 경제적으로 그리고 정치적으로 관리되었다. 관리자는 유럽 국가들과 그들이 일군 신대륙의 미국, 캐나다였다. 과학혁명은 지난 200년 동안 지구촌 전체의 GDP를 3,200%나 증가시켰는데, 과학혁명은 이들 국가들이 이뤄낸 결과물이다. 물리학, 화학, 의학에서 노벨상 수상자들을 이들 국가들이 거의 독점적으로 배출한 것은 그 증거라 할 수 있다.

부와 힘의 이러한 극적인 이동을 무엇으로 설명할 수 있을까? 여기서 우리는 관할권 경쟁을 생각해야 한다. 관할권 경쟁은 각 정부들이 더 우수한 정책들을 채택할 수밖에 없을 때 일어나는 현상이다. 신자유주의 시대에 노동, 자본, 아이디어는 더 나은 조건을 찾아 국경을 넘나든다. 이러한 요소들은 다윈의 적자생존처럼 서로 경쟁한다. 이러한 경쟁에서 이기는 국가들은 시간이 지나면서 더욱 유능해지고, 부를 쌓고, 탄력적으로 변한다.

반면에 독점을 행사하는 국가들은 더 가난해지고, 비효율적이면서, 탄력성도 잃는다. 결국, 가장 경쟁력 있는 국가들은 점령 혹은 흡수하면서 점령지의 자산을 재배치시킨다. 영국이 인도를 취한 후 그들이 가진 자산을 재배치한 것을 기억하라. 또 17세기에 네덜란드는 경쟁과 혁신을 통해 부흥했는데, 이는 변화를 거부해 침체를 맞은 스페인과는 대조적이다.

노벨경제학상 수상자인 개리 베커Gary Becker는 이러한 개념을 다음과 같이 말했다. 이것은 자유주의 경제학을 일으킨 밀턴 프리드먼Milton Friedman이 다음과 같이 주장한 것이기도 하다.

노벨경제학상 수상자인
개리 베커.

"공공 서비스 제공과 세금 부과에 있어 각국 정부의 경쟁은 개인 혹은 기업들이 제공하는 상품 및 서비스와 가격의 경쟁만큼 생산적이다."

중세 암흑시대 내내 유럽인들은 불결한 환경에서 산 반면, 중국은 상대적으로 더 나은 환경에서 살았다. 그러나 이후 산업혁명이 일어나고, 아시아 제국의 힘은 약화되었다. 근대 자본주의가 태동한 유럽 국가들에서 자본가들은 경쟁을 통해 번영했고, 이러한 유럽 내의 경쟁 환경이 쇠퇴하기 시작하자 부와 힘이 아메리카로 넘어갔다.

프랑스의 정치가이자 경제학자인 자케 튀르고 Jacques Turgot 는 아메리카에서 새로운 기회를 엿봤다. 즉, 아메리카는 관할권 경쟁에 뒤늦게 뛰어들었고, 자본이 국경을 자유로이 넘나드는 환경을 마련했다. 자본은 보다 나은 정책을 채택하는 정부를 지향한다. 과도한 세금을 징수하려는 정부는 노동과 돈으로 구성되는 자본이 다른 국가로 흘러가게 되는 결과를 맛보게 된다. 관할권 경쟁의 이러한 속성은 정부의 규제 완화를 유발한다. 또한 각종 민영화로 정부의 복지 지출을 줄어들게 할 수 있다.

이러한 관할권 경쟁은 앞으로 피할 수 없는 대세로 떠오를 것이다. 이 경쟁에서 승리하려면 국가들은 개인과 기업이 경제적으로 자유롭게 행동할 수 있는 자유를 보장해야 한다. 이웃 국가와 비교해 그러한 환경을 제공하는 데 실패한다면, 국가경쟁력을 잃을 것이다. 관할권 경쟁에서 유리한 조건을 제시하는 곳에서 기업은 더 나은 정책의 혜택을 기대하게 된다. 서구 유럽과 미국이 한때 이러한 경제적 망명자들로 넘쳐났던 이유가 바로 여기에 있다.

물론 이것은 래퍼곡선Laffer curve 을 좌우하는 것이다. 래퍼곡선은 티핑 포인트가 세율 인상과 함께한다는 점을 증명한다. 세금이 오르는 만큼, 어떤 변곡점까지는 더 이상의 수익 증대가 발생하지 않을 것이다. 사람들은 복지를 약속하는 세력에 투표를 할 것이고, 기업가들은 새로운 사업을 하지 않을 것이기 때문이다.

관할권 경쟁과 글로벌 거버넌스에 모두 반대되는 모델들은 냉전 시대에서 찾을 수 있다. 구소련과 위성 국가들은 모든 것이 독점되는 중앙 집중화된 구조를 운용했고, 그 모델을 전 세계에 확산하려는 노력을 기울였다. 반면에 미국과 나토 국가들, 일본과 같은 일부

아시아 국가들은 서로 간의 관할권 경쟁을 부추겼고, 역사는 어느 쪽이 우세한지를 이미 증명했다. 구소련과 위성 국가들은 붕괴되거나 사라졌고, 수많은 위성 국가들이 EU 회원국으로 가입했다. 오늘날 러시아의 GDP는 미국 GDP의 12%에도 미치지 못하고 있다.

이제 글로벌 거버넌스를 강화하려는 국가들 간에 새로운 줄다리기를 하고 있다. 이러한 줄다리기는 1989년 소련의 위성 국가들이 붕괴되면서 시작되었다. 이들이 붕괴하자 관할권 경쟁의 걸림돌이 파괴되었고, 인력과 자본, 그 밖의 자원들이 국경을 벗어나 자유롭게 이동하게 되었다. 동시에 그 붕괴는 많은 사람들에게 글로벌 거버넌스라는 개념이 지적 유희에 불과하다는 점도 알려줬다.

관할권 경쟁의 결과는 선진국에서 도드라지게 나타나고 있다. 사베인즈-옥슬리 법Sarbanes-Oxley Act, 미국에서 공공 기업의 재무 보고에 대한 투자자의 신뢰를 회복하기 위해 2002년에 제정된 법이다. 기업의 업무와 거래, 커뮤니케이션, 기타 모든 종류의 비즈니스에 대한 감시 시스템 확립과 회계 조작을 주도한 경영자에 대한 형사처벌 등을 주요 내용으로 한다. 이 2002년에 미국 의회에서 통과된 이후, 수많은 미국 내 외국 기업들의 자본 이탈이 일어났다. 런던이 그 혜택을 고스란히 누렸는데 영국 외부에서 일어난 IPOInitial public offering, 기업 공개 기업 20개 중 14개가 2005년부터 2008년까지 영국 주식시장에 상장됐기 때문이다. 뉴욕 증권거래소에서 미국 외부의 IPO 유치 중, 상위 20개의 IPO는 단 네 곳에 불과했다.

미국 증권거래소의 상장 목록은 1997년 8,823개로 정점을 찍었

지만 2008년에는 5,401개로 내리막길을 걸었다. 약 10년 사이에 무려 39%나 떨어진 것이다. 이것은 더 나은 조건의 국가들로 미국의 기업들이 떠나고 있다는 점을 단적으로 보여준다.

2010년 4월, 영국은 세금 상한선을 50%까지 올렸다. 이러한 조치는 많은 헤지 펀드들이 떠나는 계기를 제공했고, 이들은 싱가포르와 같이 그들에게 더 우호적인 곳으로 옮겨갔다. 참고로 싱가포르에는 자본 이득세가 없다.

한 국가 내에서도 이러한 관할권 경쟁의 효과를 살펴볼 수 있다. 일리노이 주는 그 적절한 사례가 될 것이다. 2011년 1월, 일리노이 주는 개인 소득세율을 67%까지, 법인세율을 9.5%까지 올렸다. 이로 인해 20개 이상의 기업들이 집단 이탈을 하려 하자 이를 방지하기 위해, 무려 2억 3천만 달러의 기업 보조금을 나눠줘야 했다. 결국 재정 적자를 해결하기 위해 세수를 올리려는 이 조치는 폐지되었다.

최근 글로벌 경기 침제가 장기화되자 세계 각국은 관할권 경쟁에 뛰어들고 있다. 관할권 경쟁의 시대에서 정부나 지자체는 세수를 올리기 위해 어떻게 해야 할까? 기업에 친화적인 세금 정책을 채택하면, 새로운 기업을 유치하고 새로운 일자리를 창출해 더 많은 세수를 얻을 수 있다.

관할권 경쟁의 시대에 우리는 4가지 예측을 할 수 있다.

첫째, 2030년까지 세계화는 관할권 경쟁의 강도를 극적으로 높일 것이다. 각 국가들이 각종 혜택에 대한 경생을 벌이면서, 경제적 세계화는 글로벌 거버넌스의 논리를 약화시킬 것이다. 그럼에도 불구하고 글로벌 거버넌스를 증대하려는 시도들은 사라지지 않을 것이다. 예를 들어, 유럽의 복지국가에 의해 주도되는 경제협력개발기구OECD 는 미국을 포함한 각 회원국들에게 세금 정책과 관련된 압력을 가할 것이다. 관할권 경쟁을 제약하기 위해 고안된 해양법 조약the Law of the Seas Treaty 이나 교토 의정서the Kyoto Protocol

와 같은 다자 조약들이 신자유주의 시장에서 유럽 국가들에 의해 추진될 것이다. 만약 이러한 것들이 채택된다면 과잉 규제들이 글로벌 경쟁을 약화시킬 것이다. 하지만 글로벌 경쟁은 피할 수 없을 것이다. 관할권 경쟁에서 부를 선점하기 위해 규제 완화를 펼치는 정부들이 늘어날 것이다.

둘째, 인터넷 등의 정보 기술에 의해 전 세계의 국경은 갈수록 사라질 것이다. 기술혁명의 시대에 새로운 정보 기술 상품과 서비스가 통합되면서 거의 모든 경제 영역에 변혁의 압력을 가할 것이다. 이러한 발전은 신생 기업과 기존 기업을 모두 아우른다. 이러한 환경에서 정치적 경계는 허물어지고, 성장과 수익에 유용한 최고의 환경을 제공하는 지역이나 국가에 자본이 집중될 것이다. 이러한 대세를 따르지 않는 국가는 저성장의 늪에 계속 빠져들 것이다.

셋째, 앞으로 5년 내에 미국 내의 주 정부 사이에도 치열한 관할권 경쟁을 벌일 것이다. 이미 캘리포니아 주는 과도한 세금과 소송, 규제 때문에 기업과 일자리가 대이동할 위기에 취해 있다. 캘리포니아 주의 과도한 복지 프로그램은 멕시코로부터 비취업 이주민을 끌어들이고 있는데, 이로 인해 엄청난 재정적 압박을 받고 있다. 고임금 구조와 복지 혜택이 결합되면서, 캘리포니아 주는 파산에 이르는 길에 들어서고 있다. 반면에 캘리포니아 주와 거의 모든 면에서 반대의 길을 걷고 있는 텍사스 주는 번영의 길을 예고하고 있다.

넷째, 한국이 TPP에 참여하게 되면 여러 문제를 풀어야 할 것이다. 한국은 북한과 정치적으로 긴장관계에 놓여 있다. 이 긴장관계를 완화하려면 미국뿐만 아니라 중국과의 관계도 신경 써야 한다. 그런데 경제적 이권과 관련된 TPP가 끼어들면 상황이 복잡해진다. TPP는 사실 오바마의 아시아 리밸런싱 전략이다. 오바마는 중국이 주도하는 RCEP ASEAN 10개국과 한·중·일, 호주, 인도, 뉴질랜드 등 16개국의 무역자유화를 위한 협정으로 다자간 자유무역협정 FTA 이다. '아르셉'이라고도 한다. 를 견제하기 위해 TPP를 추진하고 있다.

그런데 중국은 한국의 최대 투자국이자 최대 교역국이다. 이러한 상황에서 박근혜 정부는 경제 실익은 중국에서 챙기고, 안보 이익은 미국에서 구하려 하지만 살하면 대박이요, 못하면 쪽박이다.

TPP에 협의한 10개국의 국가 대표들.

왜냐하면 이러한 한국 정부의 바람을 이루려면 필연적으로 미국에 경제적 대가를 지불해야 한다. 그리고 중국이 한국과 미국이 긴밀한 관계를 유지하는 것을 묵인할 수 있을지도 의문이다. TPP 협정은 한미 FTA를 기본모델로 하고 있는데, 공기업과 관련된 규제 완화가 추가될 것이므로 민영화가 불가피할 것이다. 그리고 상품무역에서 한국은 미국과 일본 등의 국가를 상대로 무역적자가 늘어날 것이다. 한국의 산업은행과 우정사업본부, 철도공사 등이 민영화로 사라질 수도 있고, 금융정보를 해외에 위탁할 수도 있다. 결국 이러한 문제를 어떻게 푸느냐에 따라 명암이 갈릴 것이다.

02 탈세계화,
과연 확산될 수 있을까?

앞에서 우리는 세계화가 지속되면서 관할권 경쟁이 심화되고 있음을 살펴보았다. 이와는 반대로 최근 전문가들 사이에 '탈세계화 deglobalization'가 확산될 것이라는 예측이 나오고 있다. 2009년 세계 금융 위기로 침체된 경기가 서서히 회복하기 시작하자 탈세계화가 대두되고 있다. 탈세계화는 무엇이고, 탈세계화가 가져올 결과는 무엇인가? 현재 세계는 어디를 향하고 있는가?

1970년대에 시작된 세계화는 1980년대를 거치며 천천히 그 힘의 범위를 넓히다 1989년 베를린 장벽 붕괴와 함께 더욱 확산되었다. 그 과정에서 세계의 자유시장 free market 에 참여하는 사람의 수가 두 배 이상 늘었고, 무역 규모는 27억 달러에서 60억 달러로 성장했다.

이러한 세계화의 긍정적 효과 중 하나는 미국 내에서만 새로운 일자리 4천만 개가 생겼다는 점이다.

미국 피터슨국제경제연구소 Peterson Institute 의 선임연구원 개리 후프바우어 Gary Hufbauer 에 따르면, 무역의 세계화는 미국에 매년 1조 달러의 부를 생성했다. 2007년 하반기까지, 즉 경기 침체가 시작되기 바로 직전까지, 다우존스 공업지수는 1982년 800 이하에서 14,000으로 급상승했다.

지난 30년 동안 세계화는 자본과 노동, 생산자와 소비자를 모두 부양시키면서 전 세계의 경제 활동에 일대 붐을 일으켰다. 지구촌 곳곳의 수억 명의 사람들이 빈곤에서 벗어났고 삶의 질이 극적으로 향상됐다. 동시에 세계화가 경제 성장과 더불어 개인들에게 수익을 올릴 수 있는 비즈니스 기회를 제공함으로써 수천억 달러의 주식 가치가 생성되었다. 이러한 세계화로 인해 지난 수십 년의 경제 성장률을 앞지르는 무역 성장률을 기록했다. 그리고 세계화는 미국을 위해 부를 창출하는 시스템이라는 점을 입증했다.

슈퍼자본주의와 부의 불균형, 세계화가 가져온 부정적인 면도 분명 존재하지만 우리가 맞이하고 있는 디지털 혁명, 제5차 기술-경제 혁명의 경제적 잠재력을 실현하는 데 있어 세계화는 매우 중요한 역할을 수행할 것이다. 만약 지금처럼 세계화가 지속적으로 유지되지 않았다면, 어떤 일이 일어났을까? 북미, 한국, 일본, 유럽연합 EU 과 같은 국가들은 노령화되고 있는 인구의 다양한 수요에 대응하지 못

하고 심각한 불황에 시달렸을 것이다. 인도나 중국, 라틴 아메리카나 아프리카와 같은 곳은 어떻게 됐을까? 그들이 보유하고 있는 경제 잠재력을 깨우지 못하고, 수십억 명의 사람들이 빈곤에서 벗어나지 못했을 것이다.

하지만 2009년 이후 탈세계화로 글로벌 경제는 회복되지 못하고 있다. 국제통화기금 IMF International Monetary Fund 는 2014년 4월에 2014년 세계 GDP가 3.6% 징도 싱장할 것이라 예측하고 있다. 반면, 세계무역기구 WTO World Trade Organization 는 당초 예상한 세계 무역 성장률을 4.5%에서 3.3%로 하향 예측했다. 이러한 경제활동의 둔화는 많은 영역에서 나타나고 있다.

●신생 시장으로 유입되는 자금들이 급격하게 줄어들면서 국경을 넘나들던 민간 자본의 흐름이 단절되고 있다. 이것은 투자자들이 자금을

자국에 묶어두거나 자국 내에서 소극적으로 활용하는 일이 점차적
으로 늘어나고 있음을 보여준다.

● 기업들이 공장과 같은 장기적 자산에 대한 투자, 특히 해외 공장 건
설에 대한 투자에 열의를 잃고 있다.

● 전 세계의 대형 은행들이 점점 더 자국 내 시장에 머무르고 해외 확
대 계획을 철회하고 있다.

● 전 세계적으로, 특히 유럽에서 분열이 일어나고 있다. 글로벌 투자가
감소하고, 은행 간 거래가 점차 줄어들고 있으며, 일부 대형 비유럽
연합 은행들이 유럽에서 상당 부분 철수를 단행하고 있다. 이와 동
시에 경제 수치는 수출입이 동시에 감소한 것을 보여주고 있다. 유럽
내 국가 간 무역은 3.5% 하락했고, 유럽에 유입되는 수입품도 3.5%
감소했다.

● 중국의 상품 무역이 규모 면에서 지난 2년 6개월간 정체되어 왔다.
2012년 1분기에 중국의 수출 성장률은 2.9%, 수입 성장률은 2.8%
감소했다.

이러한 탈세계화를 촉발하여 글로벌 경기 둔화를 일으키는 요인
은 세 가지이다.

① 유럽연합이 탈세계화의 상당 부분을 주도하고 있다. 신생 시장들은
전통적으로 유럽 은행들로부터 무역에 필요한 자본이나 금융을 거

의 80%까지 조달받아 왔다. 그러나 현재 이러한 은행들의 자본 공급이 악화되면서, 투자된 자본들이 회수되고 있다. 이렇게 자본에 문제가 생기면서 전 세계의 무역 자본 혹은 금융이 악화되고 탈세계화가 가속화된다.

② 상충되는 자본 수요와 지역에 따른 규제로 의해 글로벌 금융이 점차 매력을 잃어가고 있다. 이로 인해 글로벌 금융 시스템이 점차적으로 국지화 혹은 자국화 되고 있다. 여기에 각국 정부들은 자국 내 금융 기관들에 내수 위주의 소비자 거래를 집중할 것을 요구하고 있다.

③ 교역 경쟁력을 얻기 위해 달러에 대한 자국 통화에 조정을 가하는 중국을 비롯해 최소 12개 국가들 간의 불신도 탈세계화를 촉발하고 있다. 이로 인해 세계는 통화전쟁 직전에 이르고 있다.

탈세계화의 영향은 전 세계로 확산되고 있다. 미국만 봐도, 완전 고용에 필요한 성장률에 도달하기 어렵게 되었고, 전 세계적인 불황과 고용 불안, 실업이 큰 문제로 대두되고 있다. 세나가 더 큰 위기가 발생할 수도 있다. 보호주의가 세계적으로 확산되는 것이다. 이것은 전 세계가 공멸할 수 있는 위기를 불러올 수 있다. 이러한 탈세계화의 부작용을 고려할 때, 우리는 4가지 시나리오를 예측할 수 있다.

첫째, 탈세계화는 앞으로 2~3년 안에 그 힘을 잃을 것이다. 대부분의 국가들은 현재보다 더 큰 규모의 자유무역협정들을 체결할 것이다. 이러한 협정들은 성장에 방해되는 요소를 없애 국제 교역을 증대시키고, 경제 잠재력을 성장시킬 수 있는 정책 활동들의 공조를 이끌어낼 것이다. 더불어 지역주의 혹은 자국주의, 보호주의 등을 잠재울 수 있을 것이다. 글로벌 경제에 있어 성장의 제1원칙은 자유시장, 자유구성원 그리고 자유무역이다. 미국을 비롯한 일본, 한국 등은 이러한 것들을 제대로 가동시키기 위해 노력할 것이다.

둘째, 인위적인 수입 장벽을 없애는 것을 포함하여 중국 내 소비 경제가 탈세계화를 완화시킬 것이다. 지금까지 세계화의 혜택, 즉 빈곤에서 수억 명의 사람들이 벗어날 수 있도록 한 혜택의 주요 수혜자는 중국이었다. 그러나 현재 경제 성장 정체와 내수 시장 약화에 직면하자, 중국은 미국산 수입품 등 외국 수입품에 대해 장벽을 치는 중이다. 최근까지 중국은 미국산 자동차에 2~21.5%에 이르는 관세를 부과했는데, 이것은 미국의 어리석은 실수로 비롯된 것이다. 미국이 중국산 저가 타이어에 새로운 관세를 부과하자 그에 대한 대응으로 이러한 일이 일어난 것이다. 중국은 더 나아가 하이브리드 자동차, 아이패드, 미사일과 같은 고도의 기술 제품을 제조하는 데 반드시 필요한 희귀 광물들의 수출에 제한을 가하면서 추가 장벽을 쌓고 있다. 이러한 형태의 제한과 관세 정책은 단기간 내에 무역 불균형 문제를 해소하는 것처럼 보일 수 있다.

하지만 장기적인 무역의 혜택을 고려해 보면 훨씬 부정적인 결과를 가져온다. 중국의 수출 주도 경제 모델이 약화 혹은 정체되고 있는 이유 중 하나는 중국이 경쟁력을 잃고 있기 때문이다. 그중 노동력에 대한 두 자릿수의 임금 인상률은 중국 경쟁력 상실의 주범이다. 그런데 아이러니하게도 임금 상승의 결과로 소비 경제가 성장하고 있다. 그리고 그것은 궁극적으로 중국이 지금까지 수출을 통해 이룩한 경제 성장보다 더 큰 성장을 보장해 줄 수 있다. 중산층 임금 노동자들로 구성된 소비 경제는 전통적으로 수출만 해오던 상품들의 내수 시장을 형성할 것이다. 더불어 수입 제품에 대한 내수 시장도 동시에 형성될 것이다. 중국 내외부에서 이러한 제품 혹은 상품 및 서비스의 유입으로 부가 증대되면, 외국 수입품에 대한 장벽은 사라질 것이다.

셋째, 미국의 에너지 생산 그리고 제조업에서 일어나고 있는 극적인 르네상스가 탈세계화의 흐름을 뒤바꿀 것이다. 1970년대 이후 미국은 꾸준하게 무역 적자를 기록해 왔다. 미국의 비농산물 수출 하락과 에너지 수입 상승이 그 적자의 주범이었다. 그러나 셰일 가스를 비롯한 저렴하고 풍부한 에너지 자원들이 미국에서 개발 및 발견되므로, 2020년 무렵 미국은 에너지 수출국의 지위를 누리게 될 예정이다. 고도의 자동화된 기술을 갖춘 제조업이 부흥하고 이미 보유하고 있는 거대 소비 시장이 힘을 발휘하면서, 미국산 수출품이 다시금 경쟁력을 확보할 가능성이 높다. 경쟁력 있는 가격의 제품을 생산할 수 있는 미국 제조업의 리엔지니어링이 어떻게 진행될 것인지를 눈여겨봐야 할 것이다.

넷째, 신생 시장의 불투명성으로 인해 경제 개발에 활용될 자본은 저렴해지지 않을 것이다. 그러나 이로 인해 유럽에 부채 위기를 일으킨, 오용된 방식의 부채는 사전에 방지될 것이다. 신생 시장의 불투명성은 은행 당국과 채권자들이 해외 지점에서 일어날 수 있는 손실에 좀 더 주의를 기울이도록 유도할 것이다. 따라서 일부는 아예 개발도상국에서 완전히 빠져나오는 방식을 선택하고 있다. 국제금융협회 Institute of International Finance 는 2012년에 신생 시장에 유통된 순자본의 흐름 규모를 7,460억 달러로 추산했다. 이것은 2011년에 비해 15% 정도 하락한 수치다. 이러한 하락세로 인해, 앞으로는 현재보다 더 큰 신용도가 필요할 것이고, 이를 위해 더 큰 비용을 치러야 할 것이다.

한반도 통일,
정말 대박일까?

지난 1월 한국의 박근혜 대통령이 "통일은 대박"이라고 발언한 이후 세계적인 투자 전문가인 짐 로저스Jim Rogers는 "자신의 전 재산을 통일 한반도에 투자하겠다"고 밝혀 화제를 모았다. 또 미국 경제전문지 「포브스Forbes」는 최근 '매수 기회의 한 신흥국 시상One Emerging Market To Buy'이라는 제목의 기고문을 실었다. 아시아컨피덴셜의 창업자인 제임스 그루버James Gruber가 쓴 이 기고문은 통일 이후 한국 증시의 성장성을 전망했다. 그는 "한국은 세계 최고의 제조업 국가로 제2의 독일이 될 가능성이 높다. 북한의 자원과 노동력이 남한의 자본 및 경영 역량과 결합할 경우 투자 대박으로 이어질 것"으로 전망했다.

한편, 골드만삭스Goldman Sachs는 "2015년에 남북통일이 되면

GDP가 2015년에는 1조 6,430억 달러로 늘어나고, 2030년에 3조 2,800억 달러, 2040년에는 4조 9,560억 달러에 이를 것이다. 또 1인당 국민소득은 2015년 2만 2,000달러, 2030년 4만 3,000달러, 2040년 6만 6,000달러, 2050년에는 8만 6,000달러에 이를 것"으로 내다봤다.

이와 비슷한 장밋빛 예측을 한국의 전국경제인연합회도 하고 있다. 2014년 3월 11일, 전국경제인연합회는 통일 분야 전문가들을 초청해 '국민대통합 심포지엄 : 한반도 통일, 과연 대박인가'를 개최했다. 이 심포지엄에서 홍순직 현대경제연구원 통일경제센터장은 "통일비용과 편익을 조사한 결과, 통일된 한반도의 경제규모가 2050년이면 세계 8위에 오르고, 1인당 국민소득도 일본보다 높은 8만 6,000달러에 이를 것"이라고 분석했다. 그러면서 "통일한국은 인구 7,400만 명을 보유한 강국으로 부상하는 동시에 노동시장과 내수시장 확대 등으로 GDP 규모가 2015년 1조 6,430억 달러에서 2020년 2조 77억 달러, 2030년 3조 2,800억 달러로 급성장할 것"으로 전망했다. 이어 "2040년에는 4조 9,560억 달러로 영국과 독일을 추월하고, 2050년에는 6조 5,600억 달러로 세계 8위의 경제대국으로 올라설 수 있다"고 전망했다. 그는 "2015년에 당장 통일을 이루면 1인당 GDP는 2만 2,000달러로 주춤하겠지만 2020년에 2만 8,000달러로 성장한 뒤 2030년 4만 3,000달러, 2040년 6만 6,000달러, 2050년 8만 6,000달러까지 치솟을 것"이라 예측했다.

아울러 그는 "통일 후 대북 사회간접자본 SOC 투자 및 북한경제 재건, 북한주민 지원, 제도통합과 함께 사회혼란과 이념적 갈등, 남북 주민 간 이질감 등으로 통일비용이 많이 소요될 수밖에 없지만 통일로 인한 이익이 더 크다"고 전망했다. 특히 "당장 남북이 통일되면 한국이 필요로 하는 지하자원의 절반을 북한 광물자원으로 조달해 연간 153억 9,000만 달러의 수입대체 효과를 기대할 수 있을 것"으로 평가했다. 현재 북한의 주요 광물자원의 잠재가치가 한국의 24.3배인 3조 9,033억 달러에 이르는 것을 감안한다면, 이러한 예측은 전혀 무리가 없다. 그는 "한반도는 군사통합에 따라 2013년부터 2050년까지 누적 1조 8,862억 달러의 국방비를 절감할 것"이라는 예측도 내놓았다.

실제로 한반도가 통일되면 군사비 절감 효과를 비롯해 1억 명에 가까운 내수 시장으로 성장하고, 북한의 풍부한 천연자원과 노동력 등을 고려한다면 경제적인 효과도 만만치 않다. 하지만 통일 비용 부담에 대한 우려도 적지 않다. 한국의 동일연구원은 당장 통일이

남북이 합의하여 북측 지역인 개성시 봉동리 일대에 개발한 개성공단.

이뤄진다면 20년 후에는 3,400조 원의 통일 비용이 필요하다는 예측을 내놓았다.

그렇다면 한반도가 통일될 것이라는 예측은 언제부터 화제가 되었을까? 2011년 12월 17일, 김정일 북한 국방위원장의 갑작스러운 사망 이후 전 세계 주요 언론들이 남북한의 통일 가능성에 관심을 기울이고 있다. 그러면서 통일에 따른 부작용도 언급하고 있다.

영국 파이낸셜타임스FT와 로이터통신Reuters은 2011년 12월 21일에 '불확실한 남북의 정치상황으로 한국에서 통일이 다시 주요 이슈로 떠올랐다'고 보도했다. FT는 "김 위원장의 사망으로 통일에 대한 기대감이 높아진 만큼 한국이 부담해야 할 통일 비용과 위험성, 기회, 향후 전략을 꼼꼼히 따져봐야 한다"고 했다. 또 "한반도의 통일이 급박하게 이루어진다면 통일 비용은 점진적인 통일 비용인 100억~1조 달러보다 더 커질 것"으로 예상했다.

로이터통신은 "급작스러운 통일이 이루어지면 독일이 통일로 치렀던 대가보다 한국이 감내해야 할 희생이 더 혹독할 것"이라고 전망했다. 독일이 통일한 1990년 동독의 인구는 서독의 4분의 1에 불과했고, 1인당 소득도 4분의 1 수준이었다. 현재 2,500만 명의 북한 인구는 남한의 절반인 데다 북한의 1인당 소득은 남한의 5~6%에 지나지 않는다. 남한 인구 한 사람이 먹여 살려야 할 북한의 인구도 많고, 나눠줘야 하는 비율도 큰 것이다.

로이터통신은 "통일이 이뤄질 경우 25년 후 남한의 1인당 국민소득은 분단 상황보다 20% 이상 낮아질 것이라는 연구보고도 있다”면서, “북한의 수입은 10배 이상 늘어나겠지만 남한의 경제 시계는 10년 전으로 되돌아갈 것”이라고도 했다. 그리고 현재 한국의 젊은 세대는 통일에 적극적이지 않은 만큼 남북한 청년들의 갈등도 증폭될 가능성이 크다. FT는 북한 탈북자 2만 명이 한국에서 사회적 차별을 받는 현실을 지적하며 한국 기업과 북한 근로자들의 대립도 통일이 빚어낼 부작용으로 분석했다.

그렇다면 한반도의 통일은 어떤 식으로 이뤄져야 부작용을 최소화할 수 있을까? 미국 랜드연구소 Rand Institute 의 보고서에 따르면 “지도자의 급사나 내전 등으로 북한 정권이 갑자기 붕괴한다면, 중국과 남한은 수십만 명의 난민 유입으로 피해를 입을 것”이다. 따라서 노동력과 자본의 이동을 제한한 상황에서 오랜 기간 준비됐던 ‘홍콩의 중국 반환’을 롤모델로 삼아야 할 것이다.

북한의 최고 동맹국인 중국의 사회과학원 중국사회과학원은 국무원 직속인 기관으로, 중국 최대 싱크탱크이다. 은 ‘2014년 아시아태평양 지구 발전보고서’에서 향후 5~10년 내에 한반도에서 발생할 수 있는 세 가지 시나리오로 ‘남북통일’, ‘현상유지’, ‘국지적 군사충돌’을 꼽았다. 이 보고서는 통일 문제가 향후 남북관계의 핵심이 될 것이라고 전망했다. 중국사회과학원은 “남북통일이 남북화해의 분위기에서 점진적으로 이뤄질 경우, 피해를 최소화할 수 있다”고 전망했다.

한편, 최근 존 캐리 John Kerry 미국 국무장관은 독일 뮌헨 안보회의에서 한반도 통일을 언급한 바 있다. 존 캐리 장관은 미국의 아시아 재균형 정책에 대해 설명하면서 "빠른 시일 내에 중국, 한국, 일본과 함께 한반도 통일에 대해 논의할 것"이라고 말했다. 그동안 미국 정부는 북한의 급변하는 사태 등을 두고 논의했어도 한반도의 통일에 대해 직접적인 언급을 자제해 왔는데, 존 캐리의 발언은 통일에 대한 기대감을 더욱 증폭시켰다.

이러한 가운데 한국의 박근혜 대통령은 2014년 3월 28일 독일 드레스덴에서 '한반도 평화통일을 위한 구상'이라는 제목으로 기조연설을 했다. "이제 남북한은 교류협력을 확대해 가야 한다. 일회성이나 이벤트식 교류가 아니라 남북한 주민이 서로에게 도움을 주면서 동질성을 회복할 수 있는 교류협력이 필요하다"며 대북 3대 제안을 발표했다. 대북 3대 제안은 '인도적 문제 우선 해결, 공동번영을 위한 민생 인프라 구축, 동질성 회복'이다.

박 대통령은 인도적 문제를 해결하기 위해 '이산가족 상봉의 정례화, 북한 주민들에 대한 인도적 차원의 지원 확대'를 제안했다. 두 번째 제안인 민생 인프라를 구축하기 위해 '복합농촌단지 조성, 북한 내 교통·통신 인프라 구축 및 지하자원 개발, 나진-하산 남·북·러 물류사업 협력, 신의주 남·북·중 협력사업' 등을 제안했다. 마지막으로 남북한 주민의 동질성 회복을 위해 '남북교류협력사무소 설치, 비무장지대DMZ 세계평화공원 조성'을 제안했다.

그러나 이러한 3대 제안이 현실로 이뤄지기 위해서는 갈 길이 멀다. 우선 이러한 제안을 북한이 어떻게 받아들이느냐가 문제이다. 최근 남한에서 무인정찰기 문제가 불거지자, 북한의 최고 권력기관인 국방위원회는 "박근혜 대통령이 드레스덴 선언에서 밝힌 대북 3대 제안은 북남관계 개선 및 발전과는 거리가 먼 부차적이고 자질구레한 것들뿐"이라고 비난했다. 남한과 북한은 한국전쟁 이후 60여 년간 서로 적대시해 왔기 때문에 반감의 뿌리가 깊다. 박근혜 대통령이 드레스덴 선언을 하기 몇 년 전인 2010년에 천안함 사건이 발생했고, 이 사건 이후 남한 정부는 5·24조치를 발표하고 개성공단 등 일부 사업 외의 모든 대북 교류와 교역을 중단했다. 그래서 지금까지 남북의 교류와 협력 사업은 대부분 중단된 상태이다. 그러므로 박근혜 대통령의 드레스덴 선언이 현실화되기 위해서는 5·24조치를 해체해야 한다. 그렇지 않으면 한반도의 통일은 이뤄지기 힘들 것이다.

남북 분단의 상징인 판문점.

남한과 북한은 통일을 이루기 위해 독일을 반면교사로 삼아야 할 것이다. 독일 통일의 기초가 된 것은 꾸준한 경제교류였다. 동독과 서독은 지난 1949년 각각의 정부를 수립한 직후 프랑크푸르트협정을 맺어 경제교류를 위한 지불 방법 등을 결정했으며, 2년 뒤 베를린협정을 통해 상품거래·용역거래 등에 합의했다. 반면 남북의 경제교류는 북중 무역량보다 적다. 2013년 남북교역 규모는 약 11억 달러로 북중 무역액인 65억 달러에 비해 18% 수준이다. 특히 대북 신규 투자를 금지한 5·24조치 이후 교역액이 급감하고 있다.

하지만 앞으로의 상황을 그리 비관적으로 볼 필요는 없다. 최근 러시아는 개성공단 진출 문제를 북한과 본격적으로 논의하며 개성공단 국제화에 불을 지피고 있다. 미국 자유아시아방송 RFA 에 따르면, 알렉산드르 갈루시카 Aleksandr галушка 러시아 극동개발부 장관은 3월 24일 북한을 방문해 박봉주 내각 총리 등과 만나 개성공단 투자 방안 등에 대해 논의했다. 러시아는 최근 '나진-하산 프로젝트 러시아의 하산과 북한 나진항 사이 54㎞에 이르는 철로를 개·보수하고 복합 물류 사업 등을 벌이는 프로젝트'를 통해 촉발된 양국의 경제협력 강화 분위기를 이어가기 위해 개성공단 투자에 관심을 보이고 있다. 개성공단 근로자의 임금은 한국의 20%, 중국의 38% 수준이며 이직률이 매우 낮아 근로자의 질도 높으므로, 좋은 노동력을 확보하고 있기 때문이다. 또 최근 중국, 호주, 독일, 대만 등의 5~6개 기업이 개성공단 투자에 관심을 보이고 있는 상황이다. 외국 기업을 대상으로 개성공단 투자설명회가 개최되면 분명 투자에 뛰어들 기업들이 생길 것이다. 5·24조치가 해체되고 남북화해 분위기가 형성된다면, 나진-하산 프로젝트 등에 해외 국가들과 남한과 북한이 함께 투자하는 형태의 경제협력 사업이 본격화될 것으로 전망된다.

우리는 이제 실현 가능한 한반도 통일 시나리오를 예상해 보도록 하자. 미국 중앙정보국 CIA 에 따르면, "김정은은 권력 강화를 위해 북한의 2인자 장성택을 제거하고 공포정치를 펼쳤다." 김정은은 김정일에 이어 정권을 장악했지만 북한 내부에서는 그를 탐탐치 않게 보는 사람들이 많다. 김정은의 어머니 고영희는 김정일의 네 번째 부인이므로, 그는 서자에 불과하다. 반면에 장성택은 북한 정권의 창시자인 김일성의 친딸인 김경희의 남편이다. 김경희는 김일성의 친딸이고 김정일의 친동생이므로, 김경희의 남편인 장성택은 무시할 수 없는 존재였다.

CIA에 따르면, 김정은은 권력 강화를 위해 북한의 2인자 장성택을 제거하고 공포정치를 펼쳤다.

장성택 실각 직전인 2013년 10월, 세계지식포럼에서 자칭궈賈慶國 베이징대 국제관계학원 부원장은 "북한 최고 권력의 권위가 세대를 지나면서 날로 떨어지고 있다"고 하면서 "권력 기반이 불안한 김정은 체제에서는 갑작스러운 붕괴가 염려된다"고 말했다. 김정은은 장성택을 제거했지만 제2, 제3의 장성택이 출현할 수도 있고 안정적인 정치 체제를 갖추기 힘들 수도 있다. 북한의 정치 체제는 왕조와 같은 시스템인데 세대가 지나면서 어려움이 생기고 있다. 김일성은 매우 신적인 인물이었고, 김정일은 그보다는 좀 약화되긴 했지만 여전히 신적인 인물이었다. 그러나 김정은의 경우에는 점점 권위가 떨어지고 있다. 게다가 정치적인 체제도 위협받고 있는 상황에서 경제 상황도 악화일로다. 기아 문제가 매년 발생하고 있는 데다 무기 개발로 주변국과의 관계도 나빠지고 있다.

북한은 주변국의 반대에도 불구하고 무기 개발을 멈추지 않고 있다. 경제원조를 받기 위해 무기 개발을 협상카드로 사용하고 있기 때문이다. 또 북한 권력층에서는 '미국을 상대로 굴복하지 않는다'는 영웅심리도 작동하고 있다. 이를 통해 권력을 지킬 수 있다고 보는 것이다. 그러나 궁극적으로는 해가 될 수밖에 없다. 무기 개발을 위한 돈은 결국 국민으로부터 나올 수밖에 없고 이런 구조가 정치 불안으로 연결될 수 있다. 정치 불안은 필연적으로 내부 붕괴로 이어질 수 있고, 빠르면 3년 안에 한반도가 통일될 수 있다.

로이터통신의 우려대로 한반도에 급작스러운 통일이 이루어지면 독일이 통일로 치른 대가보다 한국이 감내해야 할 희생이 더 클 것이다. 따라서 가장 바람직한 통일 시나리오는 경제 통합 후에 정치 통합이 이뤄지는 모델이다. 그러나 이는 현실적으로 매우 어려운 일이다. 사실 가장 가능성이 높은 시나리오는 북한이 갑자기 붕괴하는 것이다. 이 경우 한국은 천문학적인 비용을 지불해야 한다.

이런저런 변수를 감안했을 때 한반도 통일이 급작스레 다가올 가능성이 크다. 점진적인 통일이 아닌 급작스러운 통일이 될 가능성이 높다. 현재의 남북 대치 상황과 북핵 문제 등을 고려하면 남북 양측의 평화로운 대화와 주변국의 도움을 통한 점진적인 통일의 가능성은 낮은 게 사실이다. 따라서 한국은 한반도 평화는 물론 경제 성장을 위해서라도 통일에 대한 적극적인 대비가 필요하다.

그렇다면 한반도가 통일되면 어떤 일들이 벌어질까? 우리는 다음과 같이 전망할 수 있다.

첫째, 장성택 실각 이후 현재 박봉주가 주도하는 북한 경제는 신경제관리개선조치에 따른 개혁이 진행 중이다. 북한 정부가 도道마다 경제특구를 지정한 것은 경제개방을 하려는 의도로 보인다. 북한은 2011년 1월 '경제개발 10개년 전략계획'을 발표하고 이를 수행하는 기관으로 국가경제개발총국을 설립했다. 이 기관은 2013년 10월 15일 국가경제개발위원회로 승격됐다.

그런데 경제개발을 위해서는 북미관계 개선이 필요하다. 북한은 억류 중인 한국계 미국인 케네스 배 석방 카드를 이용해 북미 협상을 꾀할 것으로 예상된다. 북미관계 개선 수위에 따라 남북관계 개선 수위를 조절할 것이다. 따라서 남북관계는 2014년부터 호전될 가능성이 크다. 이산가족 상봉, 금강산 관광 재개 등을 의제로 남북 회담이 이뤄질 수 있다. 개성공단 관련 합의 사항 이행 여부도 중요한 걸림돌이다. 이러한 문제들이 해결된다면 전 세계 글로벌 기업들이 한반도에 투자를 늘릴 것이다. 그리고 한반도는 급작스런 통일이 아닌 점진적인 통일을 이룰 수 있다.

둘째, 5·24조치가 해체되고 남북화해 분위기가 형성된다면, 나진-하산 프로젝트 등 해외 국가들과 남북이 함께 투자하는 형태의 경제협력 사업이 탄력을 받을 것으로 전망된다. 남한은 러시아와 중국 등 북한과 우호적인 관계를 맺고 있는 국가들과도 활발한 교류를 하고 있으므로, 남북관계가 개선된다면 전망이 밝을 것이다. 신의주를 중심으로 남·북·중 협력사업을 추진해 한반도와 동북아의 공동발전을 이룰 수 있고, 개성-신의주 복선 고속철도 사업과 황금평 및 위화도 경제특구 개발사업에 글로벌 자본이 투입될 수 있다.

최근에도 북한은 유엔 안전보장이사회가 북한 로켓 발사를 규탄하는 성명을 발표하자 "핵억제력을 더욱 강화하기 위한 새로운 형태의 핵실험도 배제하지 않을 것"이라고 위협하긴 했지만 남북관계를 점차 개선하려 할 것이다. 최근 이산가족 상봉에 합의하고, 남북고위급 접촉제안을 한 것 등은 좋은 징조로 볼 수 있다. 최근 북한의 연이은 로켓 발사는 4월 중순까지 이어지는 한미군사훈련을 견제하려는 시도일 뿐 전쟁을 일으키려는 위협은 아니다. 선거철만 되면 '한반도 안보위기'를 내세우는 한국 보수세력의 주장과는 달리, 한반도의 전쟁가능성은 한반도의 통일가능성보다 실제로는 매우 낮기 때문이다.

셋째, 한반도가 통일되면 초기에는 경제성장이 둔화되겠지만 이후로는 상황이 나아질 것이다. 독일의 경우를 살펴보자. 독일 증시는 통일을 전후로 통일 기대감에 따른 강세를 보였다. 베를린 장벽이 붕괴된 후 5개월간 약 40%기 급등한 것이다. 물론 통일과정이 진행되면서 증시도 약 3년간에 걸쳐 조정장세가 꾸준히 이어졌다. 하지만 3년 뒤인 1993년을 전후로 독일 증시는 큰 폭으로 오르기 시작했다. 통일 이후 11년간 모간스탠리캐피털인터내셔널MSCI 독일 지수는 322% 상승했다. 이후 독일 경제는 탄탄해졌고 금융 시장도 안정되었다.

주식 시장에서는 소프트웨어 산업이 528%로 높은 수익률을 기록했고, 소프트웨어와 보험 기업들이 400~600%대의 상승률을 보였다. 통일 초반에는 인프라와 연관된 건설과 산업, 소매체인 기업 등이 주목받았고, 3년 이후부터는 자동차나 보험 등 내수재가 인기를 끌었다. 기업들의 투자 역시 활발했는데 알리안츠 Allianz 가 동독 국가보험을 인수하는 등 서독 기업의 동독 기업 인수가 줄을 이었다. 포르쉐 Porsche SE, BMW, 보쉬 Bosch 등 서독 기업들이 동독 지역에 잇따라 진출했다.

이러한 독일의 사례를 통일한국에 그대로 적용하기는 어렵지만 통일 이후 북한 지역의 개발붐, 북한 주민들의 구매력 확대와 유라시아 철도 건설 등의 효과를 기대할 때 북한에 진출하는 기업들의 주가가 오를 수 있다. 한국 기업의 경우 통일 초기에는 두산인프라코어, 삼성엔지니어링, 현대중공업, KCC, 현대산업개발, 한진중공업 등 인프라 및 중장비 기업이 크게 성장할 것이고, 중기에는 운송과 통신 기업들인 SK, GS, 한솔, 금호, 한진 등이 성장할 것이며, 후기에는 소비재 관련 기업인 삼성과 LG, 한화와 현대, CJ, 현대백화점, LS 등이 주목받을 것이다.

하지만 통일이 현실화되기까지 소요되는 시간을 당장은 가늠하기 어려운 점과 통일 직후까지는 시장이나 기업들의 실적이 불확실할 수밖에 없다는 점도 감안할 필요가 있다. 독일의 통일 직후 기업들의 매출액은 대부분 상승했지만 영업이익이 적자전환하거나 적자가 확대되는 기업도 늘었다. 따라서 평소 우량한 기업에 속하

베를린 장벽이 붕괴되자 남아 있는 장벽에 예술가들이 그림을 그려서 과거의 잘못을 상기시키고 있다. 베를린에는 여러 곳에 장벽이 남아 있는데, 이곳이 가장 긴 부분이다.

면서 향후 통일이 이뤄질 경우 통일 수혜까지 거머쥘 수 있는 기업들의 주식에 투자하는 것이 바람직하다.

넷째, 남북통일이 현실화될 조짐이 보이기 시작하면 남한 부동산 중 다음과 같은 부동산이 주목받을 것이다. 경기도의 휴전선 인근 도시들인 파주, 고양, 김포, 연천 등의 부동산 가격은 상승할 것이다. 통일이 구체화될수록 위험 지역으로 평가받았던 경기 서북부 지역의 토지 가격이 상승할 것이다. 파주는 신의주에서 평양, 개성을 거쳐 서울로 가는 경의선의 중심지가 될 가능성이 높다. 그렇다고 해서 파주 지역 토지를 무조건 사들이는 건 금물이다. 북한 접경지를 중심으로 도로 접근이 쉬운지, 공장이나 상업시설 등 어떤 용도로 개발될지 등을 따져봐야 한다.

통일 이후에는 남한 대도시 지역의 부동산이 크게 상승할 것이다. 통일이 되면 상당수의 북한 주민이 남한으로 이주해 남한 대도시 주택의 수요가 늘 것이다. 주택은 단기간 내에 공급하기 어려워 2~3년간 집값이 상승할 수 있다. 하지만 천문학적인 통일비용이 드는 만큼 경기가 침체될 수 있으므로, 이후 남한의 부동산 가격은 큰 폭으로 오르기는 힘들다. 그리고 북한 토지 거래가 허가되면 투자 수요가 몰리면서 북한 땅값은 1년 이내에 2배 이상 오를 것이다. 반면에 남한 토지는 상대적으로 소외받으면서 집값도 소폭 상승세를 이어가는 데 그칠 것이다.

그렇다면 북한에 투자할 경우 어느 지역이 유망할까? 개성은 개성공단이 위치해 있고, 평양은 북한의 수도라는 점에서 유망하다. 그런데 북한 지역에 투자하려면 법적인 문제부터 해결해야 한다. 북한 지역 토지의 원소유주는 대부분 남한에 거주하고 있는데, 이로 인해 소유권 분쟁이 발생할 수도 있다. 따라서 소유권 분쟁을 피할 수 있는 안전한 토지를 구입하는 것이 좋다.

다섯째, 남북 지역 갈등이 심각한 사회적 문제가 될 수 있다. 한반도는 분단된 지 70년 가까이 되었다. 오랜 세월 동안 서로 다른 환경에서 살았기 때문에 갑작스럽게 통일이 될 경우 사고방식과 생활방식에 차이가 날 수밖에 없고, 이는 오해와 불신으로 이어질 수 있다. 현재 탈북자들이 남한 사회에서 적응하는 데 몇 년 이상 걸리고 사회적 차별을 받고 있듯이, 통일 이후에도 남한과 북한 사람이 서로 부딪치면서 분쟁과 범죄도 늘 것이다. 또 경제적 격차 때문에 남한 출신과 북한 출신의 사회적 차별이 심해질 수 있다. 이러한 차별을 피하기 위해 중국 등으로 유입하는 북한 출신 난민이 발생할 수도 있을 것이다.

여섯째, 북한에 매장된 지하자원은 천문학적인 가치를 지니고 있다. 영국의 외교전문지 DP는 "북한의 석유매장량은 1,470억 배럴로 이는 세계 3위에 해당한다"고 밝혔다. 뿐만 아니라 북한의 마그네사이트 매장량은 세계 3위, 흑연 매장량은 세계 4위다. 게다가 첨단공업에 없어서는 안 될 재료이지만 중국이 생산을 거의 독점하고 있는 희토류 광물이 북한에 대량 매장되어 있다. 북한에 매장되어 있는 희토류는 세계 전체 채굴가능 매장량의 3분의 2나 된다. 영국계 사모펀드 SRE미네랄스 SRE minerals 는 세계 희토류 매장량의 2배에 이르는 2억 1,600만 톤이 북한에 묻혀 있는 것을 확인하고, 2013년 12월 4일 북한의 소선천연자원부역회사와 평안북도 정주 지역의 희토류를 개발하기 위해 협약을 체결했다. 북한에 매장된 희토류는 65조 달러 규모로 추정된다.

 북한에 매장된 풍부한 지하자원은 남한 기업에게 충분히 매력적이다. 한국에서 쓰는 자원의 2분의 1만 북한에서 조달해도 연간 154억 달러의 수입 대체 효과가 있을 것이다. 이 같은 북한의 지하자원과 북한의 노동력은 통일한국의 성장에 청신호가 될 것이다.

현재 남한의 경제성장을 둔화시키는 요인인 저출산, 고령화 문제를 해결할 뿐만 아니라 북한 지하자원을 개발하려는 해외 기업들의 투자를 받을 수도 있으므로, 통일 이후 한국은 독일처럼 성공할 수 있다.

일곱째, 한국의 관광 산업이 크게 발전할 것이다. 백두산과 비무장지대DMZ, 금강산 등 북한 지역은 오염되지 않은 관광자원이 풍부한 만큼 관광 산업도 비교적 빠른 시간 내에 발전할 것이다. 관광과 관련된 숙박 시설 등 각종 인프라 구축만 원활히 한다면, 한국을 찾는 관광객이 크게 늘 것이다. 통일한국에 시베리아철도TSR와 중국횡단철도TCR 등이 연결된다면 육로로도 관광객이 몰릴 것이다.

또, 기업형 농업도 성행할 것이다. 사회주의 체제의 북한 농업은 대규모 협동농장을 기반으로 하고 있는데, 이는 기업형 농장으로 발전하는 데 유리하다. 북한의 노동력을 이용해 기업형 농장을 설립하는 기업이 생길 수도 있다.

마지막으로, 한국의 정보통신기술ICT 산업은 더욱 경쟁력을 갖출 것이다. 북한 해커들은 이미 세계 최고 수준인데, 이들이 한국의 정보통신기술과 만나면 고급 인력으로 활용될 수 있다. 이외에도 북한의 미사일 발사 수준은 세계적이므로 항공 및 우주 산업 등 첨단 산업도 크게 성장할 수 있을 것이다.

백두산 천지.

04 미국의 신성장 제조업, 세계 시장을 주도한다

미국은 최근 제조업의 부활에 탄력을 받아 제조업 분야의 일자리를 해외로부터 되찾아오고 있다. 대부분의 제조업에서는 원자재 비용 및 물류 비용이 영업이익을 좌우한다. 하지만 보다 진화된 제조업에서는 지적·창조적 우위가 훨씬 더 중요한 역할을 차지한다. 그렇다면 미국 제조업의 전망은 어떠할까?

19세기와 20세기에 미국을 세계 최고의 경제 대국으로 만든 중요한 요소는 다음과 같다.

- 풍부한 천연자원
- 정부 규제로부터 자유로웠던 개인과 기업

●꾸준한 혁신 정신

소비자의 수요를 만족시키기 위해 혁신가들은 새로운 제품과 서비스뿐만 아니라 제품을 더 효율적으로 제작하는 방식까지 창출해 냈다. 그 결과, 미국은 세계의 공장이 되어 선두를 유지했다.

그러나 20세기가 끝날 무렵부터, 치솟는 노동 비용과 원자재 비용 상승 그리고 규제 비용의 급증으로 미국 제품은 세계 시장에서 가격 경쟁력을 잃었고, 미국 기업들은 더 이상 경쟁력을 갖추지 못하게 되었다. 이로 인해 다른 나라의 제조 회사들에게 시장 점유율을 빼앗겼고, 미국의 공장들은 문을 닫게 되었다. 이러한 흐름은 21세기에 들어와서도 고스란히 유지됐고, 2001년부터 2009년까지 미국에서는 6백만 개의 일자리가 사라졌다.

이렇게 천문학적인 수의 일자리가 사라지고 몇몇 산업은 아예 고사되었음에도 불구하고, 미국에서 구매되는 제품의 75%는 여전히 미국에서 생신되고 있다. 하지만 미국의 세조업이 쇠퇴한 것은 사실이다.

오늘날, 미국 제조업은 예전의 영광을 되찾기 위해 혁신하고 있다. 미국의 제조업은 고도화되고 진화된 형태로 다시 부활하고 있기 때문이다. 진화된 제조업은 정보, 자동화, 컴퓨팅, 소프트웨어, 감지 기술, 네트워킹이 제조업과 깊게 연관되어 모든 실질적인 업무와 활동에 적용되는 개념이다.

이러한 새로운 제조업은 최첨단 소재와 물리학과 생명공학을 기반으로 한 새로운 기술을 적극 활용한다. 이 기술들은 분자 생명공학, 나노테크놀로지, 마이크로 전자·기계 시스템, 내장형 컴퓨팅 기술, 전문가 시스템을 포함한다. 그리고 이 기술들은 새로운 상품을 생산하고, 제품을 생산하는 방식까지 바꾸고 있다.

현재 미국 정부는 원유 시추 기술을 발전시키고 셰일 가스 등의 미래 에너지 사업에 많은 투자를 하고 있다. 이로 인해 원자재 비용이 하락하고, 제조 기술도 진화하고 있기 때문에 노동 비용도 줄어들고 있다. 또, 기업들은 R&D 투자를 늘려 제조업을 진화시키고 있다. 그로 인해 소비자들은 재료 과학 분야와 정보 기술, 바이오테크놀로지 분야에서 혁명적인 새로운 제품을 얻게 된다.

미국의 진화된 제조업 기술은 FTA와 TPP 등에서 강조되고 있는 지적 재산권을 보호받게 되어 더욱 경쟁력을 갖추게 된다. 앞으로 지적 재산권이 강화되면 미국의 제조 기술은 특허를 받게 되고, 이 기술을 이용하는 해외 기업들은 로열티를 지불해야 한다. 이제까지 미국 제조업은 중국이나 동남아시아 국가에 공장을 유치하면서 그 나라 정부에게 종종 특허 기술과 혁신적인 영업 기밀을 제공하라는 압력을 받아왔다. 대부분의 경우에 미국 기업들은 이러한 요구에 응했는데, 그 결과 자신들의 제품보다 더 저렴하면서도 거의 비슷한 품질의 짝퉁 제품과 경쟁해야 했다. 외국에 설립한 제조 시설에서 산업 스파이 행위를 막는 일은 거의 불가능했다. 산업 지적 재산권은 외국에서는 거의 유명무실한 경우가 많았다. 하지만 FTA와 TPP로 지적 재산권을 보호받으면 미국 제조업은 그만큼 경쟁우위를 차지할 것이다. 당연히 지적 재산권이 해외로 유출될 확률도 낮아질 것이다.

하지만 미국의 제조업에도 문제는 있다. 새롭게 진화하는 제조업에 필요한 수준의 노동자들이 매우 부족하기 때문이다. 현재 미국의 기업들은 많은 수의 일자리를 만들고 그 자리를 채우려 하지만 진화된 제조업에서 필요로 하는 첨단 기술 일자리를 채우기에는 노동자들을 구하기가 너무나 어렵다. 채용 담당자들은 과학 지식, 커뮤니케이션 능력, 기술 감각을 지닌 구직자들을 찾고 있지만 미국의 대학 졸업자들은 그러한 능력을 갖추지 못하고 있다. 딜로이트 컨설팅Deloitte Consulting이 2011년 10월에 실시한 미국 제조업 조사 결과

보잉 787 항공기.

에 따르면, 60만 개의 일자리가 주인을 만나지 못하고 있었다. 그 일 자리에 맞는 인력이 부족했기 때문이다. 결과적으로, 기업들은 이러 한 인력 부족으로 사업을 확대하고 생산성을 향상하는 데 큰 방해 를 받고 있다.

필요한 인력을 충원하기 위해 기업들은 전통적으로 대학 졸업자 들에게 수동적으로 의존해 왔다. 그러나 상황이 이러하다 보니, 이 제 일부 기업들은 삶의 마지막을 자신에게 의미 있는 일로 채우려는 은퇴자들을 다시 채용해 갈증을 해소하려 하고 있다. 미국 내에서 만 현재 약 1백만 명의 베테랑 은퇴자들이 존재한다. 이들은 기술적 으로 능숙할 뿐만 아니라 리더십과 조직에 대한 높은 충성도를 지 니고 있다. GE, 알코아 Alcoa, 보잉 Boeing, 록히드 마틴 Lockheed Martin 등의 기업들은 대학 및 은퇴자 조직들과 함께 진화된 제조업에 필요한 노동자 교육 프로그램을 개발하고 있다.

이처럼 미국 제조업이 부활하지만 노동력이 부족한 현실을 고려할 때, 우리는 3가지를 예측할 수 있다.

첫째, 앞으로 10년 동안 미국 제조업의 노동력 부족 문제를 해결하기 위해, 업무 관련 기술을 교육하는 미국의 고등학교와 전문대학들이 늘 것이다. 대학을 졸업해도 취업하기 힘들어진 세상에서 업무 기술과 직접적으로 연관되는 교육을 권장하는 고등학교들은 큰 인기를 얻을 것이다. 우수한 직업전문 고등학교는 기업이 원하는 기술을 습득하게 하여 학생들에게 자부심과 자신감을 심어줄 것이고, 그들이 사회에 빨리 적응해 나가는 기술직으로 성장할 수 있도록 할 것이다. 미국 정부 역시 과다한 교육비 낭비로 개인과 국가 모두 손해를 보고 있다는 것을 잘 알고 있기 때문에, 이러한 고등학교를 늘릴 것이다. 또 미국 기업은 능력과 재능을 갖춘 신입사원을 채용하기 위해 전문대학과 산학연계 제휴를 늘릴 것이다. 이것을 좀 더 구체적으로 살펴보면 다음과 같다.

●학교에서 학생들은 비즈니스 실무를 학습할 것이다.

●기업은 자신들이 원하는 인재를 얻기 위해 장학금 제도를 늘릴 것이다.

일례로, 2005년에 휴스턴에서는 공립 고등학교와 정유 기업이 비즈니스-교육 파트너십을 맺었다. 이로 인해 원유 아카데미 교육이 신설되었고, 이들은 훗날 부족한 인력을 확충하는 데 투입될 예정이다. 기업과 학교가 함께 마련한 이 프로그램은 학생들에게 오일 산업 분야에서 필요로 하는 언어, 수학, 과학 및 기타 지식을 학생들에게 가르친다. 예를 들어, 현장에서 실제로 사용되는 문건을 읽고 이해할 수 있도록 '기술 영어' 강의가 이뤄진다. 결과적으로 이 프로그램은 성공을 거두었다. 2010년에 졸업한 80명의 학생들 중 62명이 현재 좀 더 전문적인 기술을 익히기 위해 4년제 대학에 진학했고, 기업이 후원하는 장학금을 받고 있다. 나머지 학생들은 전문대학에 진학했다. 휴스턴의 오일 아카데미와 같은 비즈니스-교육 파트너십은 진화된 제조업에 필요한 노동 인력을 양성하는 롤모델이 될 것이다.

둘째, 지금부터 2020년까지 지역 사회들은 제조업을 진화시킬 수 있는 '기술 클러스터'를 더욱 장려하게 될 것이다. 실리콘 밸리나 방갈로르Bangalore의 예를 통해 알 수 있듯이, 관련 기업과 교육기관이 산학협력할 때 혁신과 핵심 역량이 증폭된다. 기업과 서비스 제공자, 대학 연구소가 협력하면 강력한 내적 시너지를 창출할 것

이다. 시간이 지나면서 그러한 협력 네트워크들은 더 큰 혁신과 새
로운 형태의 신생 기업들을 탄생시킬 것이다. 또한 새로운 아이디
어들을 상업화하는 역량을 보유한 신생 기업들과 대학 연구기관
의 협업뿐만 아니라 혁신적인 소규모 공급자들과 대형 기업들의
긴밀한 공조를 통해 더 많은 일자리들이 만들어질 것이다. 애리조
나 주, 피닉스-투손-플래그스태프 지역의 생명과학 혁신 클러스
터는 이러한 형태의 기술 클러스터의 좋은 사례이다.

셋째, 경제에 새로운 에너지를 주입하기 위해 정부는 적극적으로 제
조업의 성장을 지원할 것이다. 정부는 R&D에 지원을 늘리고, 지적
재산권이 보호받을 수 있도록 노력할 것이다. 또, 벤처 자본 투자를
장려하고 그에 대한 보상을 제공할 것이다. 이러한 정부의 정책은
제조업을 성장시키는 데 있어 매우 중요한 역할을 담당할 것이다.

인도의 방갈로르.

05

녹색일자리,
과연 장밋빛 미래일까?

세계 각국의 예상과 달리, '녹색일자리 Green Jobs '는 오늘날 주목받지 못하고 있다. 수십억 달러의 보조금과 각종 지원 및 법령 제정에도 불구하고 말이다. 왜 그런 것일까?

2008년, 버락 오바마는 대선 토론에서 이렇게 선언했다. "이것은 단순한 도전이 아닙니다. 이것은 새로운 기회입니다. 새로운 에너지 경제를 창출한다면, 우리는 미국 내에서만 5백만 개의 새로운 일자리를 큰 힘 들이지 않고도 만들 수 있습니다."

이 비전대로라면 미국은 화석연료에 대한 의존도에서 벗어날 뿐만 아니라, 수백만 명의 사람들이 새로운 직장을 얻게 되면서 상처 입은 미국 경제가 치유될 수 있었다. 그러나 6년이 지난 오늘날의 현실은 어떤가? 신재생 에너지 산업에 대한 천문학적인 보조금과 수 많은 정책 지원에도 불구하고 실제로 그 어떤 녹색일자리도 생겨나 지 않고 있다.

물론 정부 소속 경제학자들이 정기적으로 내놓은 통계치를 단순 하게 받아들인다면 이야기는 달라진다. 미국 노동통계국the Bureau of Labor Statistics, BLS이 제출한 2012년 3월 보고서에 따르면, 미국 경제 는 310만 개의 녹색일자리를 창출했다. 그중 220만 개는 민간 영역 에서 발생했다. 그러나 실제로는 그만한 수의 일자리가 창출되지 않 았다. 그렇다면 노동통계국은 어떻게 이러한 수치를 산출했을까? 그 이유는 노동통계국의 통계에는 다른 직종의 신규고용도 포함되었기 때문이다. 그런데 노동통계국은 '녹색 상품과 서비스'의 정의를 이렇 게 내렸다.

"환경에 유익하거나 자연 자원을 보호하는 단체에 의해 생산되는 상품과 서비스로, 녹색 상품이나 서비스는 다음과 같은 다섯 가지 그룹의 하나 혹은 그 이상에 해당한다."

① 재생자원으로부터 에너지 생산

② 에너지 효율성

③ 오염 감소과 제거, 녹색 주택, 가스 감소 그리고 재생 및 재사용

④ 자연자원 보호

⑤ 환경법 준수 및 교육과 훈련, 대중 홍보

헤리티지재단 Heritage Foundation 의 '에너지 경제학&기후 변화 분과' 연구원 데이비드 W. 크로이처 David W. Kreutzer 박사는 미국 노동통계국의 연구결과를 면밀하게 검토했다. 그는 노동통계국이 산출한 310만

2008년 버락 오바마의 대선 공약과는 달리 녹색일자리의 전망은 밝지 않다.

개의 녹색일자리 중 실제로 창출된 일자리는 매우 소수에 불과하다고 밝혔다. 더군다나 그러한 소수의 일자리들은 정부 보조금과 에너지 산업에 집중된 정부 권한으로 겨우 만들어진 것에 불과했다. 크로이처 박사가 지적한 사례들을 살펴보자.

- 태양에너지 산업뿐만 아니라 오수정화조나 간이화장실 서비스 산업에서도 33배의 일자리 성장이 있었는데, 그것을 모두 녹색일자리로 산출했다.
- 제철소의 50% 이상의 직종을 녹색일자리로 산출했다.
- 엔지니어링 서비스나 건설 서비스보다 폐기물 집하장, 중고 재활용 센터, 학교 버스와 운송 서비스에서 정부가 산출한 녹색일자리 창출이 더 많은 것으로 나타났다.

수개월 뒤, 노동통계국은 또 하나의 연구보고서를 발표했는데, 그 보고서는 미국이 845,700개의 녹색일자리를 창출했다는 내용이었다. 크로이처 박사는 노동통계국이 말하는 845,700개 일자리의 대부분은 일반적인 기준과 정의를 감안해도 전혀 '녹색'이 아니라고 주장했다. 크게 5가지 범주로 이 녹색일자리를 나눠보면 이렇다.

① 경비와 청소부를 56,700개의 녹색일자리에 포함시켰다. 여기에서 가정부와 일반 가정을 상대하는 청소 용역은 포함하지 않았다. 토목 공학자와 마찬가지로 이 부문에서 녹색일자리 성장을 10배로 산출했다.

② 난방, 에어컨, 냉방 정비공과 설치 기사를 녹색일자리로 산출했다.

③ 관리 및 정비 수리 노동자를 녹색일자리로 산출했다.

④ 운송 및 하역 노동직, 창고 및 자재 관리 및 운반직을 녹색일자리로 산출했다.

⑤ 조경 및 공원, 운동장 관리직을 녹색일자리로 산출했다.

오바마가 약속했던 새로운 에너지 경제에 이러한 직종과 직군들이 어떤 공로를 했는지 상상할 수 있겠는가? 육체노동으로 화물을 옮기거나, 잔디를 깎는다거나, 바닥을 청소하는 일이 태양열 패널을 설치하거나 풍력 발전용 터빈을 건설하는 일과 동일한 일이라고 말할 수 있겠는가? 난방 장치나 에어컨을 설치하고 유지·관리하는 직군을 새롭게 만들어진 녹색일자리라고 말할 수 있을까?

2013년 3월, 노동통계국은 녹색일자리에 대한 마지막 보고서를 발표했다. 「인베스터 비즈니스 데일리 Ivestor's Business Daily」는 "이것이 책으로 출간된다면, 뉴욕타임스 소설 분야 베스트셀러가 될 만하다"라고 혹평하며, 이 보고서는 진실과 거리가 멀다고 강도 높게 비판했다.

노동통계국의 보고서는 녹색일자리를 '환경에 유익하거나 자연자원을 보호하는' 상품이나 서비스를 생산하는 것 혹은 '그들이 속한 단체의 생산 프로세스를 더 환경 친화적으로 수행하거나 더 적은 자연자원을 사용하는' 업무로 정의 내린다. 이 정의에 따르면, 현재 녹색일자리는 340만 개 이상이다. 이것은 미국 전체 일자리의 2.6%로 추정된다.

그러나 이러한 정의를 적용하면, 의류 판매자와 텔레비전·라디오 방송 진행자, 사무용 가구 제조자를 모두 녹색일자리에 포함할 수 있다. 즉, 너무 포괄적으로 녹색일자리를 정의하는 것이다. 그렇다면 풍력과 태양에너지 등을 활용하는 '진짜' 녹색일자리는 어디에 있는가?

노동통계국이 말하고 있는 340만 개의 녹색일자리는 진정한 녹색일자리가 아니다. 그 통계에서 녹색일자리로 볼 수 있는 것은 매우 소수에 불과하다. 풍력발전 부문에서 2,724개의 일자리, 태양발전 부문에서 522개가 고작이다. 좀 더 큰 그림으로 이러한 사실을 살펴보자. 미국 인구 약 3억 1천만여 명 중 2013년 6월 기준으로 고용된 사람은 155,835,000명이다. 그중 녹색발전 분야에 종사하는 일자리는 3,246개다.

노동통계국의 자료를 활용해 247월스트리트닷컴247WallStreet.com이 산정한 '미국에서 가장 일자리 수가 적은 직군' 열 가지를 보자. 이 자료에서 1등은 농업 인력 도급업자farm labor contractor로 총 300개의 일자리를 차지하고 있다. 2등은 의류를 제외한 직물 수선공fabric mender으로 800개의 일자리를 차지하고 있다. 노동통계국의 통계에 따르면, 현재 매우 소수의 미국인들이 태양발전 분야에서 일하고 있고, 이 수치는 구멍 난 낙하산을 수리하는 직군보다 더 적다. 무선 통신사, 지리학자, 기관차 화부 직군도 태양발전 분야보다 더 많은 일자리를 차지하고 있다.

풍력과 태양에너지 부문의 일자리를 합해도, 340만 개의 녹색일자리 중 노동통계국이 산출한 일자리는 3,246개에 불과하다. 대략적으로 보기에도 이것은 보고서에서 주장하는 녹색일사리 10만 개의 하나에 불과하다. 따라서 녹색일자리가 거의 존재하지 않는 것이 현실이다.

헤리티지재단에서 일하는 닉 노리스Nick Loris는 "노동통계국이 말하는 340만 개의 녹색일자리 수치가 거짓이라는 점을 확인하기 위해 더 깊게 들어갈 필요조차 없다"고 단언한다. 최소 수치만 봐도 소위 말하는 녹색일자리는 '녹색'이 아니다. 실질적인 녹색일자리도 아니다. 녹색일자리는 청정에너지에 기반하는 새로운 경제를 창출해야 하는데, 이러한 일자리는 거의 드물기 때문이다.

오바마의 녹색일자리 중 핵심적인 부문의 하나가 시행되지 못한 점도 주목해야 한다. 탄소배출권 거래 cap and trade 와 재생가능 에너지 법령에 대한 그의 제안은 의회에서 동의를 얻지 못했다. 그러나 최근 「워싱턴 이그제미너 Washington Examiner」는 캘리포니아 주가 오바마의 녹색일자리 정책을 전적으로 수용했다고 보도했다.

그렇다면 결과는 어떻게 되었는가? 캘리포니아는 녹색의 길을 선택한 이후 더 좋지 않은 상황에 처해 있다. 현재 캘리포니아의 휘발유 가격은 미국 내에서 가장 높은데, 미국 평균보다 갤런당 40센트가 더 높다. 환경 규제로 많은 정유 사업자들이 폐업하고, 경쟁력은 낮아지고 가격은 높아지는 상황으로 몰리고 있다. 캘리포니아 사람

풍력과 태양에너지 부문의 일자리를 합해도 노동통계국이 산출한 녹색일자리는 3,246개에 불과하다.

들은 이미 미국의 평균 전기료보다 39% 더 높은 전기료를 내고 있다. 재생가능 에너지 법령에 따라 그 비용은 조만간 더 높아질 것이다. 법령은 2020년까지 전력 생산 회사들이 재생가능 자원으로 전력을 30% 생산할 것을 요구하고 있다. 전력 공급 회사들은 재생가능 자원이라는 꼬리표 때문에 전력 생산 회사로부터 더 비싸게 전력을 구매해야 할 것이다. 캘리포니아에 위치한 태평양조사연구소Pacific Research Institute는 이로 인해 전기료가 최소한 13% 상승할 것으로 예측하고 있다.

반면, 캘리포니아 전역의 전력 공급 회사들은 새로운 규제에 따른 고통으로 신음하고 있다. 캘리포니아 상공회의소에 따르면, 탄소배출권 거래는 캘리포니아의 사업자들에게 연간 10억 달러의 비용을 치르게 할 것으로 예상된다. 이러한 상황에 처한 기업들이 텍사스와 같은 더 기업 친화적인 지역으로 도피하고 있다.

어떻게 보면 이러한 높은 비용은 충분히 희생을 치를 만한 가치가 있을 것이다. 단, 녹색 프로그램이 새로운 일자리를 창출한다는 전제하에서만 그렇다. 하지만 캘리포니아는 2010년 이후 녹색일자리를 2,500개도 만들어내지 못했다. 그리고 같은 기간, 캘리포니아에서 생성된 새로운 일자리는 대략 556,000개이다. 그렇다면 이 일자리는 도대체 어디에서 생겨난 것일까? 최소한 녹색일자리는 아닐 것이다.

녹색일자리는 미국에서만 등장한 것이 아니다. 전 세계 도처에서 경제를 회생시키기 위해 녹색일자리를 창출하려 했는데 처참한 실패를 맛보고 있다. 녹색일자리를 채우기 위해 고용되었던 수많은 사람들은 현재 그들의 고용주로부터 해고 통지서를 받고 있는 게 현실이다. 모든 국가에서 녹색에너지 보조금과 지원 법령의 초기 수혜를 입은 해당 산업 분야의 회사들은 현재 파산을 향해 가고 있다.

독일의 태양에너지 사업을 살펴보자. 이 산업 분야의 전체 자산가치는 250억 유로에서 10억 유로로 추락했다. 8개의 대형 시장 참여자들 중 7개가 그 가치의 97% 이상을 상실했다. 광발전 태양전지 제조 분야의 세계적 리더였던 큐-셀 Q-Cells 은 110억 유로에서 2,300만 유로로 자산가치가 추락했다. 지멘스 Siemens 는 10억 유로의 손실을 내고 태양전지 사업에서 철수했다. 보쉬 Bosch 또한 24억 유로의 손실을 기록하며 해당 시장에서 철수했다. 독일 회사들은 생산 비용이 15%나 더 낮은 중국과 경쟁한 탓이라고 책임을 돌렸지만, 실제로 이들은 혁신적인 저비용 고효율의 제품으로 경쟁하기보다는 독일 정부의 보조금에만 의존했다.

중국도 상황이 여의치 않기는 마찬가지다. 중국 정부 역시 태양전기 기업들에 엄청난 보조금을 투입했다. 그 결과, 공급이 수요보다 훨씬 더 많아지면서 기업들이 수익을 회수할 수 없을 만큼 가격이 급락했다. 그러나 이렇게 인위적으로 하락한 가격에도 불구하고, 광발전 태양 전기는 여전히 다른 에너지를 사용해 생산한 전기보다 가격이 비싸다. 예를 들어, 석탄을 불태워 생산하는 것보다 태양 패널

지멘스는 10억 유로의 손실을 내고 태양전지 사업에서 철수했다.

을 통해 생산하는 전기가 3배 더 비싸다. 중국의 기업들도 하나둘씩 파산의 길을 걷는 중이다. 태양 패널의 선두 주자인 선테크 Suntech 는 이미 수십억 달러의 빚더미에 앉아 있다.

영국은 태양에너지보다는 풍력에 더 집중했다. 그러나 미국, 중국, 독일과 마찬가지로, 정부 보조금으로 녹색에너지 산업을 지탱했을 뿐이다. 진문가들은 풍력 산업의 일자리 하나에 매년 드는 보조금이 약 10만 유로임을 확인했다. 스코틀랜드는 이보다 더 심해서, 연간 일자리 하나에 드는 보조금이 약 15만 4천 유로였다. 이것은 도저히 유지될 수 없는 수치다.

스페인은 정부 보조금으로는 불가능하다는 것을 인지했다. 따라서 녹색에너지 기업들에 대한 정부 보조금이 최근 몇 해 만에 평균 12~40% 규모로 줄어들었다. 지난여름까지 스페인 정부는 10~

20%까지 이 수치가 더 줄어들 것으로 예상했다. 그 결과 2만 개의 일자리가 풍력 터빈 산업에서 사라졌고, 태양에너지 산업에서도 그와 비슷한 일자리가 사라졌다. 태양에너지 회사들은 현재 200억 유로의 은행 빚을 지고 있다. 소액 투자자로 뛰어든 수만 명의 은퇴 자금이 동시에 사라졌다.

이러한 현실을 직시할 때, 우리는 3가지 미래를 예측할 수 있다.

첫째, 세계 각국의 장밋빛 전망에도 불구하고 앞으로 '녹색일자리'의 전망은 밝지 않다. 물론 많은 사람들이 환경을 보호하길 원하고, 화석연료에 대한 의존에서 벗어나기를 원한다. 또한 모든 사람들이 새로운 일자리가 창출되기를 원한다. 그러나 풍력이나 태양에너지를 장려하기 위한 보조금이나 규제는 어떤 긍정적인 결과도 창출하지 못하고 있다. 「월스트리트저널 Wall Street Journal」은 대체에너지에 대한 보조금, 대출, 세금감면 조치가 2012년 미국 경제에만 약 120억 달러의 비용을 치르게 했다고 추산했다. 더욱이 「워싱턴 타임스 Washington Times」가 보도한 노동부 감사관의 감사 결과에 따르면, 2009년에 촉발된 4억 달러의 녹색일자리 교육 프로그램도 성공과는 거리가 한참 멀어 보인다. 그 감사 결과는 교육을 이수받은 사람들의 절반이 이미 에너지 산업에서 일자리를 갖고 있었고 재교육이 필요 없는 상태였다고 결론지었다. 교육 이수자의 38%만 그들이 학습한 능력에 기초해 직업을 얻었고, 그나마 6개월 이후 직업을 유지하는 경우는 16%에 불과했다.

둘째, 2030년까지 광범위한 녹색에너지 일자리는 여전히 물리학과 경제학의 제약을 받을 것이다. 사막에 설치한 태양에너지를 보자. 최근 「MIT Technology Review」에서 강조한 바와 같이, 캘리포니아 모하비 사막 이반파Ivanpah 지역에 설치된 세계 최대 태양열발전소Concentrating Solar Power, CSP인 '이반파'는 2013년 14만 가구에 충분한 에너지를 전달하기 시작했다. 이 발전소가 경제적인 이유 중 하나는 사막에 위치해 있기 때문이다. 사막은 값싼 토지일 뿐더러 엄청난 태양에너지가 쏟아지는 곳이다. 그러나 태양열발전소는 엄청난 양의 냉각수를 필요로 한다. 이반파에서는 현장에서 우물을 통해 발전소에 냉각수를 공급하지만, 수년 내에 붙은 고갈될 것이다. 현재까지 그 대안인 건냉dry-cooling 기술이 개발되지 않았다. 태양광발전은 어떨까? 이 경우, 물은 오로지 패널을 씻어내는 데 필요하다. 그러나 그것은 사막 태양발전소 플랜이 직면하고 있는 두 번째 핵심 문제를 일으킨다. 바로 먼지다. 태양 패널과 거울은 거의 매일 청결을 유지해야 한다. 태양광 패널의 1평방미터당 먼지 1그램은 장치의 효율성을 거의 40%나 절감시킬 수 있다. 태양광발전이 2020년대 후반에 비용-경쟁 효율성에 도달하는 시점까지, 비용 효과적인 먼지 제거 기술이 반드시 마련되어야 한다. 패널에 흠집을 내지 않고 거의 하루에 한 번씩 패널을 브러시로 쓸어 청소하는 기계적 시스템 혹은 정전기 방식의 청소 기술이 필요할 것이다. 그러나 여전히 엄청난 비용의 문제에 시달릴 것이다. 전통적으로 전력 회사들은 사막에 설비를 갖고 있지 않다. 고압 전선을 개설하는 데는 1마일당 수백만 달러의 비용이 든다. 청정석탄, 천연가스, 차세대 원자력 핵분열을 통한 전기 생산이 더 저렴해진 오늘날의 세상에서, 풍력과 수력, 태양을 이용한 에너지 생산은 아직까지 갈 길이 멀다.

셋째, 새로운 '더 청정한 에너지 경제'가 앞으로 십 년 내에 수백만 개의 일자리를 창출할 것이다. 오바마 행정부가 출범한 이후, 미국 경제는 120만 개의 일자리를 창출했다. 그중 상당수는 화석연료

이반파는 캘리포니아의 모하비 사막 지역에 설치된 세계 최대의 태양열 발전소다.

의 추출, 생산, 유통에서 발생했다. 또, 셰일 층에서 가스와 석유를 추출하는 파쇄·수평시추 기법 fracking and horizontal drilling 에 기반한 미국의 에너지 산업이 2020년까지 미국 내에서만 2,180만 개의 새로운 일자리를 창출할 것이다.

06

포스트 차이나 16, 16개 국가가 세계의 공장으로 떠오른다

오늘날 중국은 세계 최대 수출국이 되었다. 저렴한 인건비를 기반으로 한 제조업 위주로 중국 경제는 성장해 왔다. 그리고 중국은 중산층이 늘어나고 소비가 주도하는 경제로 이동하고 있다. 이것은 중국 정부 입장에서 거대한 도전이고, 중국 시장에 진출하고자 하는 글로벌 기업들에게는 기회의 문이 열리고 있음을 의미한다. 중국의 경제적 변화는 글로벌 경제에서 기존 중국의 역할을 대신하려는 다른 신흥 경제국들에게 새로운 기회를 제공할 것이다. 그렇다면 중국의 환골탈태는 과연 가능할까?

1979년부터 2009년까지 중국 경제는 놀라운 성장을 기록했다. 그러나 인구학과 경제학에서 기인한 수많은 이유로 인해 수출과 저렴한 노동력, 인프라 프로젝트에 기반한 맹렬한 경제 성장의 시대가 끝났다. 이제는 스트라포닷컴 Strafor.com 의 조지 프리드먼 George Friedman 이 명명한 '포스트 중국 세계'의 단계로 진입하고 있다. 참고로, 프리드먼은 20여 년간 중국의 진화를 추적해 왔다.

노벨상 수상자이자 「뉴욕 타임즈 New York Times」칼럼니스트로 오랫동안 활동해 온 폴 크루그먼 Paul Krugman 은 2013년 7월에 다음과 같은 글을 썼다.

"그 신호는 현재 오해의 여지가 없다. 중국은 현재 큰 문제에 처해 있다. 우리는 그 과정에서 소소한 걸림돌이 아닌 더 근원적인 것에 대해 이야기하고 있다. 약 30여 년 동안 믿을 수 없는 성장을 주도했던 경제 시스템과 중국의 전체적인 비즈니스 방식은 그 한계에 직면했다. 우리는 중국식 모델이 거대한 벽에 부딪쳤고, 현재 유일한 의문은 그

폴 크루그먼.

충돌이 얼마나 나쁜 영향을 줄 것인지에 관한 것이다.”

중국은 분명 계속 존재하고 번영할 것이다. 그러나 세계 속의 중국의 위상은 점점 약해질 것이다. 따라서 중국이 좀 더 진화한 국가로 발전하려면 지금까지 해왔던 방식과 차별화해서 움직여야 한다.

조지 프리드먼은 다음과 같은 말로 우리를 상기시킨다.

“산업혁명 이후, 국제 무역에서 저렴한 임금과 거대한 노동력에서 기인하는 비교 경쟁력을 갖춘 나라들은 항상 존재해 왔다. 이 국가들이 자신이 가진 장점에 집중할 수 있다면 스스로를 극적으로 변모시킬 수 있다. 역으로 이러한 변화는 지구촌의 권력 구도를 재편성한다. 제2차 세계대전 이후 독일과 일본은 그들의 숙련된, 저임금의 노동력을 활용하여 완전히 무너진 국가에서 벗어났다. 경제를 재건했을 뿐만 아니라 위대한 수출 국가가 되었다.”

1950년대에 ‘Made In Japan’은 저렴하고 조잡한 제품을 의미했지만 1990년대에 이르러서는 저렴한 인건비의 낮은 수준의 제품이 아닌 앞선 기술로 무장한 최상급 제품으로 통하게 되었다. 이러한 결과는 높은 성장률을 바탕으로 다양한 움직임과 행동의 조합으로 이동했기 때문에 가능했다. 그리고 오늘날 중국이 처한 상황은 이와 똑같다.

중국의 급격한 성장은 서구 국가에 비해 저렴한 노동 비용을 기반으로 한다. 이것은 중국이 서구 경제보다 훨씬 더 적은 비용으로 비슷한 수준의 제품을 생산할 수 있게 했다. 중국인들은 이러한 조건에서 비즈니스를 구축했고, 서구 기업들은 인건비를 절약하기 위해 중국에 공장을 지었다. 하지만 중국 노동자들의 임금은 매우 낮았기 때문에 그들이 만든 수많은 제품을 구입할 형편이 되지 않았다. 결국 중국은 이 제품을 해외에 수출함으로써 성장을 이뤘다.

성장을 유지하려면 중국은 이러한 임금 차별성을 유지해야만 한다. 그러나 중국인들은 실업을 두려워하기 때문에, 중국 은행들의 대출 정책은 이러한 비즈니스를 계속 유지시킴으로써 실업을 방지하는 데 집중했다.

또한 중국은 상업지역과 신도시의 거대한 인프라를 구축하는 데도 은행 대출을 활용했다. 시간이 지나면서 이러한 정책은 중국 경제에 거대한 비효율성을 나타나게 했다. 왜 그럴까? 비즈니스가 비효율적이면 생산비가 오른다. 그것은 결국 인플레이션의 길로 들어서게 된다. 비효율적인 비즈니스가 계속 유지되는데 돈이 투입되면, 인플레이션은 더 뚜렷하게 커진다. 비효율성의 증대는 자금 공급의 증대와 섞인다. 그리고 그러한 경제를 지탱하기 위한 공격적인 대출로 이어진다. 이러한 현상이 몇 년간 지속되면서, 결국 중국 경제 전체가 휘청거리기 시작했다.

그런데 중국 은행들은 공격적인 대출을 계속 감행하면서 인플레이션의 방아쇠를 당겨버렸다. 인플레이션은 비용을 증가시키고 수출 경쟁력을 약화시킨다. 더군다나 유럽의 경기 후퇴와 미국의 경제력 약화에 따라 수출 자체에도 이미 먹구름이 낀 상태이다. 이처럼 공격적인 대출을 계속 감행하면 실업을 가져오고, 심각한 사회 문제가 나타날 것이다.

프리드먼이 살펴본 바와 같이, "중국은 비공식적인 대출을 규제하고 외국환은행간 매매율을 높임으로써 대출에 단호한 조치를 취하고, 기준 대출 금리의 하한선을 없애고 중소기업에 대출을 확대함으로써 대출 규제를 완화하는 방향으로 움직이고 있다."

사실 중국의 유일한 성장 솔루션은 수출 주도 경제에서 소비 주도 경제로 옮기는 것이다. 이것은 오늘날 GDP의 38%에 해당하는 소비를 65%로 올리는 것을 함의한다. 그리고 이러한 리밸런싱을 위해서는 임금 인상과 소비자 신용도, 사회 안정망을 확보해야 한다. 그래야 장기적인 성장을 위해 필요한 내수를 창출하게 될 것이다. 그 과정에서, 저가의 제조 분야는 중국을 떠나 더 낮은 비용이 드는 노동 시장으로 옮겨가게 될 것이다.

그러나 오늘날 세계 최대의 공장인 중국이 제조업을 축소한다면 그 간격을 누가 메울 것인가? 중국을 대체할 단일 국가는 존재하지 않는다. 그 규모가 엄청나기 때문이다. 즉, 중국을 대신할 국가는 하나가 아니라 여러 국가가 될 것이다.

미래예측 정보회사인 스트라포닷컴 Strafor.com 은 '포스트 차이나 16 the PC 16'을 지정했다. 이 국가들은 앞으로 중국을 대신해 세계의 공장으로 성장할 것이다. 이 국가들은 탄자니아, 케냐, 우간다, 에티오피아, 인도네시아, 미얀마, 방글라데시, 베트남, 라오스, 캄보디아

필리핀, 페루, 도미니카 공화국, 니카라과, 멕시코다.

이들 국가들을 모두 합치면 전체 인구는 10억 명에 달한다. 또한 이들은 의류에서 신발, 전자부품 조립에 이르기까지 초기 단계의 산업 성장에 필요한 설비를 갖추고 있다. 더 의미심장한 것은 이들 국가들에는 더 높은 경제 성장을 이루는 데 걸림돌이 되는 장벽이 거의 없다는 점이다. 즉, 이들 포스트 차이나 16은 저 임금의 저개발 국가로서 제조업 분야에서 급격한 성장을 이룰 것이다.

중국의 노령 인구는 2012년 1억 9,400만 명에서 2025년이 되면 3억 명으로 50% 가까이 급증할 것이다. 오래전부터 미래예측 전문가들은 중국이 2015년이 되면 인구의 노령화가 위험한 수준에 이를 것이라고 전망했다. 실제로 이 예측은 사실이 되고 있다. 중국의 인구 문제는 일본이나 한국, 미국, 서구 유럽 국가들과 달리, 중국 인구의 다수가 중산층에 도달하기 이전에 노령화가 진행되고 있으므로 사회적으로 문제될 것이다. 이러한 현상은 역사적으로 전례가

중국의 노동자들.

없는 일로 중국 경제에 크나큰 부담으로 작용할 것이다. 저렴한 노동력에 기반한 경제 모델에는 소비 경제로 옮겨가는 데 필요한 요소들이 결핍되기 때문이다.

하지만 중국은 개혁을 통해 이러한 인구학적 위기를 연장할 것이다. 중국은 정년을 여성의 경우 55세에서 60세로, 남성의 경우 60세에서 65세로 연장하면 다가올 위기를 어느 정도 극복할 것이다. 정부 연금을 받는 은퇴자들의 수를 줄여 사회적 압박을 다소 연기할 수 있다. 그러나 정년을 조정하면서 실업 문제가 발생할 수 있다. 정년이 연장되면 매년 엄청난 수의 대학 졸업자들이 실업자가 될 것이기 때문이다.

또한 중국의 낮은 출산율도 문제이다. 현재 중국의 출산율은 1.4명으로 OECD 국가 평균 1.7명, 미국의 2.0명보다 낮은 상황이다. 이것은 중국의 많은 도시에서 생활비와 교육비가 급격하게 오르면서 발생한 현상이다.

이러한 중국의 상황을 고려해 우리는 4가지를 예측할 수 있다.

10년 후 세계
Report

첫째, 중국의 1분기 성장률이 7.4%를 기록하면서 중국 경제가 여전히 탄탄하다는 낙관론이 다시 나오고 있다. 그러나 중국 경제가 앞으로 계속 순탄하게 성장하기 위해서는 중국 정부의 의지가 필요하다. 중국 정부는 금융 부실, 성장률 둔화, 인구 고령화, 소득 분배 악화, 환경오염 등의 문제들을 해결해야 한다. 또, 양적 성장에서 벗어나 질적 성장을 해나가기 위해서는 우수한 인력과 창조적 기술 발전, 새로운 경제와 정치 제도로 경제의 효율성을 높여야 한다.

시진핑 정부는 2013년부터 여러 가지 개혁 조치를 내놓았다. 시장의 자원 배분 기능 강화와 질적 성장을 꾀한 것이다. 최근에는 내륙 지역에 신도시를 개발해 경제를 살리고 2020년까지 농촌 인구 1억 명을 도시로 편입하겠다는 계획을 발표했다. 2억 3천만 명이 넘는 도시 이주 농민에 대한 규제를 완화해 도시에서 교육, 보건 지원을 받을 수 있게 하는 정책도 발표했다. 환율의 변동폭을 확대하고 금융 부문에서 시장 기능을 강화하는 개혁 조치를 내놓고 있다.

이러한 개혁에 성공하면 중국 경제는 일본이나 한국이 과거에 겪은 것처럼 급격하게 와해되지 않을 것이다. 앞으로 중국은 과거와는 다르게 행동할 것이다. 중국은 정치적으로 민감한 단체에 혜택을 제공하고 사회 불안을 억누르고 소거하기 위해 탁월한 사회 안정 장치를 활용함으로써 사회적·정치적으로 좋지 않은 결과가 일어나지 않도록 집중할 것이다.

둘째, 리커창 중국 총리는 보아오 포럼 기조연설에서 "앞으로 시장의 역할을 더 확대해 나갈 것이며, 당장의 경기 부양보다는 중장기 개혁에 중점을 두겠다"고 했다.

그러나 중국 정부가 추진하려는 공기업의 민영화와 노동, 금융, 토지 부문 개혁은 기득권 그룹의 반발에 부딪힐 가능성이 크다. 중국의 경제 규모는 과거보다 커져서 정부가 민간 경제를 통제하는 능력이 전과 같지 않다. 만약 중국 정부의 개혁이 실패하면 브라질과 멕시코, 말레이시아, 태국처럼 중진국 수준에 멈출 수 있다. 한국과 같이 중진국을 넘어 선진국으로 도약하기 위해서는 노동력, 연구 개발, 제도의 질적 수준을 개선해야 한다. 따라서 중국 경제의 미래는 정부의 구조 개혁이 성공하느냐에 달렸다.

셋째, 앞으로 10년 이내에 태평양에서 중국의 역할이 감소될 것이다. 아시아에서 군사력을 확대하려는 중국의 능력은 본질적으로 과대평가된 것이다. 중국의 해군력은 아직까지 미국과 비교해보면 매우 제한적이다. 다른 국가들에게 군사 행동을 취함으로써 내부의 경제 문제들을 해결할 수는 없을 것이다. 오히려 동아시아 지역에서 일본은 경제와 군사 면에서 강국으로 부상할 것이다.

넷째, 포스트 차이나 16 국가들이 얼마나 발전할지는 그들이 각자 지닌 경쟁력에 따라 좌우될 것이다. 다음은 스트라포닷컴이 예측한 각 국가의 특징이다.

1. 탄자니아

평균 월 급여 약 50달러의 저렴한 노동력을 대규모로 보유하고 있다. 2009년부터 2012년까지 외국인 직접 투자가 31% 성장했고, 저가의 제조 산업을 위한 안정적인 환경을 갖추고 있다.

2. 케냐

평균 월 급여 125달러의 저렴한 노동력을 보유하고 있다. 상대적으로 정치가 안정되어 있고 전략적 요충지에 위치해 있다. 외국인 소유 제한이 완화되면서 외국인 투자가 증가할 예정이다.

3. 우간다

전통적으로 광물 생산에 의존해 왔으나, 점차 그 의존도가 낮아지고 있다. 평균 임금이 일 100달러 미만으로 상내적으로 낮다. 역사적으로 우간다는 이웃 국가들과 관계가 좋은 인프라 환경을 구축하고 있다.

4. 에티오피아

월 평균 급여 35달러로 최고로 저렴한 노동력을 보유하고 있다. 저가 제조 산업에 국가적으로 집중하고 있다. 현재 가장 문제는 전력 인프라를 구축하는 것이다.

5. 스리랑카

월 평균 급여 60달러의 저렴한 노동력뿐만 아니라 경공업 기반을 잘 갖추고 있으며, 전략적 요충지에 위치해 있다. 최근 스리랑카 정부는 외곽 지역에 대한 규제를 강화함으로써 정치적 안정성을 높이고 있다.

6. 인도네시아

엄청난 노동력과 거대한 내수 시장을 보유하고 있다. 수백 개의 섬이 고루 분산되어 있고, 월 급여가 80달러에서 225달러 정도이다. 전통적으로 에너지 분야 외 투자가 자카르타를 중심으로 집중되어 왔다. 그러나 현재 변화를 맞고 있다.

7. 미얀마

월 평균 급여가 40달러이다. 제조 산업 경험은 부족하지만, 5,900만 명이 글을 읽고 쓸 수 있다. 라오스, 캄보디아, 방글라데시보다 더 높은 식자율 literacy rate 을 자랑한다.

8. 방글라데시

월 평균 급여가 45달러이며, 방직 산업 시설을 갖추고 있다. 전문적인 정부 관료제도가 미흡하므로, 이 문제를 해결해야 한다.

9. 베트남

거대한 젊은 노동 인구뿐만 아니라, 저가 상품을 소비할 수 있는 거대한 내수 시장도 갖고 있다. 월 평균 급여는 80달러에서 100달러이다.

10. 라오스

외국인 투자가 급속도로 늘고 있고, 거래 시스템이 통합되고 있다. 월 평균 급여는 80달러다.

11. 캄보디아

캄보디아 방직 산업은 2011년부터 2012년까지 7억 4,800만 달러의 투자를 유치했다. 중국과 타이 회사들이 캄보디아의 인프라, 에너지 산업, 여행업, 광산업에 집중 투자하고 있다. 월 평균 급여는 85달러다.

12. 필리핀

월 평균 급여는 80달러에서 250달러다. 세계 최고의 전략적 요충지 중 하나로, 글을 읽고 쓸 수 있는 노동자들로 넘친다. 가까운 미래에 새로운 에너지를 발굴할 수 있고, 필리핀에 또 다른 경쟁력을 부여해 줄 것이다.

13. 페루

월 급여가 거의 300달러로 중국보다 더 높다. 그러나 미국과 인접해 있고 탁월한 항만 설비를 갖추고 있을 뿐만 아니라 미국, EU와 FTA를 맺어 저가 제조 산업에서 매우 큰 장점을 갖고 있다.

14. 도미니카 공화국

월 평균 급여가 160달러이고, 미국과 인접해 있다. 2009년부터 2012년까지 외국인 투자가 67% 상승했다.

15. 니카라과

월 평균 급여가 125달러로, 라틴 아메리카에서 가장 저렴한 노동력을 보유하고 있다. 마약 밀매에 대한 우려가 있지만, 최근까지 도심지 중앙 외곽 지역들에 국한한다.

16. 멕시코

최근 수년간 마약 카르텔로 인해 문제가 있었지만 중앙과 남부는 거대한 지역으로 인구가 많고, 여전히 저개발되어 있다. 캄페체 Campeche, 베라크루스 Veracruz, 치아파스 Chiapas, 유카탄 Yucatan이 이러한 지역에 포함되어 있으며, 중국을 대체할 만한 저가 상품 생산지가 될 것으로 보인다.

07

제4의 혁신,
미래 기업의 조건

대기업에게 다시 한 번 유리한 시대가 돌아왔다. 벤처 붐이 일 때 개인 사업자나 소규모 기업은 창업과 성장을 하는 데 유리했지만, 이제는 창업 5년 이후 생존하는 비율이 극히 낮아지고 있다.

대기업과 달리 소규모 기업은 조직 간의 의사소통 구조도 복잡하지 않아서 1970년대 중반 이후 후발주자로서 유연한 환경의 이점을 십분 활용하고 있었다. 그러나 오늘날에는 모든 환경이 변했고, 다시금 대기업에게 유리한 환경으로 돌아가고 있다. 그 이유를 이해하기 위해서는 산업혁명 바로 직전부터 현재에 이르기까지 4단계로 나뉘는 기업 혁신의 역사를 추적해 봐야 한다.

이노사이트 Innosight 아태지역 전무이사인 스콧 앤서니 Scott Anthony

가 「하버드 비즈니스 리뷰 Harvard Business Review」에 쓴 '새로운 기업 창고'라는 글에 따르면 기업 혁신의 첫 번째 단계는 '외로운 발명가의 시대'다. 구텐베르크 Johannes Gutenberg 의 인쇄기부터 토머스 에디슨 Thomas Alva Edison 의 전구에 이르기까지 지금으로부터 100년 전까지만 해도 혁신의 대부분은 개인에 의해 이루어졌다.

두 번째 단계는 '대규모 생산의 시대'다. 지금으로부터 40년 전까지 이 시대가 지속되었고 기업들이 혁신을 주도했다. 조립 라인이나 자동화 같은 제조업의 변화로 생산은 더욱더 복잡해졌고 그에 따라 단가는 한층 더 올라갔다. 대기업들은 혁신적인 제품을 잇달아 출시했다. 듀폰 DuPont 의 나일론이나 P&G의 팸퍼스 기저귀 그리고 IBM의 메인프레임 컴퓨터가 그 예다.

세 번째 단계는 1970년대부터 최근까지 지속됐다. 벤처캐피탈의 강력한 재정적 지원으로 마이크로소프트 Microsoft, 애플 Apple, 아마존 Amazon, 구글 Google, 페이스북 Facebook 같은 신생 업체들은 디지털 시대의 엔진을 만드는 데 필요한 자금을 공급받을 수 있었다. 이들은 PC가 확산되자 적은 비용으로 글로벌 비즈니스를 창업하고 성장시켜나갈 수 있었다. 혁신의 큰 축이 대기업에서 빌 게이츠 Bill Gates, 스티브 잡스 Steven Jobs, 제프 베조스 Jeffrey Bezos, 세르게이 브린 Sergey Brin, 래리 페이지 Larry Page, 마크 주커버그 Mark Zuckerberg 같은 선견지명이 있는 개인으로 옮겨갔다.

이와 동시에 이러한 후발 주자들이 성공하자 투자자들의 심리에

페이스북의 창시자
마크 주커버그.

급격한 변화를 일으켜 대기업들이 새로운 시장에서 벌이는 경쟁을
어렵게 만들었다. 마이크로소프트, 델Dell 등의 기업들에 투자한 사
람들이 초기에 큰 수익을 얻게 되자 투자자들의 기대치는 높아졌다.
그들은 P&G, IBM, GE 같은 블루칩 회사에도 분기마다 높은 실적
을 기대했다.

새로운 제품에 도박을 걸거나 아직 검증되지 않은 시장에 많은
투자를 할 수 없었던 대기업은 단계적인 성장에 집중했고, 기술 혁
신을 신생기업에게 내주고 있었다. 그리고 우리는 지금 네 번째 혁신
의 시대에 살고 있다. 대기업이 또다시 유리한 위치를 선점하는 시대
가 돌아왔다.

이전에는 혁신적인 제품이나 비즈니스 모델을 가지고 있는 회사
들은 최소한 몇 년 동안은 자신의 시장 내 위치를 이용하여 확실한

위치를 선점할 수 있었다. 그러나 지금은 기술의 끊임없는 진보로 적은 비용으로 빠르고 쉽게 밑바닥에서부터 창업할 수 있게 되어 새로운 사업 아이디어가 시장에 나오면 바로 그 다음 날 수많은 경쟁자가 카피해서 쓸 수 있는 상황이 되었다.

스콧 앤서니는 그루폰 Groupon 을 이러한 현상의 대표적인 예로 들었다. 온라인에서 반값의 가격으로 제품을 판매하는 점이 경쟁자들의 관심을 집중하게 만들었고, 곧 그들은 자신의 비즈니스 모델의 취약 요소를 그루폰의 장점으로 교체했다.

스콧 앤서니의 분석에 따르면 처음 3개의 세대에서는 혁신가가 새로운 제품을 만들어내는 데에만 집중했다. 그러나 오늘날에는, 새로운 비즈니스 모델을 만들어내는 일이 혁신의 주요 대상이 되었다. 아마존, 스타벅스 Starbucks, 이베이 eBay, 구글, 페이스북, 애플 등 많은

온라인에서 파격적인 할인으로 제품을 판매하는 그루폰.

회사가 혁신적인 비즈니스 모델을 시장에 내놓음으로써 큰 성공을 거두고 있다. 따라서 네 번째 단계에서 혁신가에게는 세 가지 무기가 필요하게 되었다.

- 혁신적인 비즈니스 모델을 만들어내는 능력
- 혁신적인 비즈니스 모델에 투자할 재정자원
- 경쟁자들이 쉽게 복제할 수 없는 지적 재산권, 산업 전문성, 전략적 제휴 등 소유권을 보장받는 자산

그루폰의 경우에서 볼 수 있듯이, 이제는 혁신적인 아이디어를 카피하는 것이 너무나도 쉬운 세상이 되었다. 이러한 세상에서 세 번째 무기를 가진 대기업은 승승장구할 것이다. 대기업은 그들이 가진 브랜드, 특허, 기존 고객층, 공급 제휴처, 지적 재산권 등을 보호받아 기존 보유자산을 더욱 늘려 새로운 비즈니스 영역을 만들어내 다른 경쟁자들이 진입하는 것을 막아낼 것이나.

64년의 역사를 갖고 매년 160억 달러의 수익을 올리고 있는 의료기기 회사 메드트로닉 Medtronic 을 살펴보자. 이 회사가 만들어낸 혁신적인 비즈니스 모델 'Healthy Heart For All'의 목적은 메드트로닉스가 특허권을 가지고 있는 심박 조절기를 인도의 가난한 심장질환 환자와 판매회사인 메드트로닉스 양자 모두에게 합리적인 가격으로 공급하는 것이었다.

메드트로닉스는 의료기관에서 멀리 떨어져 있는 시골 마을에 캠프를 세우고 환자를 진단했다. 저비용의 심전도 기기를 사용함으로써 기기 운용자는 시간당 몇 명의 정보를 의사에게 보내고, 수백 마일 떨어진 곳에서 의사가 이 결과를 분석해 처방을 내리는 방식으로 운영했다. 소득 수준이 낮은 인도의 환자들을 고려해 기기의 가격을 낮추기 위해 메드트로닉스는 더욱 효율적인 생산방법을 찾아내고, 건강보험에 가입하지 않은 대다수의 인도 환자들을 위해 재정 보조프로그램까지 만들어냈다.

인상적이게도 'Healthy Heart For All'에는 어떠한 기술적인 혁신도 없었다. 메드트로닉스는 기존의 기술을 새로운 시장에 이식함으로써 혁신적인 비즈니스 모델을 만들어낸 것이다. 그루폰과는 달리 메드트로닉스는 경쟁사에 의해 새로운 비즈니스 모델이 카피당하는 것을 걱정하지 않았다. 메드트로닉스의 특허권으로 보호되는 기기, 자사의 브랜드, 회사의 명성, 수십억 달러에 이르는 수익, 정부 규제 하에서 경영 노하우, 의사들과의 긴밀한 협력관계 등 모든 것들이 신생기업으로서는 도저히 따라올 수 없는 지속가능한 경쟁적 우위를 메드트로닉스에게 제공해 주었다.

또한 대기업은 재정자원이라는 두 번째 무기도 휘두를 수 있다. 신생기업과는 달리 대기업은 재정적으로 벤처 캐피탈에 의존하지 않아도 된다. 미국의 대기업은 시중에 투자처를 찾아 떠돌아다니는 자본을 끌어들였고, 최근 미국 연방준비은행FRB의 보고에 의하면 그 금액이 1조 7천억 달러에 달한다.

그러나 로이터 Reuter 통신의 보도에 의하면, '미국 국세청이 최근 발표한 통계에 따르면 역외자산까지 수치에 포함하면 FRB가 발표한 금액의 3배가 넘는 5조 1,300억 달러의 유동자산이 기업으로 흘러 들어갔다'고 한다. 「아틀랜틱 The Atlantic」 지가 밝혔듯 이는 독일 GDP보다 많은 금액이다. 이 모든 자금은 R&D 개발과 비즈니스 모델 혁신 등 다양한 영역에 투자된다. 소유권을 보장받는 자산들과 재정 자원들은 대기업이 혁신을 이뤄내야 할 영역의 3분의 2를 차지한다.

그렇다면 대기업은 어떻게 창고에서 혼자 연구하는 발명가보다 재기발랄하고 창의적인 아이디어를 더 많이 발명할 수 있을까? 그 해결책으로 대기업 조직 내에서 혁신 촉매자가 많이 생겨나도록 독려하는 방법이 있다. 스콧 앤서니는 이 혁신 촉매자를 대기업이 가진 풍부한 자원을 활용하여 글로벌한 경쟁에 뛰어들 솔루션을 만들어 내는 사업가적 마인드를 가진 회사 구성원이라고 정의했다. 이 촉매자는 회사 인팎에시 협력자들로 이루어진 네트워크를 만들어낸다. 그들은 때때로 상부에 보고하지 않고 업무를 진행하기도 하고, 회사 조직 내에서 그들이 가진 전통적인 권한을 넘어서서 자원을 사용하기도 한다. 그리고 그들은 주로 업계 외부의 비즈니스 모델로부터 혁신을 위한 영감을 얻는다.

이러한 트렌드에 기초하여 우리는 다음과 같은 예측을 내놓을 수 있다.

첫째, 풍부한 자본을 보유한 대기업은 제4의 혁신을 하는 데 매우 큰 이점을 가져다준다. 앞으로 대기업은 회사 경영진의 비전 부족이나 과감성의 부족 때문에 한계에 부딪칠 뿐, 결코 자본의 부족 때문에 한계에 부딪치지는 않을 것이다.

둘째, 미국의 기업에 흘러들어간 5조 1,300달러의 현금 중 단지 10%에 해당하는 5천억 달러만 새로운 비즈니스 벤처에 투자되더라도, 미국 경제에 대단히 긍정적인 영향을 끼칠 것이다. 새로운 시장을 목표로 하는 혁신적인 비즈니스 모델은 오늘날 실업 상태에 있거나 저임금 일자리에 머물러 있는 수많은 미국인에게 양질의 일자리를 만들어줄 것이고, 이는 결국 소비자의 소비 욕구를 끌어올려 경제의 선순환을 불러올 것이다.

셋째, 미국 주식 시장은 다시 한 번 상승세를 이어갈 것이다. 탄탄한 대기업들이 신생기업보다 먼저 혁신을 만들어냄으로써 주식 가격은 상승할 것이고, 주주들과 투자자들은 더 큰 부를 얻게 될 것이다.

넷째, 제4의 혁신의 단계에서는 처음에는 대기업이 혁신을 주도하다가 나중에는 다시 한 번 개인과 소규모 기업들이 주도권을 갖게 되는 날이 올 것이다.

예를 들어, 나노프린팅과 같은 최첨단 기술을 통해 신생 제약의료 기업이 이메일 한 통으로 환자에게 최적화된 맞춤 의약품을 만들어낼 것이다. 기술 진보를 통해 생산뿐만 아니라 유통의 단계에서도 놀라울 정도의 효율성과 저비용을 달성하여 업계에 큰 혁신을 불러올 것이다. 이와 마찬가지로 컴퓨터 산업에서도 컴퓨터가 다른 컴퓨터를 디자인하는 수준까지 기술이 진화할 것이고, 대기업들은 더 이상 독점적 지위를 영속적으로 유지하지는 못할 것이며, 인간의 두뇌가 인공지능, 나노기술, 사물인터넷에 기초하여 새로운 비즈니스 모델을 만들어나가는 10년 후에는 혁신적인 아이디어를 개발하는 개인에게도 기회가 생길 것이다.

정보통신

세상 모든 것이 융합된다

08. 뇌-컴퓨터 인터페이스, 새로운 컴퓨터의 가능성을 열다 09. 스마트 글라스, 컴퓨터가 안경 안으로 들어온다 10. 사물인터넷, 500억 개의 기기들이 서로 연결된다 11. 차세대 리소그래피, 반도체 시장을 뒤흔든다 12. 보안전문가와 데이터소거원, 개인정보보호 시장이 뜬다 13. 위치기반 서비스, 메트컬프의 법칙에 따라 성패가 갈린다 14. 소비자 주도의 IT, 직장과 일상의 경계가 허물어진다

08 뇌-컴퓨터 인터페이스, 새로운 컴퓨터의 가능성을 열다

1980년대에 컴퓨터 마우스가 등장하자 키보드만 사용하던 사람들은 뭔가를 가리키고 자신이 선택한 것을 정확히 클릭할 수 있게 되어 행복을 느꼈다. 그리고 마우스를 사용하는 것도 불편해하는 사람들을 위해 터치패드가 나타났다.

하지만 곧 일부 사용자들은 터치패드를 사용하는 것에도 불편함을 느꼈다. 데스크탑 컴퓨터에 길들여진 베이비붐 세대들은 나이를 먹고 시력이 나빠지면서, 스마트폰과 태블릿의 조그만 화면을 이용하기가 쉽게 않았다.

그러나 인간과 컴퓨터 사이에 완벽한 교류가 가능한 인터페이스가 시장에 출시되면 이런 일들은 곧 과거지사가 될 것이다. 뇌-컴퓨

뇌-컴퓨터 인터페이스는 뇌
에서 나오는 전기신호를 추
적한 다음 컴퓨터를 제어하
는 명령어로 바꾼다.

터 인터페이스Brain Computer Interface가 개발되고 있기 때문이다.

뇌-컴퓨터 인터페이스는 뇌와 컴퓨터의 정보통신을 의미한다. 즉, 뇌의 활동이 컴퓨터에 직접 입력되어 마우스나 키보드 같은 입력장치가 없어도 컴퓨터와 커뮤니케이션을 할 수 있는 장치를 만들어가는 것이다. 이는 운동신경에 장애가 있는 환자들에게 매우 유용한 기술이 될 것이며, 정상인에게는 새로운 패러다임이 될 것이다.

「뉴욕타임즈New York Times」지에 따르면, 샌프란시스코에 위치한 이모티브시스템즈Emotiv Systems가 만든 새로운 헤드셋은 뇌, 안면근육 등 여러 신체부위에서 발생하는 전기신호를 포착한 다음 컴퓨터를 제어하는 명령어로 변환할 수 있다. 이 헤드셋의 가격은 299달러이며, 사용자의 두뇌를 훈련시키는 소프트웨어가 포함되어 있다.

'NIANeural Impulse Actuator'라는 이름의 또 다른 헤드셋은 캘리포

니아 서니베일 Sunnyvale 에 위치한 OCZ테크놀로지그룹 OCZ Technology Group 이 만들었으며 가격은 169달러다. 눈과 얼굴의 움직임을 감지한 다음 이를 명령으로 전환한다.

그런데 이러한 헤드셋들은 빙산의 일각에 불과하다. 2008년 6월, 일본 게이오대학교 Keio University 연구진은 감각-운동피질에서 나오는 뇌파를 읽고 신호를 활용해 멀티플레이어 온라인 게임 세컨드라이프 Second Life 에서 아바타를 조종하는 시스템을 선보였다. 「사이언스데일리 ScienceDaily」지에 따르면, 전신장애자가 게임을 하고, 여기저기 다니면서 다른 아바타와 대화를 할 수 있었다. 이는 신경과학, 컴퓨터 기술 그리고 인터넷의 합작품으로 만들어진 것이다.

한편, 플로리다대학교 University of Florida 연구원들은 두뇌신호를 컴퓨터 명령으로 전환할 뿐 아니라 시간이 지나면서 진화하고 학습하는 기기를 연구하고 있다. 「IEEE 생의학공학회보 IEEE Transactions in Biomedical Engineering」에 실린 기사에 의하면, 작동 중에 알아서 사용자에게 맞춰가면서 가장 적당한 멍링을 유도하는 데 관여할 수 있도록 제작되었다. 이는 인간이 기계과 교류하는 방법에 있어 패러다임이 변한 것이다. 기계가 수동적으로 명령을 수행하는 것이 아니라 인간과 함께 목표를 달성하기 위해 능동적으로 참여하는 것이다.

플로리다대학교의 연구원들은 쥐를 대상으로 한 일련의 실험에서, 쥐와 컴퓨터 모두가 원하는 목표를 향해 나아갈 때마다 스스로에게 보상하게 했다. 컴퓨터는 점수를 기록했고 쥐는 물을 마셨다.

쥐가 로봇 팔을 움직이는 법을 배울 때, 컴퓨터 역시 움직이게 하는 전략을 세우느라 바빴다. 이는 쥐의 뇌에서 나온 가장 적절한 신호를 선택해 수행한 일이었다.

또, 피츠버그대학교 University of Pittsburgh 의과대학 연구진은 원숭이에게 뇌신호만을 이용해 로봇 팔을 조정해 먹이를 얻는 법을 가르쳤는데, 이 연구결과가 「네이처 Nature」지에 소개되었다. 또한 컴퓨터 스크린 커서의 움직임을 조절하기 위해 뇌파를 사용했다.

「저널 오브 뉴로피지올로지 the Journal of Neurophysiology」에 의하면, 시카고 재활연구소 Rehabilitation Institute of Chicago 의 한 과학자는 인간의 팔을 움직이는 데 사용되는 동일한 뇌신호에 직접 반응하는 보철 팔을 개발했다. 환자는 보철 팔로 손을 쥐었다 폈다 하거나 실제 팔처럼 자연스럽게 굽히고 펼 수 있었다.

미국 브룩 육군 의료 센터 Brooke Army Medical Center 와 월터 리드 군

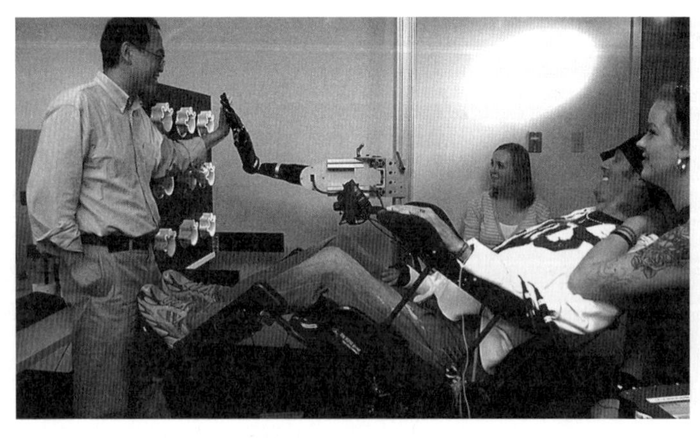

뇌-컴퓨터 인터페이스를 이용하면 외상으로 인한 모든 장애를 극복할 수 있다.

인 병원_{Walter Reed Army Hospital} 의료진은 손, 팔꿈치, 손목, 엄지손가락 및 손가락 등 16군데의 움직임을 자세히 측정해 부상당한 군인들의 인공보철물에 프로그램을 삽입했다. 이 인공보철물로 환자들은 더욱 다양한 동작을 할 수 있게 되었다.

이 밖에도 전문가들은 컴퓨터가 인간의 얼굴 표정, 일상적인 언어를 인식하고 사람의 생각이나 감정을 읽도록 했고, 이렇게 입력된 정보를 뇌파 명령과 통합할 수 있는 시스템을 개발하고 있다.

뇌-컴퓨터 인터페이스 기술의 발전 추세를 고려할 때, 우리는 다음과 같이 예측할 수 있다.

첫째, 뇌-컴퓨터 인터페이스 기술이 발전하면 앞으로 컴퓨터 마우스와 디치패드, 조이스딕 등이 사라질 것이나. 워싱턴대학교 Washington University의 연구진은 이미 생각만으로도 커서를 움직이는 것이 얼마나 쉬운 일인지 입증했다. 연구진은 뇌수술을 기다리고 있는 환자 그룹을 대상으로 전극을 두뇌 표면에 부착한 뒤 뇌파 마우스 사용법을 훈련시켰는데, 몇 분 내에 평균 70%의 정확도를 보였다. 「라이브사이언스 LiveScience」지의 온라인 기사에 따르면, 한 환자는 실험이 끝날 때쯤 100%의 정확도를 보였다고 한다.

이와 비슷한 실험을 브라운대학교 Brown University 에서도 했는데, 사이버키네틱스 뉴로테크놀로지 시스템즈 Cyberkinetics Neurotechnology Systems 가 개발한 브레인게이트 BrainGate 라는 시스템이었다. 모자처럼 쓸 수 있는 이 시스템을 통해 뇌파 신호로 일반 마우스처럼 스크린의 커서를 움직이게 했다. 이 시스템은 키보드를 대신할 것이며, 사람들이 문장을 생각하면 스크린에 문자로 변환되어 표시될 것이다.

둘째, 가까운 미래에 브레인게이트 인터페이스에 사용된 극소 전극이 다양한 마비증상으로 고통받는 환자들의 뇌 표면에 이식될 것이다. 전극을 사용해 어떤 기계 장치라도 정확하게 다룰 수 있을 것이다. 응용 분야는 커서를 움직이는 것에서부터 성능이 좋은 인공 의수족을 사용해 무거운 물건을 들어올리고 휠체어의 방향을 지시하는 것에 이르기까지 다양하다. 생각만으로 전자기기를 제어하게 되면 뇌성마비, 파킨슨병, 또는 기타 운동신경질환 등으로 신체가 불편한 환자들에게 큰 도움을 줄 것이다. 뇌-컴퓨터 인터페이스 기술의 궁극적인 목표는, 피질에서 신호를 전송해 손상된 척추신경을 가로질러 마비된 팔다리를 회복시키는 것이다.

셋째, 생각과 감정, 의지를 읽는 능력은 군사, 정치 그리고 비즈니스 분야로 급속히 확산될 것이다. 이는 다양하게 세분화될 것이다. 예를 들자면, 만약 세관원들이 "자신을 기만하려는 상대의 의도"를 탐지할 수 있다면 업무가 더욱 완벽해질 것이다. 마찬가지로 용의자를 심문하는 경찰관들은 신빙성이 그다지 없는 것으로 알려진 오늘날의 거짓말 탐지기를 사용하지 않고서도 뇌파를 활용해 진술의 사실 여부를 파악할 수 있다.

넷째, 앞으로 25년 내지 30년 후, 정교한 뇌-컴퓨터 인터페이스가 전 세계에 보편화될 것이다. 가정 또는 사무실에서 사용할 수 있는 모든 기기들을 제어하기 위해 뇌파를 포착해 무선 라우터로 전송될 것이다. 뇌-컴퓨터 인터페이스의 응용분야는 오늘날 우리가 상상하는 것보다 훨씬 늘어날 것이다. 예를 들면, 휴가를 떠난 사람이 건조한 날씨를 걱정하면, 휴대용 무선기기가 이를 포착해 인터넷으로 전송하고, 정원에서 스프링클러 시스템이 작동하게 된다. 문자 메시지를 보내고 싶다면 보내고자 하는 단어를 생각하기만 하면 될 것이다. 컴퓨터, 전자제품과 같은 모든 가전제품은 이런 시스템을 통해 작동될 것이다. 자동차, 항공기, 전투기 등은 우리를 더욱 안전하게 이동시켜줄 것이다.

스마트 글라스,
컴퓨터가 안경 안으로 들어온다

'지능형 모바일 컴퓨팅'이 대세로 떠오르는 현실에서 스마트 글라스는 앞으로 가장 많이 언급될 기술이다. 지난 10년 동안 컴퓨터와 인터넷 기기들은 대형에서 소형으로, 무거운 것에서 가벼운 것으로, 고정적인 것에서 휴대할 수 있는 것으로 끊임없이 진화하고 있다. 메인 프레임에서 데스크탑 PC로, 다시 노트북에서 스마트폰으로, 항상 휴대 가능하고 더 유용한 방향으로 이동하는 중이다. 이러한 진화의 다음 단계는 무엇일까? 그것은 바로 선글라스처럼 착용할 수 있는 컴퓨터일 것이다.

구글이 만든 구글 글라스Google Glass는 주요 언론과 전문가들의 관심을 받고 있다. 2014년 4월 15일 하루에만 미국에서 한정 판매한 구글 글라스는 인기를 끌었으며, 특히 흰색 모델은 몇 시간 만에 품절됐다. 구글은 이날 오전 6시부터 구글 글라스 익스플로러 버전을 온라인 주문으로 판매에 나섰다. 1,500달러나 되는 이 스마트 글라스를 한정 판매하기 이전에 구글은 소프트웨어 개발자, 경연대회 수상자 등을 대상으로 '익스플로러'가 1만 대 가량을 실제로 체험하게 한 바 있다. 한정 판매에 이어 구글은 2014년 내에 구글 글라스를 시장에 내놓을 계획이다.

이러한 구글 글라스는 컴퓨터 산업에서 차세대 상품으로 떠오른 스마트 글라스들 중 하나일 뿐이다. 가트너 그룹 Gartner, Inc. 의 기술진에 따르면, 이미 10여 개의 회사들이 스마트 글라스를 개발하고 있다. IMS 리서치는 흥미로운 앱 기술들만 충분히 개발된다면 2016년까지 전 세계적으로 스마트 글라스가 1천만 개 정도 판매될 것으로 예측하고 있다.

구글 글라스.

스마트 글라스는 지금까지 컴퓨터와 휴대전화로만 가능했던 데이터와 인터넷 접속을 사용자의 시각으로 이동시킨다. 일반적으로 스마트 글라스는 카메라와 디스플레이, 터치패드, 와이파이 Wi-Fi, 배터리, 마이크로폰 등이 모두 하나의 글라스에 압축 이식된 것이다.

그런데 현재 시장에 출시된 제품은 베타 버전이기 때문에, 개발자들은 몇 가지의 앱만 개발한 상태다. 이러한 제약이 스마트 글라스의 기능성을 몇 가지 활동으로 묶어놓고 있다. 현재 출신된 스마트 글라스의 착용자는 인터넷을 검색할 수 있고, 전자메일을 읽고 작성할 수 있다. 또한 사진과 동영상을 찍고, 언어를 번역하고, 스마트 글라스가 스마트폰과 블루투스로 연동되면 GPS에 의한 내비게이션도 이용할 수 있다.

스마트 글라스와 연계된 유망한 앱 중 하나는 인사이트 Insight 다. 이 앱은 사람들이 입고 있는 옷을 사진과 비교하는 알고리즘을 활용함으로써 군중 속에서의 개인을 확인시켜주는데, 쇼핑몰이나 스포츠 경기에서 친구를 찾는 데 매우 유용할 것이다. 친구가 사진을 찍어서 스마트 글라스를 착용한 친구에게 보내주면, 이 앱은 같은 옷을 입고 있는 사람을 찾아준다. 또, 실시간 구글 번역 기능이 있는 앱을 활용할 수 있다. 화자가 다른 언어로 말을 하면, 글라스 디스플레이에 영어로 번역된 내용이 나타난다.

이러한 수준의 스마트 글라스는 앞으로 1년 안에 더 발전할 것이다. 우리가 현재 스마트폰으로 이용하는 모든 앱들이 스마트 글라스에 특화된 새로운 앱으로 적용될 것이다. 구글 글라스는 분홍빛 사각형처럼 보이는 프리즘 스크린을 활용해 착용자의 시각 바로 위에 데이터를 디스플레이한다. 구글의 디스플레이는 8피트 거리에서 25인치의 고선명도 스크린을 보는 것과 같은 정도의 해상도를 나타낸다. 구글 익스플로러 프로그램을 통해 1,500달러를 지불하고 체험 착용한 8천 명의 보고서에 따르면, 구글 글라스는 착용자의 시각을 방해하지 않고 이 디스플레이가 제대로 작동한 것으로 나타났다.

착용자들은 "안경, 사진을 찍어!"라는 명령으로 구글 글라스를 가동하고, 안경 프레임의 오른쪽에 위치한 터치패드를 통해 기능 선택을 한다. 또한 착용자들은 고개를 돌려 디스플레이 화면의 내용을 스크롤했다. 이어폰의 고무 캡을 대체하기 위해 구글 글라스는 골전도 변환기를 적용했는데, 이것은 귀 근처의 뼈에 진동을 줌으로써 작은 스피커 역할을 한다. 「뉴요커 New Yorker」 지에 실린 구글 익스플로러 보고서는 다음과 같이 그 결과를 발표했다. "으스스한 기분이었다. 두개골에 구멍을 내어 그 구멍에 직접적으로 속삭이는 것처럼 느껴졌다."

2014년 하반기에 출시될 구글 글라스의 정식 출시 가격은 1,500달러 미만으로 예상된다. 이것의 가격은 다른 제품보다 높은 편이다. 실제로, 엡손 Epson 의 모베리오 Moverio BT-100 글라스는 2012년 7월에 699달러의 가격으로 출시됐다. 비즈니스 시장을 타깃으로 한 이 글라스는 엡손 Epson 이 만들었고 Apx Labs의 소프트웨어를 사용한다. Apx Labs는 스마트 글라스 관련 기술을 전문으로 개발하는 기업으로, 2010년 미군의 군사용 스마트 글라스인 '터미네이터 비전'을 개발하기도 했다. 폭스비즈니스 FoxBusiness 에 따르면, 모베리오 BT-100 글라스는 착용자가 5미터 거리에서 80인치 이미지를 보는 것처럼 HD 디스플레이를 실현해 주는 마이크로 프로젝터를 장착하고 있다.

공장 노동자들 혹은 화물 배달원들이 이 글라스를 착용하면 작업하면서 혹은 상품을 배송하면서 손을 이용하지 않고 업무 데이터 혹은 배송 데이터를 이용할 수 있다. 이는 기업의 입장에서 전체적인 작업속도가 빨라질 것이므로 매력적이다. Apx Laps의 CEO 브라이언 발라드 Brian Ballard 는 이렇게 말한다. "만약 대규모의 기업이고, 매월 수백만 개의 화물을 옮기는 경우라면 수천만 달러를 절감할 수 있습니다. 그러면 1년 만에 스마트 글라스를 구매한 비용을 만회할 수 있습니다."

그리고 엡손은 모베리오 BT-100 글라스의 성능을 더욱 개선한 모베리오 BT-200을 2014년 상반기에 출시할 예정이다. 이 스마트 글라스는 안드로이드 4.0 운영체제 OS 를 탑재한 스마트 안경이다. 모베리오 BT-200은 헤드셋과 유선 콘트롤러로 구성되었다. 헤드셋은 좌우 양옆에 소형 LCD 프로젝터를 내장했으며, 프로젝터에서 쏘는 영상을 렌즈에 내장한 특수 필름으로 비춰 착용자가 볼 수 있도록 한다. 유선 콘트롤러는 기능 제어뿐만 아니라 안드로이드 단말기와

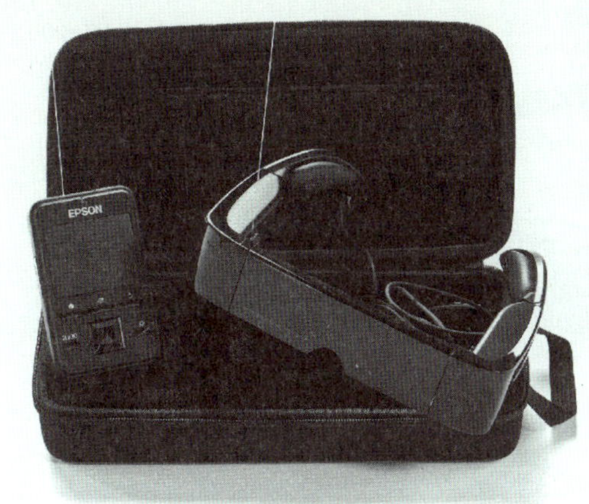

모베리오 BT-100.

배터리 역할도 한다. 내장 배터리는 최대 6시간 동안 동영상을 재생할 수 있다.

또한 와이파이와 블루투스3.0, 미라캐스트 Miracast 를 지원한다. 와이파이를 통해 인터넷이나 유튜브를 이용할 수 있으며, 블루투스를 통해 무선 키보드나 스피커와 연동할 수 있다. 미라캐스트를 지원하는 안드로이드 스마트폰이나 태블릿PC를 사용한다면 BT-200과 무선으로 동기화해 기기의 화면을 BT-200 헤드셋으로 볼 수 있다.

또 기존의 HMD과 달리 영상을 보면서도 다른 일을 할 수 있다. 기존 HMD를 착용할 때는 영상을 보는 것 외에 다른 사물을 볼 수 없으므로 활동에 제약을 받았지만, BT-200은 착용한 상태에서도 주변 사물을 볼 수 있어 이동 중에도 사용할 수 있다. 구글 글라스와 달리 두 눈으로 영상을 볼 수 있어 영화나 사진을 감상하는 데

모베리오 BT-200.

유리하다.

하지만 착용한 상태에서 운전을 하거나 다른 업무에 집중하는 것은 불가능하다. 실내나 장애물이 없는 외부라면 괜찮지만 사람들이 붐비는 도심 지역에서는 제대로 사용하기 어렵다. 한자리에 앉거나 누워서 영상을 볼 때는 제품에 동봉된 선글라스 형태의 커버를 씌우면 더욱 선명한 영상을 볼 수 있다. 헤드셋 왼쪽에 30만 화소급 카메라를 내장해 안경을 착용한 상태에서 사진이나 동영상 촬영도 할 수 있다. QR코드를 인식할 때도 이 카메라를 사용한다.

모베리오 BT-200은 모베리오 BT-100보다 훨씬 가벼워졌다. 모베리오 BT-100은 헤드셋이 240g, 콘트롤러가 165g으로 장시간 착용하는 데 불편했다. 경쟁사인 소니의 HMD HMZ-T3W는 배터리를 제외한 본체 무게만 210g이다. 모베리오 BT-200은 헤드셋이

88g, 콘트롤러가 124g으로 헤드셋 무게를 대폭 줄였다. 기존 HMD와 비교해도 매우 가벼운 데다 크기도 작다.

모베리오 BT-200은 콘트롤러에 달린 터치패드를 이용해 PC처럼 화면의 커서를 움직여 제어한다. 멀티 터치도 지원하기 때문에 두 손가락으로 화면을 확대하거나 웹 화면을 스크롤할 수도 있다. 모베리오 BT-200은 2014년 상반기에 한국에도 출시될 예정이다. 전작인 모베리오 BT-100이 84만 원이었던 점을 고려한다면, 70만 원대로 출시될 것이다.

또, 뷰직스 Vuzix Corp. 는 스마트 안경에 음성인식을 추가하기 위해 음성인식 소프트웨어 업체 뉘앙스 Nuance 와 기술 제휴를 맺고 뷰직스 M100 스마트 글라스를 출시했다. 이 스마트 글라스는 2.0 운영 체제에서 뉘앙스의 음성인식 기술을 지원한다. 이 음성인식 기술에는 잡음 제거 기능도 포함되어 있다. 음성인식 기술을 탑재한 2.0버전의 M100 스마트 글라스의 정확한 출시 일정은 미정이지만, 가격은 900달러 선이 될 것이다.

그리고 이와 유사한 제품들이 글라스업 Glassup, 오쿨론 옵토일렉트로릭스 Oculon Optoelectronics, 올림푸스 Olympus, 메타 Meta, 레콘 인스트루먼츠 Recon Instruments, 옵틴벤트 Optinvent 에서 출시될 예정이다.

이러한 스마트 글라스가 대중화된다면, 우리는 5가지를 예측할 수 있다.

첫째, 스마트 글라스의 내장형 카메라와 비디오 녹화기로 사생활 침해가 한층 더 우려될 것이다. 스마트 글라스의 혁신적인 기능은 주목받겠지만 상대가 알아채지 못할 정도로 촬영되기 때문에 사생활 침해 문제가 발생할 수 있다. 라커룸이나 수영장, 헬스클럽 등과 같이 현재 휴대전화 소지가 금지된 수많은 장소에서 스마트 글라스 반입이나 착용이 금지될 가능성이 있다.

시저스 팰리스Caesars Palace 호텔은 겜블러들에게 카지노에서 스마트 글라스를 착용하는 것을 금지하고 있다. 카드 카운팅이나 다른 속임수를 막기 위해서다. 뉴욕의 한 작가가 구글 글라스를 착용하고 두 곳의 예술 박물관에 입장하려 했을 때, 안전 요원들은 입장을 저지하고 예술 작품들을 촬영하지 못하도록 했다. 한편 구글은 착용자들이 구글 글라스의 카메라를 구동하려면 구글 글라스에 명령어를 말하거나 기능키를 눌러야 하기 때문에 그러한 기능들이 은밀하게 촬영하는 것을 방지해 왔다고 항변했다. 그러나 테크레이더닷컴 TechRadar.com 에 따르면 개발자들은 눈을 깜빡임으로써 사진을 찍을 수 있는 앱을 개발할 계획이다. 이 앱을 이용하면 쥐도 새도 모르게 촬영할 수 있을 것이다.

한편 미국에서 구글 글라스를 쓴 세시리아 아바디Cecilia Abadie 라는 여성이 지난해 10월 샌디에이고 고속도로에서 구글 글라스를 쓴 채 운전했는데, 주의 산만과 속도위반 등으로 적발됐다. 이 밖에도 영화관에서 불법 녹화를 했다는 의심을 받은 사람이 강제 연행되기도 했다. 미국의 약 8개 주에서는 운전할 때 구글 글라스를 착용할 경우 주의가 분산돼 사고를 유발할 수 있다는 우려로 규제를 검토 중이다.

둘째, 스마트 글라스의 부작용을 막으려는 사회적 제약이 가해질 것이다. 전철이나 기차 등의 공공장소에서 상대의 동의 없이 사진을 찍거나 동영상을 촬영하는 착용자들, 이메일을 읽으면서 교차로를 건너는 산만해 보이는 착용자들, 저녁식사 모임에서 친구가 이야기하는 도중에도 인터넷 브라우저에 심취해 있는 착용자들은 새로운 용어를 꼬리표로 달게 될 것이다. 'Glasshole 스마트 글라스를 낀 멍청한 자식'이 그것이다. 따라서 미국 정부는 스마트 글라스를 착용하고 GPS 내비게이션이 아닌 다른 앱을 이용하면서 운전하는 것을 금지하는 법을 제정할 것이다. 또한 직장과 공중 장소에서 스마트 글라스 착용에 대한 에티켓도 논의될 것이다.

셋째, 스마트 글라스는 초기에는 일반 소비자보다는 기업에 더 많이 이용될 것이다. 스마트 글라스를 착용한 노동자는 각 단계의 가상 이미지를 보면서 제품을 조립할 때 좀 더 상세한 지시를 따를 수 있다. 동시에 외과의사들은 수술을 진행하면서 환자의 의료

기록이나 엑스레이를 볼 수 있고, 복잡한 수술 과정에 대한 지시나 참조도 얻을 수 있다. 경영진이나 컨설턴트들은 프레젠테이션을 메모할 필요가 없어질 것이다. 이러한 초기 단계를 거치면 일반 소비자들도 스마트 글라스를 많이 이용하게 될 것이다.

넷째, 스마트 글라스와 관련된 보안 프로그램 산업이 발전할 것이다. 구글은 개인의 프라이버시를 보호해 주는 방법을 발견할 때까지 안면인식 기술을 사용하는 앱의 승인을 거부하기로 했다. 그러나 예외가 있다. FBI와 CIA 등 치안 당국이 스마트 글라스를 착용하고 군중을 스캔해 데이터베이스에 사진이 저장된 범죄나 테러리스트를 확인하는 앱을 사용하는 것은 허용해 줄 것이다. 따라서 치안 당국이 아닌 일반 사용자들은 개인의 프라이버시와 관련된 보안 프로그램을 필수적으로 설치하도록 할 것이므로, 보안 프로그램 산업의 전망은 밝다.

다섯째, 현재 출시된 스마트 글라스는 필연적으로 더 편리한 방식으로 변화할 것이다. 10년 후에는 시신경에 작게 이식할 수 있을 정도로 매우 작은 스마트 글라스가 탄생할 것이다. 라식 수술과 망막 이식이 안경과 콘택트 렌즈로부터 사람들을 해방시켰던 것처럼, 우리의 시신경에는 스마트 글라스가 이식될 것이다.

10 사물인터넷, 500억 개의 기기들이 서로 연결된다

지난 수십 년 동안 컴퓨터는 점점 더 작아졌고 가벼워졌으며 속도는 빨라졌고 가격은 저렴해졌으며 사용하기 편리해졌다. 데이터센터의 역할을 하던 대형 컴퓨터가 데스크톱, 노트북 그리고 주머니에 들어갈 만큼 작은 컴퓨터로 발전한 것처럼, 미래의 컴퓨터는 우리의 일상생활에 점점 더 깊숙이 들어올 것이다. 우리가 사용하는 제품들뿐만 아니라 우리를 둘러싼 거의 모든 물건들에 내장될 것이다. 사물인터넷Internet of Things, IoT 은 간헐적으로 인터넷에 접속하게 되는 것이 아니라 모든 사람과 사물이 서로 연결되는 세상을 만들 것이다.

사물인터넷으로 우리는 가전제품과 전자기기뿐만 아니라 헬스케어, 원격검침, 스마트홈, 스마트카 등 다양한 분야에서 사물을 네트

나이키 퓨얼밴드는 일
상의 움직임을 숫자로
표현해 주는 신개념의
측정기이다.

워크로 연결해 정보를 공유할 수 있다. 일례로, 미국 벤처기업 코벤티스Corventis가 개발한 심장박동 모니터링 기계, 구글의 구글 글라스Google Glass, 나이키 퓨얼밴드Nike FuelBand 등은 이 기술을 기반으로 만들어졌다.

핀란드 국립연구소VTT는 다음과 같이 발표했다. "지난 백여 년간의 텔레커뮤니케이션은 크게 3개의 물결로 정의됩니다. 첫째, 5억 대의 전화기가 설치되었습니다. 둘째, 50억 대의 휴대폰이 보급되었습니다. 셋째, 앞으로 500억 개의 기기들이 서로 연결되는 만물의 인터넷화가 시작될 것입니다."

핀란드 국립연구소는 동경대학의 연구진들과 함께 uID라는 '보편적 식별 기술'을 개발하고 있다. 이 기술을 통해 생활용품, 부품, 재료에 센서가 달리게 되어 폐기되기 전까지 사물을 인식하거나 추적할 수 있게 될 것이다. 예를 들어, 목재 널빤지가 어느 숲에서 베어졌는지, 어느 목재소에서 가공되었는지, 어느 페인트로 얼마나 여러 번 도색되었는지를 알려주는 작은 센서가 부착될 것이다.

또 다른 획기적인 프로그램으로는 OPENS Open Smart Spaces 가 있다. 지금까지 연구를 통해 Smart M3라는 상호작동적인 플랫폼을 만들어냈다. 이 플랫폼을 통해 디지털 기기뿐만 아니라 가정이나 사무실에 있는 물건들과도 제조사에 상관없이 서로 통신을 하고 정보를 주고받을 수 있다.

128년의 역사를 자랑하는 독일 전자기기 및 자동차부품 회사 보쉬 Bosch 도 사물인터넷 시장에 뛰어들었다. 보쉬는 미세전자기계시스템 MEMS 센서를 개발했다. MEMS 센서는 가로세로 2.5밀리미터의 작은 반도체 직접회로 내에 기구 구조물을 함께 탑재해 물리적인 움직임의 변화를 전기 신호로 변환해 준다. 스마트폰에 필수로 쓰이는 자이로스코프, 지자기, 가속도 센서 등에 MEMS 기술이 활용된다. MEMS 센서는 온도와 습도, 압력 등을 자체적으로 인지해 각종 기기를 스마트하게 만들어준다.

이미 세계 스마트폰의 절반 이상에는 보쉬의 MEMS 센서가 탑재되어 있다. 2013년에 보쉬는 10억 개 이상의 MEMS 센서를 생산했다. 이는 2012년보다 60% 이상 성장한 것이다.

한편, 미국 월트디즈니월드 Walt Disney World 는 미키마우스 인형의 눈과 코, 입, 배 등에 적외선 센서를 탑재해 인형을 소유한 사람의 위치, 가장 가까운 놀이기구 등의 정보를 실시간으로 수집한다. 이렇게 수집된 정보는 사용자의 스마트폰을 통해 놀이기구 대기시간,

놀이기구와 사용자의 거리 등의 정보로 제공된다. 사용자가 디즈니 월드를 더욱 편하게 즐길 수 있도록 하기 위해서이다.

2013년 4월 미국 라스베이거스에서 처음 공개된 포드Ford의 이보스Evos의 모든 부품은 인터넷으로 서로 연결되었다. 사물인터넷 기능이 적용된 이 자동차에 문제가 발생할 경우 신속히 대처할 수 있다. 교통사고가 발생해 에어백이 터지면 그 주변의 센서들이 이를 감지해 포드의 중앙관제센터와 연결한 후 적절한 대응법을 찾아낸다. 또, 범퍼가 파손되면 각 센서들이 날씨, 도로상황, 주변환경 등에 대한 정보를 수집해 상황이 심각하다고 판단될 경우 병원과 보험사에 자동으로 출동을 요청한다.

이처럼 500억 개의 기기들이 서로 연결되는 세상에서는 다음과 같은 일이 벌어질 것이다.

첫째, 초기의 사물인터넷에는 근거리무선통신NFC 뿐만 아니라 비콘Beacon도 활용될 것이다. 최근 애플Apple은 자체 비콘 표준 플랫폼인 '아이비콘iBeacon'을 발표하고 미국 전역 254개 애플스토어에 적용했다. NFC는 10센티미터의 거리 내에서만 데이터를 주고받을 수 있지만 비콘은 반경 50미터까지 데이터 전송이 가능하다.

하지만 비콘도 단점은 있다. NFC는 스마트폰을 가져다대야 결제가 이뤄지기 때문에 보안성에서 뛰어난 반면, 비콘은 보안상의 이유로 양방향 통신 기능이 다소 떨어진다. 그래서 비콘으로 모바일 결제까지 이뤄지면 보안에 심각한 위험이 발생할 수 있다. 비콘 서비스를 먼저 실시한 애플에서 내놓은 아이비콘에서도 이런 이유로 근거리 위치 정보는 비콘으로 받고, 모바일 결제는 NFC를 이용하는 것으로 쉬어 쓰는 방식의 특허를 등록했다.

따라서 앞으로 3~5년 동안 사물인터넷 시장에서는 이러한 보안 문제를 해결하는 기업이 성공할 것이다.

둘째, 사물인터넷은 빠른 속도로 강력한 네트워크를 형성할 것이다. 마이크로프로세스 센서가 부착된 컵은 커피의 온도를 24시간 내내 최적화 상태로 유지시켜줄 것이다. 자동차 열쇠를 잃어버렸

아이비콘.

다면 단지 문자메시지를 보내기만 하면, 자동차 열쇠의 위치를 알 수 있다. 냉장고에 보관된 달걀의 유통기한이 다가오면 냉장고가 알려줄 것이다. 사람이 아플 때든 건강할 때든 센서가 건강상태를 점검할 것이고, 의료 상황이 발생할 경우 실시간으로 환자의 상태를 의료진에게 전송할 것이다. 이러한 센서는 사람들이 입고 다니는 의류에도 부착될 것이다.

또, 자동차가 스스로 운전할 것이며, 도로의 장애물들을 스스로 피하고, 다른 자동차들과도 커뮤니케이션할 것이다. 스마트 그리드 기술을 이용해 전기를 얼마나 소비하는지를 점검할 수 있고, 언제 기기를 켜야 가장 싼 가격에 전기를 공급받을 수 있는지를 알 수 있다. 전기자동차에서 사용하고 남은 전력이 있으면 스마트 그리드를 통해 되팔 수도 있다.

기업은 주위의 모든 기기와 물건들을 통해 수집된 정보를 활용해 고객의 관심사, 활동 등에 근거해 맞춤형 마케팅을 할 수도 있다. 모든 사물이 인터넷으로 연결되는 세상에서는 고객의 모든 움직임과 구매활동 및 취향 등을 추적할 수 있기 때문에, 마케팅을 하는 데 용이해질 것이다. 자녀가 있는 여성은 일터에서도 휴대폰을 통해 자녀가 등하교하는 모습을 자세히 관찰할 수 있을 것이다.

셋째, 사물인터넷이 널리 확산될수록 개인정보 유출 위험은 높아질 수밖에 없다. 우리 주위의 스마트 기기들이 인터넷으로 연결되면 해커들의 공격을 받을 수밖에 없기 때문이다. 최근 미국의 보안업체 프루프포인트 Proof point 는 스마트TV와 냉장고를 해킹해 '좀비 가전'을 만든 뒤, 악성 이메일 75만 건을 발송했다. 이는 스마트 가전 해킹이 공식적으로 보고된 첫 사례다.

또, 2014년 미국 라스베이거스에서 열린 '블랙햇 2013'에서는 자동차 해킹기법이 시연된 바 있다. 해커들은 차량의 가속페달과 브레이크, 운전내 등을 제어하고 계기판의 상태를 변경하는 등 차량을 통제하는 데 성공했다. 이 시연에 참여한 세계적인 해커 찰리 밀러 Charlie Mille 는 "자동차도 소프트웨어로 구동되는 일종의 전자기기이므로 안전성을 보장하기 위해서는 보안 문제가 반드시 해결되어야 할 것"이라고 경고했다. 특히 그는 "해킹할 수 없는 기기는 존재하지 않으므로, 악의적인 의도로 시도되는 해킹은 막을 수 없고 피해를 최소화하기 위해 노력해야 할 것"이라고 말했다.

이처럼 사물인터넷 시대에는 고객의 데이터를 잘 보호하는 회사가 시장에서 가장 좋은 회사로 평가받을 것이다.

차세대 리소그래피,
반도체 시장을 뒤흔든다

오늘날의 컴퓨터는 20년 전에 비해 성능이 약 1만 배 정도 향상했다. 물론 이러한 향상은 18개월 내지 24개월마다 두 배씩 증가한 반도체 집적회로의 성능이 향상된 덕분이었다. 그로 인해 개인, 중소기업 및 대기업의 생산성과 효율성은 눈에 띄게 증가했고, 의학, 국방, 엔터테인먼트, 통신 분야에서 눈부신 혁신이 일어났다.

현재 한국은 반도체 분야에서 세계 최고 기술력을 보유하고 있다. 삼성은 반도체 산업을 기반으로 하여 주목받는 글로벌 기업이 되었다. 그런데 일각에서는 앞으로 삼성이 반도체 산업 분야에서 쇠퇴할 것이라는 주장을 펼치고 있다. 하지만 앞으로도 삼성은 반도체 분야에서 세계 최고의 자리를 유지할 전망이다. 이런 예측을 가능하

게 하는 기사가 2014년 4월 한국의 IT 전문지인 「ZDNet Korea」에
실렸다.

　삼성전자와 SK하이닉스는 차세대 메모리반도체 시장을 선점하기
위해 '10나노nm대 진입을 위한 미세공정 기술 한계를 극복하는 데'
총력을 기울이고 있다. 그런데 10나노대 미세공정이 가능해지면 현
재의 리소그래피lithography 기술을 발전시켜야 한다. 리소그래피는
집적회로를 제작할 때 실리콘칩 표면에 만들고자 하는 패턴을 빛으
로 촬영한 수지를 칩 표면에 고정한 후 화학 처리 혹은 확산 처리하
는 기술이다. 이 기술의 핵심은 짧은 파장의 빛을 사용하여 정밀도
를 높이는 것으로, 처음에는 가시광선과 자외선을 사용했으나 최근
에는 전자 빔을 사용해 더욱더 미세한 패턴을 만들고 있다.

　삼성과 SK하이닉스가 목표로 하는 10나노대에 진입하기 위해서
는 현재의 리소그래피 기술을 발전시켜야 하지만, 현재 삼성의 D램
은 20나노 중반, 낸드플래시는 10나노 후반대에서 성능 개선이 둔
화된 상황이다. 10나노 이하까지 미세 패터닝이 가능한 차세대 리소
그래피 기술로는 극자외선EUV, DSADirected Self-Assembly를 비롯해 전
자빔E-beam, 나노임프린트Nanoimprint 등이 있다.

　리소그래피 기술에 사용되는 광원은 현재 ArF 193nm까지 발전
했다. 파장이 짧을수록 더 미세한 패턴을 구현할 수 있는데, 현재 업
계에서 가장 유력한 차세대 후보로 꼽히는 기술은 EUV다. EUV는
기존보다 짧은 13.5nm의 파장으로 해상도resolution를 높일 수 있다.

또 기존의 기술보다 공정 수를 대폭 줄이기 때문에 생산 과정을 단순화하고 비용도 줄일 수 있다.

현재 세계 1위 반도체 리소그래피 장비업체인 ASML이 EUV 장비를 독점적으로 개발하고 있는데, 삼성전자와 인텔Intel, TSMC 등이 공동 개발에 참여했다. 하지만 여전히 성능 개선이 늦어지고 있는 것이 문제이다. 현재 삼성전자 등은 반도체 회로의 선폭을 줄이기 위해 20~30나노급에서 ArF이머전 장비에 이머전 공정을 여러 번 거치는 더블패터닝DPT 방식을 추가로 이용하고 있다. 10나노 시대를 대비해 EUV의 대체기술로 DPT를 반복하는 쿼드러플패터닝QPT 공정도 준비하고 있다.

EUV 공정을 상용화하기 위해서는 세 가지 문제를 해결해야 한다. 현재로써는 최종 흡수율이 낮아 투입되는 광원의 양을 늘려야 하는 고질적인 소스파워 문제가 해결되지 않아 ArF 더블패터닝 대비 비용절감이 쉽지 않았다. 웨이퍼 처리량throughput을 늘려 생산성을 향상시키는 것도 여전히 과제로 남아 있다. 이와 힘께 마스크 결함defect을 줄여 레지스트마스크에 바르는 감광물질를 적절하게 패터닝하는 것도 문제로 남아 있는 상황이다.

그래서 EUV와 함께 유력한 차세대 기술로 꼽히는 DSA 공정도 연구하고 있다. DSA 공정은 웨이퍼 위에 서로 다른 성질을 가진 두 가지 폴리머를 성장시켜 상분리를 일으키면서 원하는 패터닝을 형성하는 방식이다. 중간에 마스크를 사용하지 않기 때문에 비용절감 효과가 있다. ArF이머전 쿼드러플패터닝 공정과 비교해 공정 수도 크게 줄어든다. 하지만 정확한 패터닝을 구현하기 위해서는 포지셔닝에 대한 연구가 필요하고 결함 문제에서도 자유롭지 못한 한계가 있다.

또 다른 차세대 기술로 꼽히는 나노임프린트 방식은 인주로 도장을 찍듯이 웨이퍼 위에 인주 역할을 하는 레진을 코팅하고 템플릿을 발생시켜 도장을 찍어나가는 식으로 패터닝하는 기술이다. 이 기술 역시 리소그래피 대비 한 개의 패터닝을 하는 데 필요한 공정 수를 줄일 수 있지만 실제 템플릿을 적용할 때 기존 장비에 비해 정확도가 떨어지므로 문제가 있다. 따라서 처리량을 향상시키고 결함을 줄이는 것도 해결해야 할 과제이다.

EVG720 나노임프린트 장비.

한편, '저비용·대면적·초고속'의 3가지 특징을 동시에 갖춘 그래핀 나노리본 제조 기술이 한국의 연구팀에 의해 개발되었다. 이들의 연구 결과는 「어드밴스드 머티리얼스 Advanced Materials」에 소개되었다. 2020년에는 웨어러블컴퓨터 wearable computer, 의류에 PC 기능을 담은 컴퓨터이다. 미국에서 군사 훈련용으로 개발되기 시작해 일상생활은 물론, 패션 및 이동통신기기, 디지털 제품에까지 그 영역을 넓히고 있다. 와 플렉시블 flexible, 잘 휘어지는 전자소자 분야가 500억 달러 규모로 성장할 것으로 예측되는데, 그래핀 나노리본 기술이 이 분야의 원천기술로 사용될 전망이다.

포스텍 POSTECH 신소재공학부 이태우 교수와 웬타오 박사는 2014년 4월 27일 유기 나노선을 이용한 리소그래피 방법을 이용해 저비용 및 단시간에 대면적으로 정렬, 패터닝이 가능한 그래핀 나노리본

포스텍(포항공과대학) 캠퍼스.

제조 기술을 개발했다.

그래핀 Graphene 은 우수한 전기적, 물리적 그리고 화학적 특성을 가지고 있어 차세대 고집적 유연 전자 소자의 핵심 물질로 주목받고 있다. 하지만 밴드갭 band gap, 전자가 지닐 수 있는 에너지의 허용된 대역 이 없어서, 밴드갭을 활용하는 반도체 특성의 전자장치에는 사용하기 어려웠다. 그러나 그래핀이 나노리본 형태가 되면 밴드갭을 가지게 되고, 그 폭이 좁아질수록 밴드갭이 커지므로, 좁은 폭의 그래핀 나노리본을 확보해 그래핀의 반도체 특성을 활용할 수 있다.

이제까지 다양한 그래핀 나노리본 제작 기술이 발표되었지만, 공정단가가 높고 제작기간이 길었다. 또 트랜지스터나 메모리와 같은 전자 소자에 적용하기 위해서는 대면적에서 개별적인 폭 조절과 위치 정렬을 해야 하기 때문에 산업적인 측면에서 한계가 있었다.

이러한 문제를 해결하기 위해 연구팀은 '화학기상증착법'을 통해 실리콘 기판 위에 그래핀을 형성하고, 그 위에 유기 나노선을 원하는 위치에 정렬시킨 후 산소 플라즈마 식각 불필요한 부분을 제거하는 깃 과정을 거쳐, 유기 나노선 형태를 따라 그래핀 나노리본을 제작했다. 그 결과, 대면적 패터닝이 어려웠던 그래핀 나노리본 제작 공정의 단점을 극복했다.

더 나아가 연구팀은 이 기술을 이용해 10나노미터 nm 이하 범위의 폭을 가지고, 밴드갭을 가진 그래핀 나노리본을 제작했다. 연구팀은 "기존의 방식과는 달리 원하는 위치에 원하는 길이의 그래핀 나노리본을 대면적으로 제작할 수 있으며, 저비용의 간결한 공법이 가능하기 때문에 그래핀 나노리본을 이용한 전자 소자 연구를 더욱 가속화 시킬 것"이라고 말했다.

그래핀과 더불어 반도체 시장을 화성화시키는 또 다른 기술은 병렬컴퓨팅 parallel computing 기법이다. 이것은 실리콘칩 프로세서의 한계를 극복하기 위한 방편으로 장려되고 있는 또 다른 방식이다. 이 기법으로 다양한 연산 활동을 동시에 처리할 수 있게 되었다. 현재 병렬컴퓨팅은 한정된 과학 및 공학 분야에만 사용되고 있다. 실제로 병렬컴퓨팅은 수백 또는 수천 개의 프로세서를 갖춘 비디오 카드와 슈퍼컴퓨터에 흔히 사용된다.

이 기술을 보다 폭넓은 응용 분야로 확대하려면 새로운 알고리즘, 프로그램 모델, 운영 시스템, 그리고 컴퓨터 아키텍처 architecture, 컴퓨터를 기능면에서 본 구성 방식가 필요하다. 많은 전문가들은 "이 문제를 해결해야 병렬컴퓨팅이 실리콘을 버리지 않으면서도 보다 장기적으로 컴퓨터 성능을 향상시킬 수 있다"고 말한다.

그러나 병렬컴퓨팅의 장래는 그다지 밝지 않다. 수많은 프로세서들이 하나의 단일 칩에 위치하기 때문에 에너지 관리 측면에서 문제가 있다. 또한 칩들 간의 통신과 관련된 지연 현상 문제도 있다. 칩들 간의 통신 지연 문제를 해결하고자, 엔지니어들은 슈퍼컴퓨터에 내장된 각각의 슈퍼 칩 간의 통신 장애를 해결하려 하고 있다. 처리 장치 간 통신에 있어, 빛은 전도체에서 이동하는 전자보다 더 빨리 움직일 수 있다. 하지만 속도와 대역폭이 문제인데, 특히 대량의 데이터가 컴퓨터에서 광섬유를 통해 전송될 때 더욱 그렇다. 정보는 컴퓨터가 읽을 수 있는 전자 신호로 바뀐 다음 재전송을 위해 다시 바뀌어야 한다. 이 과정은 느리고, 데이터가 사이버 공격에 취약하도록 만들 뿐만 아니라, 값비싼 장비를 필요로 한다.

퍼듀대학교 Purdue University 연구진은 최근 수동형 광다이오드 passive optical diode를 개발했는데, 이것은 머리카락 굵기의 10분의 1 정도인 2개의 작은 실리콘 링으로 구성되어 있다. 다이오드는 산업 표준인 CMOS 컴퓨터 칩에 쉽게 통합되며 전송 신호를 위해 어떤 외부 지원도 필요로 하지 않는데다 신호를 변환할 필요가 없기 때문에 더 빠르고, 효과적이며, 안전하고, 수천 개의 연결된 프로세서들이 내장된 슈퍼컴퓨터를 위한 토대를 마련해 준다. 더군다나 장기적으로 보면, 이것은 대용량 병렬 메인스트림 서버로 여과될 수 있다.

그런데, 실리콘 프로세서의 크기가 줄어들면 프로세서 내의 트랜지스터와 다른 부품 간의 정보가 교류하도록 하는 인터커넥트로 불리는 구리선도 작아져야 한다. 인터커넥트의 크기가 작아지면 몇몇 문제를 야기할 수 있는데, 효율성이 떨어지고, 더 많은 전력이 소모되며, 더 많은 열이 발생한다.

이러한 문제들을 해결하기 위해, 연구진은 구리를 다른 대체물질로 변경하는 연구를 수행하고 있다. 유망한 하나의 물질이 바로 그래핀이다. 그래핀은 탄소원자들이 벌집 모양으로 얽혀 있는 얇은 막 형태의 나노 소재이다. 연필심에 사용되어 우리에게 친숙한 흑연은 탄소들이 벌집 모양의 육각형 그물처럼 배열된 평면들이 층으로 쌓여 있는 구조인데, 이 흑연의 한 층을 그래핀이라 부른다. 그래핀은 0.2nm의 두께로 물리적, 화학적 안정성이 매우 높다. 2004년 영국의 안드레 가임 Andre Geim 과 콘스탄틴 노보셀로프 Konstantin Novoselov 연구팀이 상온에서 투명테이프를 이용해 흑연에서 그래핀을 떼어내는 데 성공했고, 그 공로로 이들은 2010년 노벨물리학상을 받았다.

그래핀은 구리보다 100배 이상 전기가 잘 통하고, 반도체로 주로 쓰이는 실리콘보다 100배 이상 전자의 이동성이 빠르다. 강도는 강철보다 200배 이상 강하며, 최고의 열전도성을 자랑하는 다이아몬드보다 2배 이상 열전도성이 높다. 또한, 빛을 대부분 통과시키기 때문에 투명하며 신축성도 매우 뛰어나다.

이러한 그래핀의 활용 분야는 매우 다양하다. 높은 전기적 특성을 활용한 초고속 반도제, 투명 전극을 활용한 플렉시블 디스플레이 Flexible Display, 접거나 구부려도 동일한 화질을 구현하는 디스플레이, 디스플레이만으로 작동하는 컴퓨터, 높은 전도도를 이용한 고효율 태양전지 등에 활용될 수 있는데, 특히 손목에 차는 컴퓨터나 전자 종이를 만들 수 있어서 미래의 신소재로 주목받고 있다.

렌셀러폴리테크닉대학교 Rensselaer Polytechnic Institute 연구진은 각 끝에 몇 개의 얇은 그래핀 리본을 쌓으면 전도율이 향상되어 인터커넥터 역할을 할 수 있는 구조가 생겨난다는 사실을 발견했다. 중요한 점은, 인터커넥터가 수축할 때 그래핀은 구리와 동일한 부특성온도가 상승하면 저항값이 감소하는 현상을 보이지 않는다는 것이다. 구리 나노 와이어가 수축하면 전자는 더디게 움직이며, 이때 많은 열을 발생시켜 구리 원자가 전자에 끌리게 된다. 따라서 전기 저항이 증가하면 전자의 움직임이 둔화되어, 컴퓨터의 속도와 성능이 떨어지게 된다.

최근, 연구자들은 그래핀을 한 층의 리본으로 자르면 여러 문제들을 일으키지만, 그래핀 인터커넥트를 4개 내지 6개의 층 두께로 쌓으면 이 문제들을 해결할 수 있다는 사실을 발견했다. 그 결과, 그래핀을 활용해 구리 인터커넥터를 대신할 수 있게 되었다.

그래핀을 반도체 물질로 바꾸는 기술은 신형 트랜지스터, 다이오드, 나노 전자, 그리고 나노포토닉스Nanophotonics 등에 활용할 수 있는 상당히 실용적인 기술이다. 이와 동시에, IBM은 그래핀을 회로에 활용하기 위해 또 다른 방식을 활용했다. IBM은 원자 두께의 그래핀 레이어로 코팅된 200nm 와이퍼에서 집적회로를 만들어냈다. 전자 게이트electronic gates를 만들기 위해, 그래핀 시트가 사용되기 전에 딥 트렌치deep trench들이 텅스텐으로 채워졌다. 비록 이러한 새로운 회로는 상용화 단계까지는 연구되지 않았다. 하지만 IBM의 연구는 그래핀 회로의 가시적인 결과를 보여주는 최초의 업적이다.

그래핀은 또 다른 분야에 활용될 수도 있다. 2014년 5월 한국의 과학자들은 그래핀을 이용해 내구성이 뛰어나면서도 물에 뜨는 인공근육을 개발했다. KAIST의 오일권 교수와 김재환 연구원은 한국기계연구원 임현의 박사와 함께 그래핀을 이용해 기존보다 10배 이상 오래 작동하면서도 물에 뜨는 인공근육을 개발했다. 이 연구결과는 「ACS 나노」를 통해 소개되었다.

연구진은 백금과 비슷한 전기 전도성을 가지면서도 그래핀 입자 간의 거리가 좁은 그래핀 종이를 전극으로 활용했다. 그래핀 산화물 입자를 5㎛ 두께로 쌓아 종이 형태의 전극을 만드는 방법으로 이온성 고분자 인공근육을 제조했다. 기존 백금전극으로 만들어진 인공근육은 4.5V, 1㎐ 조건으로 6시간 동안 실험한 결과, 30분이 지난 후 움직임이 절반 이하로 떨어졌다. 반면 연구진이 개발한 인공근육은 같은 조건에서 성능이 유지되었다.

이 인공근육 기술은 앞으로 생체로봇, 유연 전자 소자, 생체 의료기기 등 차세대 유망 분야에 응용될 수 있을 것이다.

물론 오늘날의 반도체칩을 대신할 물질로 그래핀만 주목받고 있는 것은 아니다. 몰리브데나이트는 상대적으로 풍부하고 자연적으로 발생하는 대체물질이다. 몰리브데나이트는 수정과 같은 결정구조를 가지는 육방정계에 속하는 광물이다. 색깔은 납회색이며 금속광택을 띠고 있 있다. 이 광물은 미국 콜로라도 주의 클라이막스, 노르웨이의 텔레마르크 등지에서 주로 산출된다.

몰리브데나이트는 메탈 몰리브데와 황이 반응하면 쉽게 제조되는 물질로, 정보 프로세싱에 있어 그래핀을 능가할 잠재성을 지니고 있다. 몰리브데나이트가 오늘날의 실리콘 반도체를 능가하는 가장 큰 이점은 다양한 크기의 트랜지스터로 줄일 수 있다는 점이다. 실리콘은 2나노미터 두께보다 얇은 층으로 만들 수는 없다. 그보다 얇은 층은 표면이 산화되어 전자적인 특성을 잃게 되는 화학적 반응을 일으킬 수 있다.

하지만 몰리브데나이트는 실리콘 층보다 훨씬 얇은 원자 3개 두께의 층으로 만들 수 있다. 이 정도의 크기라면 안정적이고 전도율도 조절하기 쉽다. 이것은 그래핀보다 더 나은 이점을 제공한다. 몰리브데나이트는 자연스럽게 밴드갭을 드러내 전자 제품에 적절히 사용할 수 있지만, 그래핀은 밴드갭을 얻기 위한 과정을 거쳐야 하기 때문이다. 더욱이 몰리브데나이트는 물리적인 유연성도 뛰어나다. 종이처럼 둘둘 말리는 컴퓨터와 피부에 붙일 수 있는 전자기기 등을 쉽게 만들 수 있다.

2011년 12월에 스위스 과학자들은 사상 최초로 몰리브데나이트를 이용해 휘어지는 전자기기를 만들 수 있는 집적회로IC를 만들었다. 이 집적회로는 스위스 나노급 전자기기 구조 연구소Lanes에서 만든 것이다. 스위스 연구진들에 의하면, "유연성이 뛰어난 몰리브데나이트는 사람의 피부에 붙일 수 있고, 둘둘 말 수 있는 컴퓨터나 전자기기를 만드는 데 적절할 것"이다.

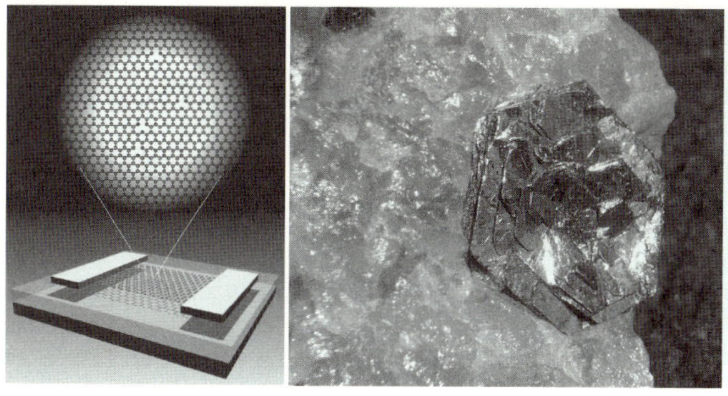

그래핀, 몰리브데나
이트.

몰리브데나이트를 사용한 집적회로는 이미 생산되고 있다. LNES Laboratory of Nanoscale Electronics and Structures 는 '소규모, 보다 적은 에너지 소모, 뛰어난 유연성' 등 실리콘보다 우수한 몰리브데나이트의 장점을 입증했다.

몰리브데나이트 직접회로가 대규모로 생산되려면 아직 갈 길이 멀지만, 10년 뒤에는 반도체 시장을 뒤흔들 것이다,

첫째, 삼성과 SK하이닉스가 10나노 이하까지 미세 패터닝이 가능한 차세대 리소그래피 기술인 극자외선 EUV, DSA Directed Self-Assembly 를 비롯해 전자빔 E-beam, 나노임프린트 Nanoimprint 등을 성공시키면 세계 반도체 시장을 점령할 것이다.

반도체 시장은 2020년에도 국가 차원의 전략 산업이 될 것이다.

미국 SRCSemiconductor Research Corporation는 민관 반도체 연구 컨소시엄으로, 정부와 기업이 연간 1억 달러를 투자하고, 대학 연구소가 연구 활동을 수행하고 있다.

이러한 협력 모델을 한국 정부는 벤치마킹하고 있다. 삼성전자와 SK하이닉스 등 한국의 6개 반도체 기업은 2013년에 새롭게 출범한 한국 정부와 함께 향후 5년간 250억 원 이상의 자금을 반도체 분야의 신소재 연구개발R&D에 공동투자하기로 합의했다. 한국의 반도체 산업은 이미 세계 최고의 위치에 있고, 박근혜 정권은 IT기술이 10년 뒤에도 여전히 주요 산업이 될 것이라고 생각하는 만큼 앞으로도 반도체 분야에 투자를 늘릴 것이다. 따라서 컴퓨터 하드웨어의 주요 부분을 차지하는 반도체 산업은 몰락하지 않을 것이다.

둘째, 그래핀보다 더 뛰어난 소재도 개발될 것이다. 한국의 서울대 물리천문학부 이탁희 교수와 서울대 물리천문학부 박완서 연구원, 포항가속기연구소 백재윤 박사, 포항공대 신현준 교수 등이 포함된 연구진이 발표한 'Photoelectron Spectroscopic Imaging and Device Applications of Large-Area Patternable Single-Layer MoS2 Synthesized by Chemical Vapor Deposition'라는 논문이 2014년 4월 14일 「ACS 나노ACS Nano」 지 온라인판에

실렸다.

세계적으로 그래핀이 주목받고 있지만 일부 학자들 사이에서는 "반도체 특성이 부족해 실용화하는 데는 한계가 있다"는 의견이 나오기도 했다. 이러한 문제점에 주목한 한국의 학자들은 그래핀의 한계를 극복하기 위한 물질로 이황화몰리브덴을 내세웠다. 아황화몰리브덴은 몰리브데늄과 황이 결합해 이루어진 초박막 반도체 물질이다. 연구진은 이황화몰리브덴을 화학기상증착법으로 기판 위에 수 센티미터 크기의 면적으로 넓게 분포시키는 데 성공했다. 이로 인해 높은 순도의 이황화몰리브덴을 얻을 수 있고 반도체 고유의 특성을 잘 유지할 수 있게 되었다. 이러한 기술이 반도체 산업 현장에 이용되면 한 번에 다량의 전자 소자를 손쉽게 제작할 수 있다.

셋째, 지금부터 10년 후까지 반도체 소재뿐만 아니라 데이터 저장 밀도, RAM 싱능 그리고 네트워크 내역폭 분야에서노 발선이 이루어질 것이다. 반도체 신소재 분야뿐만 아니라 이러한 분야에 투자하는 기업은 성공할 것이다. 오늘날의 컴퓨터가 해결하지 못한 문제들은 클라우드 기반 양자컴퓨터quantum computer가 해결할 것이다. 양자컴퓨터는 얽힘entanglement이나 중첩superposition 같은 양자역학적인 현상을 이용해 자료를 처리하는 컴퓨터이다. 기존의 컴퓨터는 0과 1의 숫자 조합에 의존한 2진법 컴퓨터인데, 이러한 방식은 수많은 회로로 인해 발열의 큰 문제를 가지고 있다. 그리하여 오늘날 집적회로는 더 이상 밀집이 불가능한, 말 그대로 한계에 다다른 상황이다. 반면에, 양자컴퓨터는 0에서 1이 되기 위해 기존 컴퓨터처럼 비트가 늘어날 필요가 없다. 이러한 특성을 가지고 있기 때문에 수행해야 할 업무의 양이 많아질수록 양자컴퓨터는 기존 컴퓨터에 비해 엄청난 연산 능력을 보여주게 된다. 이러한 양자컴퓨터의 성능을 뒷받침할 만한 반도체를 개발하는 개인과 기업에게 행운이 따를 것이다.

12 보안전문가와 데이터소거원, 개인정보보호 시장이 뜬다

최근 개인정보 유출로 고객들이 뿔났다. 최근 미국 2위의 소매업체인 타깃Target 은 고객 4천만 명의 개인정보를 해커들에게 도난당했다. 타깃은 2013년 11월 27일부터 19일 동안 POS 시스템을 해킹당해 고객의 신용·직불카드 정보 7천만 건이 유출됐다. 연말 쇼핑 시즌 동안 7천만 건의 개인 정보가 해킹으로 유출된 것이다.

그러자 CNBC는 "지난 10년간 타깃에서 10억 건의 개인정보가 불법 유출됐다고 보도했다. 이 일로 타깃은 약 36억 달러의 피해 배상금을 지불하게 생겼다. 재무관리 업체 슈퍼머니Super Money 가 "타깃이 내야 할 돈은 36억 달러가 넘을 것"이라고 전망했기 때문이다. 이는 2006년 12월 TJX 체인점에서 9천만 건에 이르는 개인정보가 유출당한 사건에 이어, 미국 신용카드 개인정보 유출 사상 두 번째로 피해규모가 큰 것이다. 이 사건으로 이 회사의 최고정보책임자 CIO 베스 제이콥 Beth Jacob 은 문제에 대한 책임을 지고 사퇴했으며, 타깃의 주식은

타깃의 최고정보책임자 베스 제이콥.

폭락했다. 타깃은 이 사건을 계기로 고객 정보 유출을 막기 위해 기존의 마그네틱 카드에서 컴퓨터 칩이 내장된 스마트 카드로 교체하기로 했고, 최고준법책임자 CCO 와 최고정보보호책임자 CISO 라는 보직을 새롭게 추가하기로 했다.

개인정보 유출로 피해를 본 것은 타깃뿐만 아니다. 최근 JP모건체이스와 시티은행 등 대형은행들이 해킹 공격을 당해 신용·직불카드를 교체해 주겠다고 발표했지만 고객들의 불만은 줄어들지 않고 있다.

ID데프트시큐리티 IDTheftSecurity 의 CEO인 로버트 시칠리아노 Robert Siciliano 는 "사실상 미국 내 모든 사람의 정보가 유출됐다고 봐야 한다. 10명 중 9명이 자신의 금융 거래 내역을 제대로 살펴보지 않는다. 페이스북보다 자주 확인해야 하는 것이 자신의 금융 정보

다"라고 발표했다. 아무리 강한 보안팀과 보안 기술을 갖고 있는 회사라도 해커들의 표적이 되면 피해갈 수 없다. 해커들의 수법이 갈수록 교묘해지고 있기 때문이다.

그렇다면 개인정보를 막기 위해서는 어떻게 해야 할까? 아무리 좋은 보안프로그램을 설치했다 하더라도 개인정보 유출 여부를 수시로 점검하는 것 외에는 최상의 방법은 없다. 최신 보안프로그램을 PC와 스마트폰에 설치했더라도 자고 일어나면 그것들을 무용지물로 만드는 해킹 기술이 등장하고 있기 때문이다.

CNBC는 다음과 같이 개인정보 유출 여부를 수시로 점검하라고 충고한다.

- 직접 구매하지 않은 서비스 내역이 있는지 확인하라.
- 자신이 모르게 개설된 카드가 있는지 확인하라.
- 확인되지 않은 대출이나 현금서비스 항목이 있는지 확인하라.
- 신용상태와 달리 대출에 제한이 있지 않은지 확인하라.
- 갑자기 금융 정보 메일이 중단된 것은 없는지 확인하라.
- 비밀번호나 이메일 주소 등 금융 서비스에 사용하는 정보는 같은 것으로 통일하지 말라.

이처럼 개인정보 유출로 인한 피해가 갈수록 커지자, 캘리포니아 주에서 2003년 개인정보유출고지법이 처음 도입된 이래 2010년까지 46개 주에서 시행되고 있다. 이와 함께 연방법화도 추진되고 있다. 개인정보고지법은 기업이나 기관이 개인정보를 유출하면 그 사실을 의무적으로 개인에게 통지하도록 하는 법이다. 이 법으로 기업과 기관은 개인정보 유출 위험을 줄이고자 더욱 노력하게 되었고, 보안장치나 보험가입과 같은 안정망을 마련해 개인정보 유출 사고를 줄이는 데 관심을 갖기 시작했다.

미국 정부가 개인정보 유출을 막기 위한 또 다른 예도 있다. 미국 캘리포니아 주 보니 로웬슬Bonnie Lowenthal 의원은 2013년 4월 1일에 '소비자는 자신의 개인정보가 어떻게 이용되고 있는지를 알 권리가 있다'는 내용의 '알 권리에 관한 법안Right to Know Act of 2013'을 발의했다. 이 법안은 '소비자가 요청하는 경우 사업자가 30일 이내에 지난 1년간의 개인정보 이용현황과 공유현황을 제공해야 하고, 소비자는 온라인 광고, 데이터브로커, 제3자 앱 등 자신의 개인정보가 어떻게 이용되고 유통되는지 등 전반적인 사항에 대해 알 권리가 있다'는 내용을 포함하고 있다.

개인정보 유출 사건은 이제 미국만의 사건은 아니다. 한국에서도 개인정보가 유출되어 고객들이 크게 뿔났다. 피해를 입은 고객들은 KB국민카드와 농협중앙회, 롯데카드 등 3개 사를 상대로 십만 달러 상당의 위자료를 청구했다.

정보통신 기술이 발전하는 것과 더불어 정보 시스템에 대한 범죄 및 테러도 빠른 속도로 증가하고 있다. PC와 스마트TV, 인터넷과 클라우드 컴퓨팅, 스마트폰 등 디지털 시대가 도래하면서, 오늘날 사이버 해킹은 그 정교함과 규모, 빈도, 시스템 공격 능력, 자료 도용 측면에서, 그 전례를 찾아보기 힘든 수준에 도달하고 있다.

최근 대역폭이 확장되고 모바일 애플리케이션이 범람하고 있는데, 모바일 인터넷 사용량은 2014년 이후 데스크톱 인터넷 사용량을 추월할 것이다. 우리의 필수품이 되어버린 스마트폰은 웹브라우저 능력을 갖추고 있다.

그런데 현재 스마트폰의 웹브라우저는 해킹에 매우 취약하다. 모바일 웹브라우저의 보안 문제를 해결하기 어려운 이유는, 스마트폰의 다음과 같은 특징 때문이다. 화면 위로 사라지는 주소 바 address bar를 만들어 더 많은 콘텐츠를 볼 수 있게 되면서 스마트폰의 유용성은 더 커졌지만, 그 결과 사용자들이 데스크톱 컴퓨터를 사용할 때와는 달리 사이트의 안전을 확인할 수 있는 많은 정보들을 수신할 수 없게 되면서 사이버 공격에 노출되고 있는 것이다.

노바일 웹브라우저는 디스플레이 보안에도 분제가 있다. 분자메시지나 이메일로 전송된 화면을 건드리기만 해도 사이버 공격을 당할 수 있기 때문이다. 완벽하게 합법적으로 보이는 이미지 속에 악성 링크를 숨길 수 있으며, 이를 건드리면 공격자는 사용자를 몰래 감시하거나 악성 콘텐츠가 업로드되는 사이트로 사용자를 보낼 수 있다. NT 옵젝티브즈 NT OBJECTives의 공동 CEO이자 최고기술책임자인 댄 쿠이켄달 Dan Kuykendall 은 모바일 기기의 문제점을 다음과 같이 말했다.

"모바일 브라우저가 가진 가장 큰 문제점은 업데이트가 되지 않는다는 점이다. 대다수의 사용자들에게 운영 체제와 모바일 브라우저는 휴대폰 제조 날짜와 같은 것이다. 그러한 특성은 공격자들에게 상당한 이점을 제공한다."

쿠이켄달은 모바일 애플리케이션이 너무 빨리 개발되고 있는 것도 문제라고 보았다. 이로 인해 개발자들은 데이터 보호 문제까지 고려하지 못하고 있다. 오로지 눈앞의 이익을 위해 히트 상품을 개발하는 데만 관심을 두기 때문이다.

현 상태로는 해커들이 스마트폰을 공격하면 데스크톱 컴퓨터를 공격할 때보다 데이터를 유출해내기 쉬워서, 스마트폰을 타깃으로 삼고 있다. 이들은 스마트폰에 여러 악성코드를 심고 있다. 또한 모바일 기기는 점차 네트워크와 중요한 기업 시스템에 공격을 가하는 수단이 되고 있다. 스마트폰은 기본적으로 공격자들이 악용할 수 있는 저장장치가 된다. 공격자들은 스마트폰에 악성코드를 심기 위해 무선 접속기술을 활용할 수도 있다. 스마트폰이 해커에게 공격당하면, 설령 충전을 위해 코드를 꼽는 것처럼 위험하지 않은 행동을 하더라도 일단 접속되자마자 위험한 페이로드payload가 설치될 수 있다. 이러한 공격으로 기업 네트워크와 직접 연결되지 않은 시스템에도 위협을 가할 수 있다. 만약 백악관의 시스템에 이러한 공격이 가해진다면 그 피해는 어마어마할 것이다.

봇넷은 스팸메일이나 악성 코드 등을 전파하도록 하는 악성코드 '봇Bot'에 감염되어 해커가 마음대로 제어할 수 있는 좀비 PC들로 구성된 네트워크이다.

심각하게 커지고 있는 또 다른 위협은 봇넷Botnet 이다. 봇넷은 스팸메일이나 악성코드 등을 전파하도록 하는 악성코드 '봇Bot'에 감염되어 해커가 마음대로 제어할 수 있는 좀비 PC들로 구성된 네트워크를 말한다. 일단 봇에 감염되면 실제 PC 사용자들은 자신의 컴퓨터가 감염된 줄 모르는 경우가 많고, 해커는 수십에서 수만 대의 시스템에 명령을 전달해 특정 인터넷 사이트에 대량의 접속 신호를 보내 해당 사이트를 다운시키는 등의 방식으로 대규모 네트워크 공격을 수행할 수 있다. 봇넷 기술은 주로 해커들이 이메일과 비밀번호 인증을 도용하기 위해 사용되는데, 사실 정보화 시대에서 많은 기업들이 이 기술을 마케팅에 활용하고 있다. 오늘날의 기업들은 봇넷을 사용해 엄청난 양의 개인정보를 얻고 있다. 이러한 개인정보는 이름, 주소, 나이, 성별, 보유자산, 대인관계 그리고 온라인 방문처 등 온갖 내용이 포함되어 있는 데이터로, 마케터들에게는 꿈의 정보라 할 수 있다.

검색엔진 포이즈닝 search Engine poisoning 과 인덱스 포이즈닝 index poisoning 은 악성코드를 유포하는 데 사용되는 또 다른 기술이다. 이 기술은 다음과 같이 발휘된다. 어떤 사람이 검색엔진에 들어와 검색어를 입력하고 검색 결과 중 하나를 클릭하는데, 사실 그 내용은 가짜 결과이다. 사용자는 이리저리 휘둘린 후 결국 자신의 의도와는 아무런 상관없는 페이지에 도달하게 되고, 그사이에 악성코드에 감염된다.

또, 지능형 타깃 지속 공격 Advanced Persistent Threat, APT 도 늘고 있다. 이는 무작위로 희생자를 모색하는 경향이 있는 다른 기술들과는 달리, 구체적인 실체를 목표대상으로 하며, 지속적으로 공격한다. 모바일 기기가 방어수단을 전개하면, 방어를 뚫기 위해 신기술을 사용한다. 이들의 목표대상은 컴퓨터 시스템, 기업, 인프라, 정부 등이다.

최근에는 핵티비스트 hacktivist 의 활동이 크게 늘고 있다. 핵티비스트는 '해커 hacker'와 '행동주의자 activist'의 합성어이다. 이들은 인터넷을 통한 컴퓨터 해킹을 투쟁 수단으로 사용하는 새로운 형태의 행동주의자들을 뜻한다. 피켓을 들고 거리에서 구호를 외치거나 전단지를 나눠주는 고전적인 투쟁방법 대신 가상공간을 무대로 삼아 활동한다. 기업, 산업, 또는 정부를 혼란에 빠뜨리기 위해 조직적인 사이버 공격을 벌인다. 이들은 서비스 거부 캠페인을 벌이거나 상대방을 공개적으로 당혹스럽게 만들 수 있는 위험한 데이터를 올리곤 한다.

이렇게 증가하는 위협에 맞서, 조지아정보기술보안센터의 무스타크 아하마드Mustaque Ahamad 소장은 사이버 보안이라는 복잡한 문제를 적절하게 해결하려면 공동의 노력이 필요하다고 했다.

"공격자의 시스템 공격, 데이터 도용 그리고 주요 인프라에 가하는 손실을 예방하고자 한다면 학계와 기업 그리고 정부의 보안 연구자 커뮤니티가 협력해 적극적으로 보안 솔루션을 개발해야 한다."

영국정보보호기술연구센터Centre for Secure Information Technologies 는 차세대 연구를 위한 공동 전략의 필요성을 강조했다. 영국정보보호기술연구센터는 3가지 우선순위를 제안했다.

- 사이버 공격으로부터 배우는 자기주도형 사이버 보안 기술
- 스마트 유틸리티 그리드 보호
- 모바일 네트워크의 보안 향상

맨체스터대학교University of Manchester의 과학자들은 스마트폰의 비밀번호와 인증번호를 대신할 수 있는 상당히 발전된 얼굴 인식 기술을 개발하고 있다. 실시간으로 운영되는 이 소프트웨어는 수많은 사람들의 얼굴 생김새를 추적하고, 단순히 이목구비의 위치와 크기를

대략적으로 계산하는 기존의 추적기보다 더욱 정확한 기술을 자랑한다. 이러한 기술은 이미 노트북과 웹캠에서 사용되고 있지만, 이 기술은 모바일 기기에서는 처음으로 시도하는 것이다.

또, 사이버 공격으로부터 모바일 기기를 보호하기 위해 많은 기업들이 캡슐화 encapsulation 라는 방식을 사용하고 있다. 이러한 다층적인 방어는 회사 소유의 직원용 스마트폰을 캡슐화하고 암호화하는데, 스마프폰을 보호할 뿐만 아니라 기기에 문제가 있을 경우 원격으로 이를 해결할 수 있다.

비엔나 양자과학기술센터 Vienna Center for Quantum Science and Technology 연구진은 양자역학의 원리를 활용한 보안 클라우드 컴퓨팅을 소개했다. 이 방법은 양자컴퓨터 quantum computer, 양자역학의 원리에 따라 작동되는 미래형 첨단 컴퓨터이다. 양자역학의 특징을 살려 병렬처리가 가능해지면 기존의 방식으로 해결할 수 없었던 다양한 문제를 해결할 수 있다. 의 독특한 특징을 활용한다. 양자역학의 원리를 활용한 보안 클라우드 컴퓨팅은 암호화된 정보를 받아 데이터를 처리하고, 암호를 해독하지 않고도 결과를 산출할 수 있는데, 이는 기존 컴퓨팅으로는 불가능했던 일이다. 이 기술은 비양자컴퓨터를 사용해 클라우드 환경에서 양자컴퓨터를 활용하는 완벽한 보안 클라우드 컴퓨팅 환경을 제공할 것이다.

첫째, 미국 노동부는 향후 10년 동안 일자리 증가율이 가장 높을 것으로 예상되는 신규 직종으로 산업조직 심리학자를 거론했다. 이 직종은 2022년에는 2012년에 비해 53% 늘어날 것으로 전망됐다. 이 직종에 이어 의사보조사가 38.4%, 그 뒤를 이어 정보시스템보안 분석가 Certified Information System Security Professional, CISSP 가 10년간 36.5% 늘어날 것으로 전망했다. 정보시스템보안 분석가는 포브스 Forbes 에서 발표한 2014년 유망직업에도 이름을 올렸다. 참고로 '포브스 2014년 유망직업'은 미국의 기업 및 구직자들의 채용정보를 토대로 조사하여 2014년에 가장 각광받을 만한 유망직업을 예측한 것이다.

스마트폰이 등장하고 LTE 시대가 열리면서 언제 어디서나 IT를 활용하고 있고, 각종 해킹으로 바이러스 확산 및 개인정보 유출 피해 등이 심각해지면서 정보시스넴보안 분석가의 수요는 앞으로 10년간 크게 늘어날 것이다. 정보시스템보안 분석가는 조직 전체의 보안을 책임질 수 있는 능력을 가진 보안 전문가이다. 1989년 보안 관련 국제 조직들이 컨소시엄을 형태로 설립한 ISC2 International Information Systems Security Certification Consortium 가 개발한 국제공인자격증인 CISSP를 취득하는 인재가 각광받을 것이다. 이 자격증은 정보보호 관련 업종에서 3년 이상의 경력을 가지고 있어야 응시할 수 있다.

둘째, 사이버 보안에 대한 수요가 증가하면, 사용자들은 믿을 수 있고 적절한 가격에 솔루션을 제공하는 기업을 선호할 것이다. 오늘날 사용자들은 무료 백신 프로그램을 선호하지만 앞으로 중요한 계약서 등에 전자서명을 하는 세상이 되면, 사이버 보안이 중요한 문제로 떠오를 것이다. 그러한 세상에서 사용자들은 점차 데이터를 안전하게 지켜주는 보안 시스템과 애플리케이션을 구입하는 데 기꺼이 돈을 지불할 것이다. 그러다 점차 시간이 지나면 이러한 보안 솔루션의 프리웨어 버전을 보급하는 기업에도 행운이 따를 것이다. 이 기업들은 사용자들에게 보안 솔루션을 무료로 제공하는 대신 모바일 기기에 광고를 싣게 하고, 소셜 미디어 사이트에 특정 브랜드를 링크하는 등의 옵션을 선택하게 하는 조건으로 더 큰 이익을 창출할 것이다.

셋째, 개인정보 유출과 마찬가지로 프라이버시 침해도 10년 후 심각한 사회적 문제가 될 것이다. 인터넷과 SNS가 활발해지면서 오늘날에는 해킹이나 허위정보 유포 등으로 고통받는 유명인들이 있는데, 앞으로는 자신의 과거와 사생활 등을 온라인에서 지우고 싶은 개인도 크게 늘 것이다. 따라서 타인에게 들키고 싶지 않은 개인의 행적들을 제거해 주는 일을 대신해 주는 데이터소거원이

등장할 것이다. 데이터소거원은 인터넷에 떠도는 의뢰인의 불필요
한 정보나 고인이 된 사람의 정보를 찾아 안전하게 제거하는 역할
을 하는 사람이다. 이러한 사람들을 직원으로 둔 기업도 등장할
것이다.

13 위치기반 서비스, 메트컬프의 법칙에 따라 성패가 갈린다

지난 몇 년 동안, 자신이 어디 있는지, 원하는 곳에 어떻게 갈 수 있는지, 어떻게 하면 더 빨리 목적지에 갈 수 있는지 등을 알 수 있게 해주는 기술이 등장했다. 이러한 기술은 '위치기반 서비스location based service, 유무선 통신망을 통해 수집된 위치정보를 기반으로 제공되는 서비스'라고 하는데, 세계 시장 규모는 2007년 5억 1,500만 달러에서 2013년 1,330억 달러로 증가했다.

하지만 이러한 기술이 활용되면 '사용자의 사생활 침해'라는 희생이 따를 수 있다. 이런 기술은 다른 사람들이 우리가 어디에 있었는지, 그리고 우리가 어디를 가고 있는지를 알 수 있게 해준다.

하지만 혁명적이고 새로운 방식의 빌보드 광고판을 생각해 보라.

삼성과 광고회사 리액틱스시스템즈 Reactix Systems가 공동으로 개발한 비디오 디스플레이가 조만간 힐튼 Hilton 호텔 로비에 등장할 것이다. 2차원 영상의 정적인 이미지를 선보이는 대신, 이 광고판은 지나가는 사람들의 움직임에 반응하는 3D 이미지를 선보일 것이다.

이 광고판의 디스플레이는 15피트 이내에 있는 사람들에 대한 정보를 수집할 수 있는 카메라를 사용한다. 그런 다음, 컴퓨터 알고리즘이 정보가 의미하는 것을 해석하면 디스플레이는 상황에 적절하게 반응하게 된다. 예를 들어, 손을 잡고 있는 연인이 있다면 디스플레이는 호텔 레스토랑에서 촛불을 켜놓고 저녁식사를 하는 사진을 보여주는 식으로 반응한다. 이런 기술이 유용하다고 생각할 수도 있지만, 로비에 있는 자신의 모습을 카메라가 녹화하는 것을 원하지 않는 호텔 고객들에게는 사생활 침해가 될 수도 있다.

또 다른 기술은 시티센스 CitySense 이다. 새로운 블랙베리 Blackberry 기기용 위치기반 서비스 애플리케이션으로, 센스네트웍스 Sense Networks라는 신생회사가 개발했다. 시티센스는 매크로센스 Macrosense의 소비자 애플리케이션으로, 차량용 GPS 기기가 장착된 핸드폰으로부터 엄청난 양의 지역정보를 수집하는 기술이다. 그런 다음, 기계 학습 Machine Learning, 스스로의 동작을 개선해 갈 수 있는 슈퍼컴퓨터의 능력을 활용해 자료를 토대로 정보를 수집하고 예측한다.

시티센스는 소비자들에게 어떤 식당이 붐비고, 어떤 길이 정체되고 있는지를 알려주고, 그에 따라 계획을 세울 수 있다. 또한 이 기술은 사용자에게 목적지의 상황을 알려줄 수 있다는 점에서 아주 좋다. 예를 들자면, 어떤 나이트클럽이 붐비고 어디가 한산한지를 미리 알려주는 것이다. 샌프란시스코용 시티센스 알파 배포버전은 웹사이트에서 다운로드받을 수 있으며, 곧 다른 도시들도 추가될 것이다.

사업적 측면에서, 매크로센스는 특정 매장을 방문하는 고객들은 어디에서 오는지 그리고 전년도와 비교해 얼마나 시간이 소요되는지, 물건을 구입한 후 곧장 어디를 가는지, 많은 고객들을 유인하기에 좋은 최적의 매장 위치가 어디인지 등을 파악하는 데 도움을 줄 수 있다.

또 다른 애플리케이션은 친구들의 추천에 근거해 자신의 정확한 위치와 갈 만한 곳을 알려주는 아이폰 iPhone 사용자용 지도표시 및 자기위치 인식기능을 활용한다. 월 Whrrl 이라 불리는 이 기술은 펠라고 Pelago 라는 기업이 개발한 기술로, 클라이너 퍼킨스 코필드 앤 바이어스 Kleiner Perkins Caufield & Byers 및 여러 벤처투자 기업으로부터 1,500만 달러의 자금을 투자받았다.

월은 사용자가 어디에 위치해 있는지 지도에 표시하고 가까운 명소, 가게, 음식점을 강조해서 표시한다. 이 기술의 독특한 점은 월맵 역시 사용자의 친구들이 다양한 장소에 매긴 순위 링크를 제공하는 데다, 자신이 어디에 있는지를 알려주는 기능을 켜놓은 친구들이 있으면 그들과 쉽게 만날 수 있다는 것이다.

팔로알토연구소 Palo Alto Research Center, PARC 의 연구원 커트 패트리

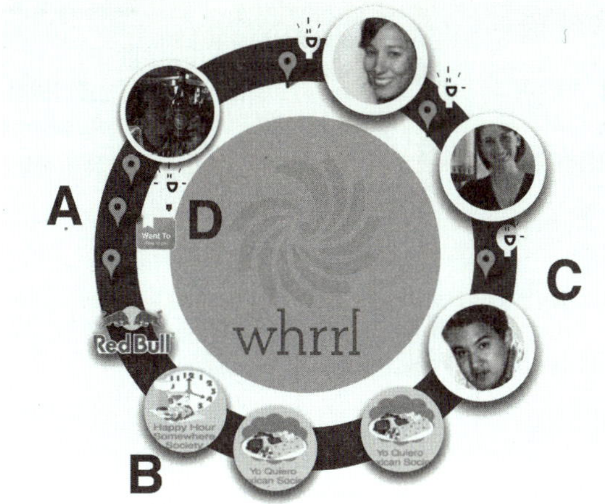

월은 사용자의 위치를 알려주고 친구들의 추천을 토대로 근처에 갈 만한 곳을 추천하는 스마트폰 애플리케이션이다.

지 Kurt Partridge 는 「테크놀로지리뷰 Technology Review」에서 이렇게 말했다. "GPS의 대중화 또는 위치정보 활용으로 이 분야에서 수많은 신규 업체들이 나타나리라 예상되는데, 이전의 애플리케이션 라이터 application writer 로는 가능하지 않았었죠."

아이파이 익스플로어 Eye-Fi Explore 는 사진을 저장할 뿐만 아니라 사진이 찍힌 곳에 따라 분류하는 디지털 카드나. 가정과 사무실 등 Wi-Fi를 접속한 장소에서 코드를 저장하는 스카이훅 와이어리스 Skyhook Wireless 데이터베이스를 사용하는 아이파이 익스플로어는 사진을 찍은 가장 가까운 Wi-Fi의 위치를 저장하기 때문에 사용자들은 직접 정보에 태그를 달지 않아도 된다.

카메라, 휴대폰과 더불어 또 다른 인터페이스는 차량용 컴퓨터 시스템으로 개발업자들을 솔깃하게 만들고 있다. 현재 많은 차량에

GPS 내비게이션과 음성 명
령으로 프로그램이 가능
한 스테레오 시스템이 장착
되어 있다. 차에 탄 사람이
가고 싶은 곳과 알고 싶은
내용을 말하면, 광고업자
와 다른 기업들에게 매우
소중한 정보를 제공한다.

아이파이 익스플로어는 사진을 찍은 장소에 따라 사진을 저장하고 분류하는 디지털 메모리카드다.

스탠퍼드대학Stanford University의 사회학 교수인 클리포드 나스Clifford Nass 는 「사이언스데일리ScienceDaily」 지에서 이렇게 말했다. "어디에 사람이 있는지 파악할 수 있기 때문에, 매우 특화된 지역 광고를 할 수 있습니다. '점심시간입니다. 당신이 이탈리아 식당 주차장에 자동차를 주차했던 사실로 미루어보면, 이탈리아 음식을 좋아하는군요. 근처에 이탈리아 식당이 있는데, 지금 가시면 3달러를 할인해 드립니다.' 자동차가 이렇게 알려줄 수 있겠죠."

한편, 아비트론Arbitron 에서 개발한 기기는 사람들의 미디어 소비 성향을 상당히 정확한 수준으로 모니터링한다. 아비트론은 오랫동안 사람들이 시청한 TV 프로그램 목록과 청취한 라디오 방송 목록을 조사해 왔고, 그 결과를 토대로 만든 자료는 광고요금을 결정하는 데 활용된다.

미국 몇몇 도시에서 사용되다가 전국적으로 사용하게 된 아비트

론의 포터블피플미터 Portable People Meter 는 사용자의 주머니에 넣을 수 있다. 이 기기는 방송 신호에 숨겨진 주파수를 탐지하는데, 시청자가 가정에서 어떤 프로그램을 언제, 얼마나 오랫동안 시청했는지를 아비트론 사에 정확히 알려준다.

이런 추세를 토대로, 「트렌즈 Trends」지는 다음과 같은 예측을 내놓았다.

10년 후 세계
Report

첫째, 신기술의 효과는 참여하는 사용자의 자발적 의사에 따라 제한될 것이다. 메트컬프의 법칙 Metcalfe's Law, 네트워크의 규모가 커짐에

따라 그 비용은 직선적으로 증가하지만 네트워크의 가치는 기하급수적으로 증가한다는

법칙이 말해 주듯 네트워크의 가치는 이를 사용하는 사람의 숫자와 더불어 증가할 것이다. 월과 같은 스마트폰 애플리케이션이 전 세계적으로 인기를 끌지 못한 이유는, 이 서비스를 이용하는 사람의 숫자가 크게 늘지 않았기 때문이었다. 따라서 대중의 공감을 이끄는 애플리케이션을 개발하는 것이 관건이다.

둘째, 기술이 발전하면서 기기들은 더욱 똑똑해지고 사용하기가 편리해질 것이다. 예를 들어, 친구들을 위해 방문한 음식점의 순위를 정하는 수고를 하는 대신, 더욱 발전한 시스템이 어느 곳이 당신의 취향에 맞는지를 결정하기 위해 자주 찾는 곳의 방문횟수를 기록할 것이다.

셋째, 위치기반 서비스가 극복해야 할 가장 큰 장애는 사용자의 프라이버시를 침해하지 않는 것이다. 대다수의 사람들은 친구, 가족을 포함해 다른 사람들에게 매번 자신이 어디를 가는지, 어떤 식당을 좋아하는지, 어떤 프로그램을 즐기는지, 또는 사진을 찍을 때 어디에 있었는지 등이 알려지는 것을 원하지 않는다. 또한 낯선 사람이 데이터에 접근할 수 있다는 위험도 있다. 사용자들을 안심시키려면, 추적기능을 선택적으로 꺼놓을 수 있는 기기와 시스템을 제공해야 할 것이다.

넷째, 위치기반 서비스로 분명 이득을 보게 될 업계는 보험업이다. 왜냐하면 현재 많은 차량에 GPS 내비게이션 시스템이 장착되어 있는데, 보험회사들은 자신의 운전습관을 모니터링할 수 있도록 허락하는 운전자에게 보험료를 대폭 할인해 줄 수 있으며, 더 많은 고객들이 이런 약관에 사인할 것이다. 만약 운전자가 제한속도가 55마일인 고속도로에서 75마일의 속도로 계속해서 운전한다면, 보험회사는 책임보상에 대한 보험계약자의 보험료를 올릴 수 있다.

14

소비자 주도의 IT, 직장과 일상의 경계가 허물어진다

산업혁명 이후 노동자를 생산적으로 만든 기술들은 거의 대부분 위에서 아래로, 기업에서 개인으로 전수된 것이다. 규모의 경제를 갖춘 거대 조직만이 값비싼 기계 설비에 자금을 투입할 수 있었기 때문이다. 시간이 지나면서 기술들은 진보했으며, 기계 설비 설치비용은 더 저렴해졌다. 그리하여 이 기술들은 거대한 비즈니스에서 작은 비즈니스로 그리고 다시 개인들로 확산되었다.

예를 들어, 1960년대 은행 텔러 은행창구사무원들이 사용한 육중한 데스크탑 전자계산기는 여러 개의 서킷 보드에 장착된 수백 개의 트랜지스터에 의존했고, AC 전원 콘센트에 연결되어 있어야 했다. 타자기와 비슷한 크기의 휴렛팩커드 HP 9100 데스크탑 계산기는 1968년에 출시되었고 가격은 4,900달러였다. 그러나 1970년대가 되자 통합 보드 기술이 등장했고, 배터리로 가동하는 저전압 칩이 내재된 50달러짜리 포켓용 계산기를 소비 시장에 진출하게 만들었다.

탑다운top-down 방식의 가장 명확한 사례는 컴퓨터이다. 1967년에는 대규모 회사들만이 IBM 360 메인프레임 컴퓨터를 구입하는 데 3백만 달러를 쓸 수 있었다. 이 컴퓨터는 초당 1백만 연산을 수행했다. 그리고 무어의 법칙Moore's law, 반도체 집적회로의 성능이 18개월마다 2배로 증가한다는 법칙으로, 프로세서는 더 저렴해지고 성능은 18개월마다 약 두 배씩 향상되었다. 1980년대가 되자, 개인 컴퓨터가 미국의 가정에 보급되기 시작했다. 오늘날 아이패드 태블릿은 초당 40억 연산이 가능하다. 그러나 가격은 약 400달러에 불과하다.

1980년과 2010년을 비교해 보면, 컴퓨터의 속도는 20만 배 이상 빨라졌고, 가격은 거의 1백만 분의 1로 줄어들었다. 무선 네트워크를 통한 통신은 1백만 배 더 빨라졌고, 내억폭 비용은 100분의 1로 줄어들었다. 오늘날 이러한 진보 덕분에 신기술을 적용한 새로운 제품들이 개인 소비자를 대상으로 가장 먼저 출시되고, 이후 기업을 대상으로 출시되고 있다. 이처럼 새로운 기술이 아래에서 위로 도입되는 상향식 방식을 '소비자 주도의 IT consumerization of IT'라고 부른다.

'소비자 주도의 IT'는 사회·경제적 질서를 변화시키고 있다. 애플

Apple의 마이다스 터치 Midas Touch 를 생각해 보자. 이 회사는 하나의 기기에 혁명적인 기술들을 융합함으로써 소비자를 사로잡았다. 이 기기는 턴테이블 음악 소리와 데스크탑 컴퓨터의 디지털 음원까지, 다양한 소리를 생생히 들려준다.

구글 Google 이 모든 소비자들이 이용 가능한, 규격화된 하드웨어와 무료 리눅스 Linux, 유닉스에 기반을 둔 개인용 컴퓨터 공개 운영 체제 소프트웨어에서 운영된다는 사실을 생각해 보자. 더 중요한 것은 클라우드 cloud, 소프트웨어와 데이터를 인터넷과 연결된 중앙 컴퓨터에 저장하고, 인터넷에 접속하기만 하면 언제 어디서든 데이터를 이용할 수 있도록 하는 것 와 유비쿼터스 Ubiquitous, 시간과 장소, 컴퓨터나 네트워크 여건에 구애받지 않고 자유롭게 네트워크에 접속할 수 있는 IT 환경 등과 연계되어 모든 이들에게 세계의 기술적 보물창고를 개방시켰다. 그로 인해 거의 모든 사람들이 산업의 근간이 되는 자원을 이용할 수 있게 된 것이다.

'소비자 주도의 IT'는 직장 문화까지 바꾸어놓았다. 직원들이 경영자보다 더 효율적인 기술을 보유하게 된 것이다. 즉, 과거와 달리 탑다운 방식의 패러다임이 거의 사라졌다. 결과적으로 직원들은 개인 소유의 기기와 소셜 미디어 툴을 직장으로 가져오고 있다.

수많은 직원들이 회사의 장비를 사용하는 대신 그들 자신의 스마트폰과 노트북, 태블릿 PC를 사용해 자신의 업무를 더 효율적으로 처리하고 있다. 경영자들을 대상으로 설문조사를 한 결과, 직원들은 자신의 기기로 이메일, 소셜 네트워킹, 고객 관리, 비용 산정, 재원 기획 등의 업무를 하고 있다. 이들은 또한 동료나 고객에게 메시지를 보낼 때 기업용 이메일이 아닌 개인 페이스북facebook 과 링크드인linkedin 을 사용하고 있다. 화상대화를 할 때는 스카이프Skype나 페이스타임FaceTime과 같은 원격 앱을 사용하고 있다.

이러한 흐름은 시간이 지날수록 더 확연해지고 있다. 수억 명의 사람들을 대상으로 상품과 서비스를 제공하는 IT 기업들페이스북, 트위터 등은 끊임없이 기술을 향상시키는 데 엄청난 자원을 할애하고 있다.

'소비자 주도의 IT'의 또 다른 양상은 소비자 시장을 목표로 개발된 수많은 기기와 애플리케이션이 비즈니스에 필수불가결한 것으로 입증되고 있다는 점이다. GPS에서 웹캠에 이르기까지 이러한 솔루션들은 '개인적 사용'에서 '기업의 상업적 사용'으로 이동하고 있다.

동시에, 개인에게 정보를 제공하고 개인들을 연결시켜주는 광범위한 소셜 네트워크와 강력한 검색엔진들이 대형 기업의 마케팅 전략에 있어 가장 기초적인 채널이 되었다. 기업은 페이스북, 트위터, 구글 등으로 고객과 일대일로 이야기를 나눌 수 있게 되었다.

'소비자 주도의 IT'는 가정과 일터, 개인 소유와 회사 소유의 경계를 흐릿하게 만들고 있다.

전근대적인 경영자라면 직원들이 업무 시간에 개인 소유의 기기와 SNS를 이용하는 것을 기피하겠지만, 수많은 기업들은 직원들이 개인 소유의 기기와 이메일 등을 회사 업무에 활용하는the bring-your-own-devices, BYOD 것을 환영하고 있다.

기업들이 직원들이 개인적으로 소유하고 사용하는 기기를 일터로 가져오도록 승인하는 것은, SNS에 항상 로그인되어 있길 원하

수많은 기업들은 직원들이 개인 소유의 기기와 이메일 등을 회사 업무에 활용하는 BYOD를 환영하고 있다.

는 젊은 직원들의 마음을 사로잡기 위한 것이 아니다. 경영자를 대상으로 한 설문조사에 따르면, 이러한 방식이 가져다주는 또 하나의 큰 혜택은 다음과 같다. 직원들이 개인 기기나 개인 계정의 SNS를 업무에 이용하면, 회사의 업무를 개인의 일상 영역까지 연장시킬수 있다. 직원들은 장소와 시간에 구애받지 않고 업무를 계속 진행할 수 있는 것이다. 이러한 방식은 경영자의 입장에서 얼마나 매력적이겠는가.

이러한 점에 주목한 경영자들은 직원들이 소유하거나 활용하고 있는 제품이나 서비스를 전폭적으로 지원해 주고 있다. 기기에 대한 지원도 마찬가지로 해주고 있다. 직원들은 회사 기기는 잘 관리하지 않지만 개인 기기는 알아서 관리하기 때문에, 기기를 안전하게 유지하는 데도 좋다.

일례로, 인텔Intel 과 같은 기업들은 '소비자 주도의 IT'에 주목하고 있다. 인포월드InfoWorld 보고서에 따르면, 인텔 직원 10만 명 가운데 1만 9천 명이 인텔의 BYOD 프로그램에 참여하고 있다. 그들은 개인 소유의 스마트폰과 앱을 일터에서 자유롭게 활용할 수 있다. 현재 인텔에서 사용되는 모든 모바일 기기의 60%는 회사의 소유가 아닌 임직원들의 개인 소유이다.

인텔의 최고정보책임자 킴 스티븐슨Kim Stevenson 에 따르면 BYOD 정책을 실시한 결과, BYOD 참여자들이 하루 평균 57분의 여유 시간을 갖게 되었고, 생산성 측면에서 1억 5천만 달러의 가치가 발생했다. 인텔이 개인 소유 기기를 승인하고 관리하는 데 드는 비용은 한 명당 2,500달러인 반면, 회사는 BYOD 참여자 한 명당 7,500달러의 수익을 얻었다. 즉, 1달러를 투자해 3달러를 회수한 셈이다.

이러한 환경의 변화를 감안할 때, 우리는 3가지 미래를 예측할 수 있다.

첫째, '소비자 주도의 IT'는 기업의 생산성을 향상시키는 주요 방식이 될 것이다. 스마트 리더들은 이러한 흐름에 저항하지 않고 그 수혜를 고스란히 누릴 수 있을 것이다. 그러나 이러한 흐름을 따르는 데 실패하는 경우, 기업은 점차 위축될 것이다. 최근 「포브스 Forbes」의 조사에 따르면, C-레벨 경영자들의 73%가 "개인 소유 기기와 SNS를 사용하도록 하는 것이 기업의 최우선과제"라고 답했다. 그리고 그중 60%는 "개인 소유 기기를 일터로 가져오는 것을 더 수월하게 해주는 시스템으로 업데이트하고 있다"고 밝혔다.

둘째, 디지털 혁명이 진행되면서 '소비자 주도의 IT'는 시장에서 경쟁자를 압도하려는 회사들을 위한 핵심 무기가 되어줄 것이다. 프레드 로저스 Fred Rogers 와 리처드 라리치 Richard Lalich 가 쓴 『Ride the Wave』는 "향후 10년 내의 진정한 돌파구는 우리 삶의 모든 영역에 들어올 수조 개의 네트워크 프로세서와 스마트폰, 서비스 로봇 등의 엄청난 잠재력을 활용하는 데 있을 것"이라고 밝히고 있다. 컴퓨팅과 네트워킹, 각종 센서들 그리고 거의 모든 소프트웨어들이 상품화되고 있기 때문에, 앞으로 가장 큰 수혜는 이러한 트렌드를 반영하는 사람들에게 돌아갈 것이다. 상업화된 그리고 소비자화된 정보기술을 헬스케어, 바이오테크, 나노테크 등의 영역으로 도입하는 사람들이 가장 큰 수혜를 맛볼 것이다.

셋째, 기업들은 기업 정보를 보호하는 데 더욱 대비해야 할 것이다. 직원들이 개인 스마트폰으로 기업 데이터에 접속하고 민감한 정보를 개인 노트북에 다운로드하게 되면, 개인 기기가 분실되거나 도난당하거나 해킹당할 경우 기업의 보안이 위험에 처할 수 있기 때문이다. 「CIO」지는 "개인 기기를 일터에 가져오는 직원들의 86%가 업무 관련 정보를 그들의 모바일 기기로 접속하거나 해당 기기에 저장한 것"으로 보도했다. "일터에서 개인 기기를 사용한 사람들 20명 중 1명이 기기를 분실하거나 도난당한 것"으로도 나타나고 있다.

인터넷 보안업체 시맨텍Symantec은 "분실된 스마트폰의 83%가 기업 데이터에 접속하는 데 이용되고 있다"고 밝혔다. 그러면서 "개인 기기의 업무 활용을 승인하고 있는 기업들의 79%는 기기에 모바일 보안 솔루션을 설치할 것"을 요구했다. 「CIO」 지에 따르면, 기업들은 직원들에게 더 길고 복잡한 패스워드를 생성하게 하거나 스크린 락을 강화하게 하는 등 엄격한 보안 지침을 마련할 필요가 있다. 일부 CIO최고정보책임자들은 보안 파티셔닝Partitioning, 로컬 트래킹Location Tracking, 지오펜싱Geofencing, GPS 울타리를 설치해 그 울타리에 사용자가 드나드는 것을 감지하는 기술, 모바일 앱 블랙리스트 등을 도입하되, 직원들의 사생활을 침해하지 않고 기기의 편리성을 해치지 않는 방식으로 보안을 강화하고 있다.

산업기술

기계와의 전쟁이 확산된다

15. 로봇 혁명, 값싸고 편리한 로봇이 대량생산된다 16. 무인비행기, 새로운 시장이 탄생한다 17. 셰일 가스, 글로벌 경제를 재편한다 18. 마이크로 그리드, 전력난 시대의 대안 19. 메탄올, 미래 에너지로 떠오른다 20. 산업용 인터넷, 기업의 생산성을 향상시킨다

15

로봇 혁명, 값싸고 편리한 로봇이 대량생산된다

오늘날 PC나 스마트폰은 어디서나 흔히 볼 수 있게 되었다. 마이크로소프트 Microsoft 의 창업자 빌 게이츠 Bill Gates, 구글 Google 의 에릭 슈미트 Eric Schmidt 회장, 아마존 Amazon 의 제프 베조스 Jeff Bezos 회장 등 세계적인 기업인은 "앞으로 10년 안에 우리 주위에서 로봇을 PC나 스마트폰처럼 흔히 볼 수 있을 것"이라 예측하고 있다.

최근 구글과 아마존, 애플 Apple 등이 로봇산업에 투자를 늘리고 있다. 구글은 최근 6개월 동안 세계적으로 유명한 로봇회사들을 인수했다. 빅독 Big Dog 으로 유명한 보스톤다이나믹스 Boston Dynamics 와 2013년 12월 DRC DARPA Robotics Challenge 에서 우승한 일본의 샤프트 Shaft 사 등 8개 회사를 인수한 것이다. 구글의 로봇 분야 총책임자는 스마트폰의 안드로이드 OS를 개발한 앤디 루빈 Andy Rubin 이 맡고 있는데, 구글은 미래 주력산업으로 로봇 산업과 전기자동차 산업을 꼽고 있다.

아마존은 2012년에 키바 시스템즈 KIVA Systems 를 인수해 물류센터용 집단 이동로봇 시스템을 생산 및 판매하고 있다. 최근 아마존은 상품배달을 위한 비행로봇도 개발했다. 마찬가지로 애플도 로봇 산업에 주목하고 있다. 애플은 폭스콘 Foxconn 과 함께 미국에서 애플 제품을 생산하기 위한 제조업용 로봇을 개발하고 있다. 이 프로젝트는 아직까지 비밀로 하고 있는데, 애플이 로봇 산업에 뛰어든 이상 로봇 산업에서 '빅뱅'이 예상된다.

인간에게 각종 편리한 서비스를 제공하는 로봇들이 계속 개발되고 있다. 최근 로봇 제조 분야에서 혁명이 일어나고 있는데, 두 대의 로봇이 시장을 강타할 준비를 하고 있다. 포드자동차가 1908년에 모델T를 시장에 선보이면서 자동차 시대가 열렸듯, 앞으로 10년 안에 로봇이 대량생산될 것이다. 모델T는 대량생산을 통해 시장에서 대중들이 저렴한 가격에 자동차를 구매할 수 있도록 했는데, 이와 똑같은 일이 로봇 산업에도 일어나고 있는 것이다. 두 대의 새로운 상업용 로봇이 우리의 일상을 바꿀 것인데, 박스터 Baxter 와 UBR1이 바로 그들이다.

두 대의 로봇은 인간을 도우며 일하도록 설계되었다. 이제까지 로봇은 비싼 가격 때문에 대중화되지는 않았다. 하지만 대량생산으

UBR1.

로 가격이 인하되면 새로운 소비 시장이 열릴 것이다. 현재로서는 인간과 같이 두 개의 팔을 가진 로봇 모델을 제작하는 데 일반적으로 28만 5천 달러에서 40만 달러 정도의 비용이 드는데, 이 혁신적인 로봇을 생산하는 데에는 10분의 1의 비용이면 된다.

UBR1에는 팔이 하나만 부착되어 있다. 제작자들이 로봇에게 두 팔이 모두 필요한 작업은 거의 없다고 확인했기 때문이다. 이 로봇의 제작사는 언바운디드 로보틱스 Unbounded Robotics 라는 신생기업으로 로봇 전문 기업인 윌로우 개러지 Willow Garage 사의 계열사이다. UBR1의 가격은 35,000달러이고 키는 3피트 2인치이고, 무게는 73킬로그램이다. 로봇의 몸체는 상하로 움직일 수 있고, 머리 부분이지면에서 3피트 2인치에서 4피트 4인치까지 위치할 수 있다. 팔 길이는 30인치가량이고, 4개의 관절과 하나의 집게로 구성되어 있다. 눈은 프라임센스 PrimeSense 사가 제작했고, 3개의 렌즈로 구성된 내장형 카메라로 되어 있다.

이 로봇은 로봇운영시스템 Robot Operation System, ROS 하에서 작동하고 플레이스테이션3 콘트롤러로 제어할 수 있다. ROS는 윌로우 개라지 사와 스탠포드 AI인공지능 연구소가 개발한 오픈 소스 형태의 로봇 운영 시스템이다. UBR1의 제작사는 이 로봇이 선반이나 창고를 정리하는 데 유용할 것이라 기대하고 있다. UBR1은 2014년 여름에 시장에 출시될 예정이다.

가격이 22,000달러인 또 다른 로봇 박스터도 언바운디드 로보틱스가 제작사이다. 박스터는 3피트 1인치의 키를 가졌지만, 옵션 사항인 받침대에 따라 5피트 10인치에서 6피트 3인치까지 키가 늘어난다. 두 개의 팔로 물체를 집고 어떤 위치로든 옮길 수 있다. 그러나 UBR1보다는 이동성이 떨어진다.

박스터는 말을 하지 못하지만 6가지 안면 인식 명령 기능을 활용해 사람과 의사소통도 할 수 있다. 안면 인식을 통한 명령 중 하나는 눈썹을 들어올리는 것으로, 무언가 일이 안 되었을 때의 당혹감을 신호로 보내는 것이다. 박스터는 360도 소나 sonar 와 전면부 카메라를 통해 인간의 존재를 인식할 수 있다.

또한 박스터는 공장에서 인간과 함께 일할 수도 있고, 단독으로도

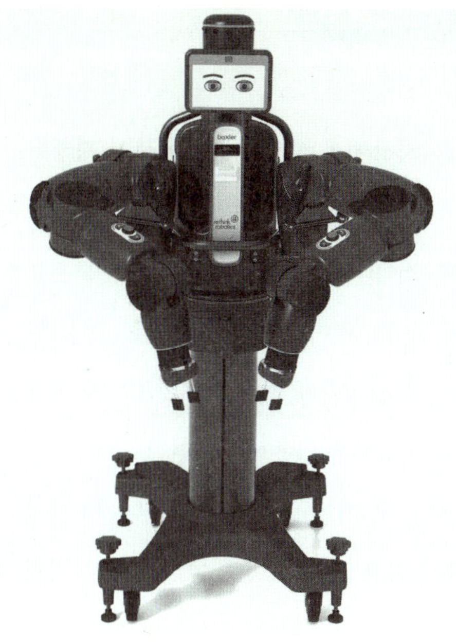

박스터.

일할 수 있다. 이 로봇은 공장이나 연구기관 등에서 인간에게 도움을 주기 위해 설계되었다. 다양한 높이의 선반에서 부품들을 들어 옮길 수 있고, 스캐너 혹은 인식 카메라 전면부에서 부품을 고정할 수 있으며, 수평 모션에서 각종 기계를 작동시킬 수 있다. 최근 업그레이드된 박스터는 명령받은 업무를 실제 현장에서 실행하기 전에 가상 컴퓨터 스크린으로 가상 움직임을 구현하는 3D 컴퓨터 시뮬레이터가 작동되도록 프로그래밍되었다.

이 두 대의 로봇이 시장에 등장하게 되면서 우리는 5가지 미래를 예측할 수 있다.

첫째, 오늘날에는 스마트폰 시장에서 삼성전자와 애플이 경쟁하고 있는데, 10년 뒤에는 구글과 아마존, 애플 등의 미국 기업이 로봇 시장에서 패권을 거머쥘 것이다. 그리고 로봇 산업의 주도권은 일본에서 미국으로 완전히 넘어갈 것이다. 구글과 아마존, 애플 등 글로벌 기업이 생산하는 로봇을 비롯해, 박스터와 UBR1의 등장으로 미국 기업들의 상당수가 로봇을 활용할 것이다.

현재 아마존닷컴을 비롯해 미국 기업들이 보유한 물류센터에서는 25만 대의 로봇들이 활용되고 있다. 하지만 이 로봇들은 가격이 비싸고 복잡한 프로그래밍으로 인해 다수의 사업주들이 로봇을 구매하는 것을 꺼리고 있다. 고등 자동화 연합the Association for Advanced Automation 의장인 제프 번스타인Jeff Burnstein 은 "최근 미국 의회 로봇공학 자문위원회에 미국 기업들의 10%가 현재 로봇을 활용하고 있으며, 이제 중소기업들의 상당수가 로봇의 도입을 심사숙고하고 있다"고 발표한 바 있다. 박스터와 UBR1이라는 저렴한 로봇이 등장하면 대기업뿐만 아니라 중소기업에서도 로봇의 시대가 열릴 것이다.

또, 미국 기업들이 로봇으로 생산성을 높이게 되면 일본과 한국 등의 물류센터에서도 로봇을 도입할 것이다. 로봇은 인간처럼 식사를 하거나 화장실에 가지 않고도 24시간 일할 수 있다. 박스터와 UBR1의 가격은 일본과 한국 근로자의 1년 급여보다 비싸지 않다. 그러므로 이 로봇을 1년 운용하면 초기 투자비용을 회수하고도 남는다. 이 로봇이 널리 도입되면 사업주들은 행복하겠지만 노동자들의 상당수는 일자리를 잃을 것이다.

둘째, 지난 40년 동안 컴퓨터가 비즈니스를 더 효율적으로 개선시키고 생산성을 높였듯이, 이제는 로봇 공학이 비즈니스와 접목되어 노동 비용을 절감하고 생산성을 높일 것이다. 예를 들어, 박스터는 24시간 내내 멈추지 않고 일할 수 있다. 박스터는 시간당 3달러의 유지비용 전기료와 관리비 등 포함만 들기 때문에 매력적이다. 게다가 로봇은 일반적으로 사람들이 기피하는 업무도 맡아줄 것이다. 즉, 더럽고 힘들고 지루한 수많은 3D 업무를 로봇들은 아무 불평 없이 수행할 것이다. 게다가 파업을 일으키지도 않으므로 사용자를 만족시킬 것이다.

셋째, 로봇이 현장에 투입되면 물류센터에서 인간이 차지했던 일자리의 상당수가 사라질 것이다. 로봇은 3교대 근무할 필요가 없기 때문에, 로봇 1대가 2~3명의 노동자를 대체할 것이다.

반면에 로봇과 관련된 새로운 일자리가 창출될 것이다. 박스터와 UBR1 등은 인간의 옆에서 일을 하도록 설계되었다. 그들을 조종하고 감시하는 일은 오로지 사람만 할 수 있다. 번스타인에 따르면, 향후 20년 내에 로봇을 관리하는 일자리가 수천만 개로 늘어날 것이다. 더욱이 로봇은 우리가 지금 당장 상상할 수 없는 새로운 형태의 일자리를 창출하는 새로운 산업도 이끌어낼 것이다. 1908년에 자동차가 대량생산되자 많은 마부들이 일자리를 잃었지만 자동차와 관련된 여러 산업이 등장해 새로운 일자리가 창출되었다. 개인용 컴퓨터가 수많은 신생 사업가와 비즈니스들을 창출한 것과 마찬가지로, 앞으로 10년 내에 로봇과 관련된 새로운 사업들이 우후죽순 생겨날 것이다.

넷째, 새로운 로봇 시대는 미국 기업들의 리쇼어링reshoring, 해외로 생산기지를 옮기는 '오프쇼어링Offshoring'의 반대 개념으로, 해외에 나가 있는 자국기업들이 자국으로 돌아오는 것을 가속화할 것이다. 보스턴 컨설팅의 할 서킨Hal Sirkin에 따르면, 현재 해외에 나가 있는 미국 기업들이 자국으로 회귀하고 있는 이유는 애국심이 아니라 철저한 경제 논리 때문이다. 서킨은 중국 노동자들의 임금이 높아지고 있는 반면 미국은 여러 가지 측면에서 경쟁력을 회복하고 있고, 미국 노동자들의 생산성은 중국의 노동자들보다 최소 3배 이상 높다고 분석하고 있다. 할 서킨은 이러한 흐름 속에서 로봇의 역할이 매우 중요하다고 말한다. "회귀하고 있는 수많은 기업들을 위한 자동화로봇화가 진행되지 않는다면 미국으로 돌아오는 일자리는 거의 없을 것이다." 자동화의 수준이 높아지면, 중국과 같은 해외보다 미국 내에서 로봇과 자국 인력으로 상품을 생산하는 비용은 더 저렴해질 것이다. 보스턴 컨설팅은 2020년까지 약 300만 개에서 500만 개의 일자리가 미국으로 돌아올 것으로 예측하고 있다.

다섯째, 산업용 로봇이 물류센터와 공장 등에 널리 확산된 이후 가정용 로봇도 대량생산될 것이다. 미국과 프랑스, 일본, 한국 등의 국가들이 고령화 사회로 접어들어, 주요 선진국들은 앞으로 10년 내에 인간과 비슷한 형태를 띤 휴머노이드humanoid의 수요가 확대될 것으로 전망하고 있다.

프랑스는 노인용 휴머노이드 산업에서 주목할 만한 성과를 보이고 있다. 프랑스 통계청INSEE은 2060년 프랑스의 평균 수명은 여자 91세, 남자 86세로 연장될 것으로 예측했다. 2060년 대도시 인구는 7,400만 명에 이르고, 60세 이상의 인구는 2,360만 명으로 전체 인구의 31%를 차지할 것이다. 프랑스는 이미 2014년부터 60세 이상 인구 비율이 20세 이하 인구 비율을 앞질렀다. 인구 고령화로 인해 노동인구가 감소하고 있는 현실에서 프랑스 휴머노이드 분야의 선두주자인 알데바란Aldebaran 사는 휴머노이드 로보틱스인 로미오Romeo를 개발했다. 이 로봇은 사람과 비슷한 외형을 갖추고 있으며, 노인들의 일상생활을 돕는다. 로미오는 노인들이 걷거나, 계단을 오르내릴 때, 문을 열거나 짐을 나를 때 도움을 준다. 게다가 인간의 목소리를 감지해 행동하고 짧은 대화도 나눌

수도 있다. 로미오의 키는 140센티미터이고, 몸무게는 40킬로그램이다.

프랑스와 마찬가지로 한국도 고령화가 심각한 사회적 문제로 떠오르고 있다. 한국의 65세 이상 고령인구는 2030년 24.3%, 2040년 32.3%로 늘어날 전망이다. 아직까지 한국의 로봇 산업은 미국과 프랑스, 일본보다는 발전하지 않았는데, 이 분야에 투자를 늦춰서는 안 될 것이다. 일례로 KAIST가 개발한 휴머노이드인 휴보는 현재 약 40만 달러가량으로 고가이지만 미국의 SRI는 5년 내에 상반신 로봇을 5천 달러에 내놓을 계획이다. 앞으로 로봇 산업은 뛰어난 성능의 로봇을 얼마나 저렴하게 만들어내느냐에 따라 성패가 갈리므로, 한국 기업들은 더더욱 분투해야 할 것이다.

16 무인비행기, 새로운 시장이 탄생한다

무인비행기unmanned aerial vehicles, UAV 에 대한 이야기가 한국 사회를 떠들썩하게 했다. 2014년 4월, 한국 정부는 "북한에서 침투시킨 무인비행기가 서울 상공을 비행했으니, 국가 안보에 더더욱 신경 써야 한다"고 강조했다. 이 무인비행기는 중국에서 생산한 것으로 추정되는데, 이것이 정말 북한에서 침투한 것인지는 중요하지 않다. 한국 상공을 비행한 무인비행기는 장난감 수준이고, 이보다 더 성능이 뛰어난 무인비행기를 조만간 우리 주위에서 흔히 볼 수 있다는 것이 중요한 것이다.

최초의 UAV는 정찰 목적으로 제작되었는데, 이동 카메라를 장착한 단순한 비행기였다. 하지만 그로부터 얼마 후, UAV에 무기를 장

헬파이어 공대지 미사일을 갖춘 프레데터.

착했다. 헬파이어 Hellfire 공대지 미사일을 갖춘 프레데터 predator 는 이제 아프가니스탄과 이라크에서 널리 사용되고 있다.

하지만 이것은 UAV의 서막에 불과하다. 초경량 소재, 초고효율 엔진, 나노 전자공학 그리고 GPS 내비게이션의 성능이 발달해 무인비행기 기술을 급속히 발전시켰다. 「월스트리트저널 The Wall Street Journal」에 따르면, "로봇식 비행기 시장이 호황을 누리고 있다"고 한다. 워싱턴에서 열린 대기업 무역박람회에서 레이시온 Raytheon 사와 같은 제조업체는 더욱 믿을 만하고 역량이 뛰어난 신제품들을 경쟁적으로 선보였다.

레이시온의 최신 무인비행장치 코브라 Cobra 는 무역박람회 기간에 메릴랜드 애버딘 야외전시장 Aberdeen Proving Ground in Maryland 을 처음 비행했다. 그리고 코브라는 군사임무 수행은 물론 상업적 비행을 위

노스롭 그루먼 사의 파이어 스카우트.

해 최초로 미국 연방 항공국Federal Aviation Administration, FAA의 승인을 받은 UAV 중 하나다.

한편, 노스롭 그루먼Northrop Grumman 사는 해군용으로 제작된 무인 헬리콥터 파이어 스카우트Fire Scout를 선보였다. L-3커뮤니케이션즈L-3 Communications 사 역시 바이킹 100Viking 100 모델을 내놓았다.

그 밖에노 군사용과 경찰용으로 개발된 UAV가 우리 일상의 다양한 분야에서 이용될 것이다. 특히, 국토 안보부Department of Homeland Security는 UAV의 보유 대수를 대폭 늘리고 있다. 이 UAV들은 미국 남쪽 국경지대 전체를 따라 가상 국경선을 만들어 24시간 내내 센서와 카메라를 통해 정찰 활동을 할 것이다.

미국의 여러 경찰서에서도 이미 UAV를 활용하고 있다. UAV는 정찰업무와 재해지역 관찰업무에 활용되고 있다. 이러한 흐름 덕분에,

기존의 항공 및 군수 업체들은 폭발적으로 늘어나는 수요를 충족시
키기 위해 막대한 자원을 쏟아 붓게 되었고, 심지어 수십 개의 신생
기업들이 신흥 시장에 뛰어들게 되었다.

일례로, 캔자스 주 맥킨니 McKinney 에 위치한 에어로크로스시스템
즈 Aerocross Systems 사에는 직원이 3명뿐이다. 이 회사는 미군 공군용
에코 호크 Echo Hawk 정찰기의 개발과 관련된 소규모 사업을 75만 달
러에 계약했다. 이 기업은 유인비행기가 위험에 처하면 도와주는 임
무를 완수하기 위해, 시중에서 손쉽게 구할 수 있는 초경량 스포츠
항공기를 개조했다.

「런던 선데이 타임즈 London Sunday Times」 지에 의하면, 조지아공대
Georgia Tech 는 연방 고속도로관리공단 Federal Highway Administration 과
조지아 교통부 Georgia Transportation Department 로부터 조달받은 자금으
로 교통 감시 정찰기 Traffic Surveillance Drone 를 개발해 왔다고 한다. 조
지아기술연구소 Georgia Tech Research Institute 의 첨단차량 개발 및 통합
연구소 Advanced Vehicle Development and Integration Laboratory 는 구멍에 프로
펠러를 탑재한 도넛 모양의 정찰기 원형을 제작했다.

정찰기는 픽업트럭 뒤에 실을 수 있을 정도로 작으며, 두 사람이
들어 올릴 수도 있다. 꼬리를 접으면 언제든지 비행이 가능하다. 해
군은 현재 드래곤 스토커 Dragon Stalker 라는 별명을 가진 이 모델을 시
험운행 중이다. 이 정찰기의 주요 이용 분야는 교통정리 및 교통사
고로 인한 응급상황 대처, 화학물질 유출 방지 등에 이르는 사고 대

응이다.

이 무인비행기는 길이 9피트, 넓이 6피트이며, 무게는 고작 130파운드밖에 안 된다. 시장에 출시된다면 가격은 약 6만 달러 정도로 예상되며, 군용 UAV나 헬리콥터와 비교해 봐도 확실히 가격이 낮다. 프레데터 predator 정찰기의 가격은 8백만 달러이고, 경찰용 헬기는 약 3백만 달러이니 매우 저렴한 편이다.

교통 감시 정찰기는 100피트에서 200피트 높이로 시간당 80마일을 비행할 수 있다. 헬리콥터처럼 이착륙이 가능하며, 제자리에서 비행할 수도 있다. 예를 들어, 구급대원들이 즉시 달려올 수 없는 고속도로에서 자동차 사고가 발생하면, 정찰기가 사고현장에 착륙해 진료 보조원이 사고현장을 판단하고 적절한 조치를 취할 수 있도록 비디오와 오디오로 촬영을 하게 된다.

도넛 모양으로 저장된 수평형 로터는 물론이고, 정찰기에는 전진과 후진을 위해 두 개의 소형 엔진이 장착되어 있으며, 엔진 하나만 사용해 비행을 할 수 있다. 엔진이 고장 나면 안전한 이륙을 할 수 있도록 낙하산이 내장되어 있다.

목적지를 향해 자동 운항하는 장치가 소형화되면 더 많은 일을 하게 될 것이다. 「이코노미스트 The Economist」 지에 따르면, 무인비행기 시장은 전망이 밝으며, 소형 무인비행기를 생산하기 위해 원격조종 비행기 및 헬리콥터와 관련된 로봇 기술을 활용할 것이다.

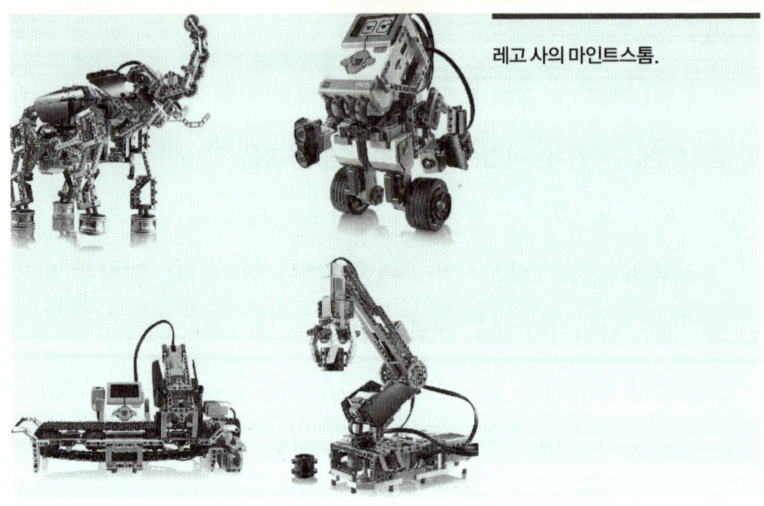

몇몇 신기술은 이를 현실화하는 데 중요한 역할을 한다. 예를 들면, 레고Lego 사는 마인드스톰Mindstorms 을 내놓았다. 마인드스톰으로 누구나 자신이 상상했던 로봇을 만들기 위해 부품을 조립할 수 있다. 초보자용 기본 세트는 239달러부터 있다.

「와이어드Wired」의 편집자 크리스 앤더슨Chris Anderson 은 아들에게 미니어처 UAV를 만들어주기 위해 이 세트를 사용해 상업적으로 판매할 수 있는 원격조종 비행기를 만들었다. 소요된 전체 비용은 약 1,000달러 정도였다. 현재 앤더슨은 소형 UAV를 제작하려 하는 사람들을 위해 DIY드론스닷컴diydrones.com 사이트를 운영하고 있다.

게다가, 수많은 기업과 연구기관이 초소형 미니어처를 개발하고 있다. 디바이스그루닷컴deviceguru.com 이라는 사이트에 따르면, 최근

하버드대학교 연구진은 파리 로봇 fly-bot 을 뉴욕 현대미술관에서 선보였다. 이 기계의 크기는 작은 잠자리 정도이며, 무게는 1온스의 1,000분의 2 정도다. 파리 로봇은 실제 곤충들이 나는 것과 같은 가짜 날개를 펄럭이며 혼자서 날아다닌다.

프랑스 기업 르만타 Remanta 는 6인치 길이의 날개로 건물 안팎 어디서든 비디오를 촬영하며 비행할 수 있는 UAV를 개발 중이다. 영국 포츠머스대학교 Portsmouth University 의 연구팀은 사람 손 크기 정도에 프리스비처럼 비행과 회전이 가능한 UAV를 제작하고 있다.

비록 이런 초소형 장비가 가야 할 길은 아직 멀지만, 무인비행기는 이미 공상과학영화의 수준을 넘어섰다. 그 예로, 캘리포니아 지역 소방관들은 UAV를 사용해 산불 경로를 추적한 바 있다.

최근 영국 경찰은 독일 마이크로드론즈 Microdrones 사가 제작한 UAV로 뮤직 페스티벌이 열리는 상공을 순회하며 마약을 판매하거나 주차장에 세워진 차를 파손하는 사람들을 수색했다. 이 UAV는 20분 동안 하늘을 비행하면서 비디오를 촬영하고 적외선 사진을 찍을 수 있다. 지름은 1피트 정도이며 랩톱 컴퓨터로 조종한다. LA 카운티 보안관 본부 Los Angeles County Sheriff's Department 는 약 70분 동안 비행할 수 있는 또 다른 UAV를 테스트 중이다. 가격은 3만 달러에 불과하다.

샌디에이고 San Diego 에 위치한 스크립스 해양학 연구소 Scripps Institution of Oceanography 는 UAV를 이용해 인도양 몰디브 상공을 비행하면서 기후변화 연구에 필요한 공기 샘플을 수집했다.

하지만, UAV가 급속히 확산되면서, 많은 우려를 낳고 있다. 「인터내셔널 헤럴드 트리뷴International Herald Tribune」지의 기사에 따르면, 2006년 4월 25일에 미국 관세청U. S. Customs Service 소속이며 소형 제트기 크기의 프레데터 정찰기가 멕시코 국경 부근에서 추락했다.

미국 국립교통안전국National Transportation Safety Board은 사고를 조사했고, 역사상 최초로 국립교통안전국은 원격조종장치의 추락 사고를 담당했다. 조사 결과, 비행기 설계가 잘못된 것은 물론 1만 파운드에 달하는 비행기를 운전한 관세청 직원 모두에게 문제가 있었다는 사실을 밝혀냈다.

추락 사고로 인한 인명피해는 없었지만, 주택가와 인접한 지역이었고 국립교통안전국의 보고서는 비행의 본질을 완전히 바꿔놓았다. 국립교통안전국은 무인비행기와 관련된 안전 문제를 주제로 2013년 말에 포럼을 개최했다. 국립교통안전국이 밝혀낸 문제 중에는 컴퓨터가 고장 났고 누구도 원인을 파악할 수 없었다는 사실 등이 포함되어 있었다. 또, 프레데터의 조종사를 감시할 감독관이 있어야 했지만, 감독관은 없었다. 조종사는 뜻하지 않게 엔진을 정지시켰고, 프레데터는 재시동이 가능하도록 설계되지 않았다. 그래서 국립교통안전국 이사회 회원들은 관세청이 어린이들이 컴퓨터 게임을 하는 것처럼 프레데터를 조종했다고 비난했다.

또 다른 문제는 연방 항공국Federal Aviation Administration이 UAV에

대한 통제권을 갖고 있지 않다는 점이다. 수많은 무인비행기와 헬리콥터를 대상으로 하는 항공교통 통제 시스템을 어떻게 관리할 것인지에 대한 방침도 아직까지 정해지지 않았다. 그리고 국토 안보부 Homeland Security 역시 테러를 시도하기 위해 UAV를 이용하려는 사람들에 대한 대책을 세워야 할 것이다.

또, UAV가 확산된다면 프라이버시를 침해할 수도 있다. 최고급 초소형 UAV는 소음이 거의 없으며 창문에 다가가거나 심지어 건물 안으로 들어갈 수도 있다. 따라서 우리의 은밀한 사생활이 노출될 수도 있다.

이런 문제들이 해결되고 UAV가 확산된다면 새로운 시장을 창출할 것이다.

첫째, 무인항공기는 현재 많이 보급되어 있으며, 조만간 어느 곳에서나 사용하게 될 것이다. 기존의 항공업체와 군수업체들은 시장에서 주도권을 잡기 위해 경쟁할 것이다. UAV 시장은 크게 세 가지로 나뉠 것이다.

첫째, 군과 정부기관 및 대기업과 같은 거대 고객을 대상으로 하는 시장이다. 군과 경찰, 소방서, 대기업 등은 여러 대의 UAV를 동시에 구입할 수 있으므로, 이들을 대상으로 판매하면 높은 매출을 올릴 수 있다. 이들은 일반 소비자용 UAV보다 성능이 뛰어난 제품을 한 대당 수만~수십만 달러에 구입할 능력이 있다. 둘째, 중소기업과 학교 등에 수천 달러짜리 UAV를 판매하는 시장이다. 예를 들면, 스키장을 운영하는 기업은 UAV를 이용해 눈사태 위험을 예방할 것이다. 셋째, 이보다는 기능이 좀 떨어지지만 작고 가볍고 다양한 업무를 수행할 수 있는 수백 달러짜리 UAV가 대중 소비자에게 사랑받을 것이다.

둘째, UAV 시장이 다양해지면 엄청난 투자 기회를 창출할 것이다. 스티브 잡스 Steve Jobs 가 그랬던 것처럼, 현재의 젊은 UAV 애호가들 중에서 앞으로 엄청난 파장을 몰고 올 히트 상품을 발명하는 사람이 나올 수 있다. 개인용 컴퓨터와 휴대전화의 확산으로 소프트웨어부터 핸드폰 벨소리에 이르기까지 관련 시장이 발생한 것처럼, 이런 장비를 응용할 수 있는 엄청난 신흥 시장이 생길 것이다. 또, 수많은 무인비행기가 날아다니면 UAV 통신 프로토콜과 같은 표준이 생겨날 것이다.

셋째, 무인비행기가 하늘을 가득 채우면서 항공안전 규칙과 규제 등이 강화될 것이다. 운전면허가 있어야 자동차를 운전할 수 있듯이, 무인비행기를 운항하기 위해서는 자격증을 갖춰야 할 것이다.

충돌을 예방하고 목적지에 무사히 도착하기 위해 UAV끼리 서로 통신해야 할 뿐만 아니라, 기기에 이상은 없는지 정기점검 검사도 받아야 할 것이다. 또, 무인비행기와 관련된 보험도 등장할 것이다.

17

셰일 가스,
글로벌 경제를 재편한다

캘리포니아에서 노스다코타, 펜실베이니아, 영국, 중국, 이스라엘에 이르기까지, 1970년대 이후 제자리에 머물러 있는 전 세계 에너지 역학이 맹렬한 속도로 새로이 재편되고 있다. 러시아와 페르시아 만의 국가들은 아마도 이 새로운 재편 시기에도 살아남을 것처럼 보인다. 그리고 미국을 필두로 한 몇몇 국가들이 새로운 기술 혁명으로 수혜를 입을 것이다. 새로운 에너지 혁명은 세상을 어떻게 바꿀 것인가?

지난 250년 동안 GDP가 놀랍게 상승한 것은 풍부하고 저렴한 에너지를 확보한 덕분이었다. 이 기간에 인류는 이전과 비교할 수 없을 정도로 고효율의 에너지를 추출하고 활용해 왔다. 인류의 에너지는 바이오매스 biomass, 에너지원으로 사용되는 식물이나 동물 같은 생물체와 수력으로 시작해 석탄, 석유, 천연가스, 원자력으로 점차 이동했다. 1970년 대부터 현재까지, 인류는 경제적인 관점에서 추출 가능한 페르시아 만과 구소련의 원유와 북미 및 북해 아래에서 새롭게 개발된 자원을 이용해 왔다.

얼마 전가지만 해도 우리는 '피크 오일 peak oil'이라는 말을 종종 들어왔다. 피크 오일이란 전 세계의 원유와 천연가스 생산이 정점에 달한 이후 점차 그 생산량이 감소하는데, 그 시작이 21세기의 첫 번째 10년이라는 것이다. 즉, 지구가 보유한 전체 원유와 천연가스 매장량의 절반을 써버려 생산량이 줄어드는 시점을 의미한다. 그러나 피크 오일은 현실에서 일어나지 않았다.

오늘날 우리는 새로운 에너지가 주도하는 경제학적 질서의 재편을 목도하고 있다. 글로벌 경제의 이러한 재편은 미국이 개발한 수압파쇄 기술의 노하우가 전 세계로 확산됨으로써 나타날 것이다. 이 기술이 확산되면 전 세계의 국가들에게 큰 수혜를 안겨줄 것이다. 이 혁명적인 기술이 이미 미국의 에너지 시형을 어떻게 뒤바꾸고 있는지, 다른 국가들이 왜 이 기술을 도입하려고 하는지를 살펴보자.

수압파쇄 Fracking 는 모래와 화학물질이 혼합된 물을 지하 유정 well 에 고압으로 분사하는 기술이다. 이러한 고압으로 오일과 가스 추출을 촉진한다. 이 기술은 1950년대 이후 개발되었지만 1980년대에 수평시추기법 horizontal drilling 과 결합되어서야 생산성을 더 높일 수 있었다. 특히 오일과 가스를 담고 있는 세일층에서 추출 생산성

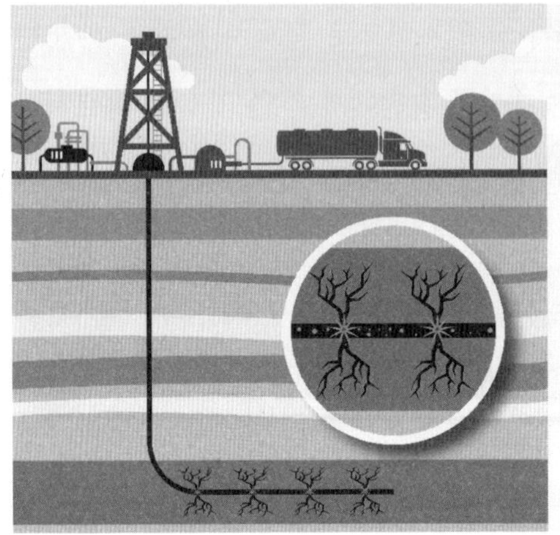

을 훨씬 더 높일 수 있는 기술이다. 하지만 북부 중앙 텍사스에서는 2000년대 무렵까지 셰일 가스의 '대량' 생산이 이뤄지지 못했다. 그러나 이 기술이 바켄 셰일Bakken Shale의 매장량이 풍부한 노스다코타North Dakota를 비롯해 미국 내 다른 지역에 적용되었다.

수압파쇄 및 수평시추기법fracking and horizontal drilling이 미국 전역으로 확산되면서, 건성 셰일가스 생산량은 2000년 3,000억 입방피트1입방피트는 약 28리터에서 2012년 9조 6천 입방피트로 증가했다. 이러한 수준은 미국 전체 천연가스 생산의 40%를 대체하는 것이다. 같은 기간, 셰일층에 함유된 원유인 '타이트 오일tight oil' 생산량 또한 수압파쇄 덕분에 한층 더 증가했다. 2000년에 하루 20만 배럴에서 2012년 12월에 하루 평균 220만 배럴로 증가한 것이다.

몇몇 주에서, 이 새로운 기술은 잠재력이 충분한 경제적 노다지를 가져다주고 있다. 캘리포니아만 봐도 그렇다. 광대한 몬터레이 Monterey 셰일 지대에만 150억 배럴의 오일이 매장돼 있는 것으로 추정된다. 노스다코타의 바켄 셰일 지대와 오일 붐이 일어난 지역들보다 몬터레이 셰일은 그 잠재력이 두 배 더 크다.

서던 캘리포니아대학 University of Southern California 의 연구에 따르면, 캘리포니아가 수압파쇄 기술로 자유시장을 형성하면, 수년 내에 50만 개의 오일과 가스 관련 일자리가 창출될 수 있고, 2020년이 되면 캘리포니아 주와 소속 지방 정부의 세수가 246억 달러에 이를 것이다. 경제적 위기 상황에 처해 있는 주의 입장에서 이러한 수치는 매우 매력적이다.

미국뿐만 아니라 전 세계 모든 국가들이 수압파쇄 기술에 주목하는 이유는 두 가지이다.

- 미국은 여전히 상당한 양의 원유를 수입하고 있지만, 1990년대 중반 이후부터 더 이상 수입량이 늘어나시 않고 있다. 여기에는 의미심장한 두 가지 이유가 있다. 2012년에 저비용의 타이트 오일이 미국의 전체 원유 생산의 29%를, 셰일 가스가 미국 전체 천연가스 생산의 40%를 차지했기 때문이다. 이러한 자원을 더 많이 활용하게 되면서 수입 물량을 대폭 낮춘 것이다.

- 미국이 이용 가능한 셰일 오일의 금전적 가치는 1조 배럴에 이른다. 이것은 인류가 첫 번째 유정을 개발한 이후 지금까지 거의 100년 동

안 사용한 원유를 상회하는 수치다.

이처럼 미국이 세계 최대 가스 생산국으로 급부상하면서 전 세계적으로 천연가스 가격이 급락하고 있다. 그로 인해 러시아는 불만을 느끼고 있다. 전통 원유 conventional oil, 전통적인 유정 추출 원유 와 천연가스는 러시아의 정치·경제적 주춧돌이었다. 러시아 주식시장 가치의 절반은 에너지 기업들로 구성되어 있고, 러시아의 국력은 바로 원유와 천연가스를 기반으로 형성된 것이다. 이러한 러시아가 수출하는 물량의 10%는 국영기업 가즈프롬 Gazprom 이 생산한다. 오일과 가스 생산 그리고 러시아의 해외 정책이 긴밀히 공조했기 때문에, 블라디미르 푸틴 Vladimir Putin 러시아 대통령은 러시아 에너지 산업의 실질적인 CEO라 할 수 있다.

당연히 러시아 권력자의 눈에는 셰일 가스를 생산하는 미국의 에너지 혁명이 위협을 가하는 것처럼 보일 것이다. 실제로 이것은 유럽 국가들과 러시아의 거래에 영향력을 발휘하기 시작했다.

생산자로서의 권력을 누려온 러시아는 전통적으로 그들의 고객들을 상대로 힘을 과시해 왔다. 실제로 2006년과 2009년에 공급 계약 협상 도중 우크라이나에 가스 공급을 중단하기도 했다. 그러나 이제 그러한 구도가 미국의 수압파쇄 기술이라는 복병이 등장하면서 변하고 있다. 미국이 천연가스 생산량을 늘리면서, 중동에서 들여오던 액화 천연가스의 수입량을 줄였기 때문이다. 미국의 수입 감소로 인해 발생한 여유분은 현재 유럽 국가들에게 제공되고 있다. 실제로 지난 6월, 아제르바이잔을 통해 서유럽으로 이동하는 가스 파이프에 대한 컨소시엄이 구성되었다.

그 결과 러시아 천연가스에 대한 수요를 낮추면서, 유럽에서는 다음과 같은 일들이 벌어지고 있다. 일례로, 불가리아는 러시아와 새롭게 10년간 가스 공급 계약 협상을 벌이며, 가격을 20%나 삭감할 수 있었다. 다른 국가들은 가격 인하뿐만 아니라 러시아로부터 에너지 독립을 희망하고 있다. 러시아가 더 이상 에너지를 대외 정책의 무기로 활용하지 못하길 바라는 것이다. 폴란드와 우크라이나는 가격 인하와 에너지 독립을 모두 열망하는 국가들로, 자체적으로 셰일 가스 개발 계획을 세워 전략적 경제적 수혜를 동시에 달성하고 싶어 한다.

셰일 가스와 오일의 위협이 점차 커지자, 대통령과 총리, 올라가르흐oligarchs, 과두제 집권층와 관료 등 러시아 권력자들은 환경 문제를 언급하기 시작했다. 자원을 채굴하기 위해 사용하는 수압파쇄 기술이 환경을 파괴할 것이라는 주장을 펼친 것이다. 푸틴에 따르면, 이 기술은 식수 오염의 원인이 된다. 셰일층을 파쇄하면 지하수에 가스나 원유가 스며들어 지하수에서 퍼올린 식수에 불을 붙이면 불이 일어난다고 주장한다. 또, 러시아는 수압파쇄는 비용이 너무 많이 들어 경쟁력이 없다고 주장하기도 한다. 더 나아가 미국의 에너지 혁명은 단지 미신일 뿐이며 조만간 거품이 꺼질 것이라 주장한다.

하지만 조만간 꺼질 거품은 바로 러시아의 가즈프롬이다. 2008년

시가총액 3,670억 달러 _{당시 세계 4위}의 가즈프롬은 세계 최초의 1조 달러 회사를 향해 달려가고 있는 것처럼 보였다. 그러나 현재 시가총액은 780억 달러로 곤두박질쳤고, 셰일 오일과 셰일 가스라는 새로운 경쟁자와 직면해 고유의 사업 모델이 빠르게 잠식당하고 있다. 러시아 정부가 이 문제를 해결해 줄 수 있을까? 러시아 정부가 가즈프롬에 절실한 보호조치를 제공할 수 있을 것 같지는 않다.

러시아는 유럽 시장에 대한 영향력이 줄어들면서 새로운 고객을 찾기 위해 동아시아로 눈길을 돌리고 있다. 그러나 이것은 새로운 경쟁 압력을 추가하는 것이다. 6월 22일, 가즈프롬은 액화 천연가스 시설을 블라디보스토크에 구축하기 위해 일본 회사들로 구성된 컨소시엄과 거래를 시도했다. 하지만 그보다 하루 앞서, 러시아의 로즈네프트 Rosneft와 일본은 액화 천연가스를 일본에 공급하는 계약을 체결했다. 한편 로즈네프트는 중국과도 2,700억 달러 규모의 원

로즈네프트의 천연가스 공급관.

유 공급계약을 체결했다.

러시아가 일본, 중국 등 동아시아 국가들과 거래를 할지라도, 크레믈린의 걱정거리는 여전하다. 가장 최근의 지리학 보고서에 따르면, 세일 오일과 세일 가스를 추출해도 기술적으로 환경을 회복시키는 것이 가능하기 때문이다. 더군다나 중국이 러시아의 오랜 고객이 될 것 같지는 않다. 중국은 세일 오일을 320억 배럴 이상 보유한 것으로 보인다. 중국의 세일 가스 매장 추정치는 이보다 더 많을 전망이다. 중국의 가스 매장량은 무려 1,115조 입방피트에 이른다. 이것은 현재 천연가스가 넘쳐나는 미국의 665조 입방피트보다 더 큰 규모로, 중국에게 오일과 천연가스를 판매하기 위해 러시아가 기대하고 있었던 장기 프로젝트에 찬물을 끼얹는 것이다.

장기적으로 볼 때 러시아는 여러 가지 복잡한 문제들로 일본에서도 점차 그 빛을 잃을 수 있다. 한국과 일본 사이에 위치한 동해에는 불타는 얼음으로 명명된 메탄 하이드레이트 methane hydrate 가 매장되어 있나. 최근 일본은 메탄 하이드레이트를 시추하는 데 성공했다. 다른 여러 가지 예상되는 난관들을 극복한다면, 일본은 최소 100년 동안 사용할 수 있는 천연자원을 확보하게 될 것이다. 그래서 일본은 독도를 호시탐탐 노리는 것이고, 자위대의 활동 영역을 확대하려는 것이다. 한국은 바로 이 점을 명심해야 할 것이다.

유럽으로 다시 눈을 돌리면, 세일 가스 덕분에 영국의 미래 에너지 청사진은 매우 밝아 보인다. 영국 지질연구소 BGS, British Geological

Survey 는 보우랜드Bowland 셰일 지대가 세계에서 가장 큰 셰일 지대라고 결론을 내렸다. 최소한 1,300조 입방피트의 천연가스가 매장된 것으로 추정된다. 이것의 10%, 즉 130조 입방피트면 영국이 거의 50년간 소비할 수 있는 가스량이다. 영국은 2004년 이후 천연가스 순수입국이 되었다. 북해에서 가스 생산이 줄면서부터다. 다른 EU 국가와 달리 영국은 중기적으로 셰일층의 자원을 활용하기 위해 정치적인 노력도 펼칠 것으로 보인다.

그렇다면 앞으로 어떤 일들이 벌어질까? 3가지 예측이 가능하다.

첫째, 수압파쇄가 완벽하게 실현되면 다음과 같은 일이 벌어질 것이다. 에너지 가격이 낮아지면 글로벌 경제에 향후 20년 동안 연평균 5~6%의 성장을 유지하는 데 필요한 활력소를 제공해 줄 것이다. 제조업은 그 수혜를 가장 많이 받을 것이다. 이 수혜를 받아 제품이 더 저렴해지면서 매출이 오를 것이다. 소비자들 또한 더 낮은 가격에 에너지를 이용할 수 있게 된다. 셰일 가스를 생산하는 나라들은 풍부한 에너지 자원으로 더 높은 에너지 자급자족을 달성하게 될 것이고, 이스라엘의 경우 에너지 수출국으로 발돋움할 수도 있을 것이다. 전 세계에 에너지가 풍요로워지면서 에너지에 대한 지정학적 긴장은 소멸할 것이다. 지구촌을 항상 시끄럽게 했던 호르무즈 해협과 같은 상습 분쟁 지역은 평화로운 곳으로 변할 것이다. 중국이 일본이나 필리핀을 압박하거나 산업에 필요한 에너지를 얻기 위해 이란을 지원해 주는 경우도 사라질 수 있다. 반면 러시아는 더 이상 유럽에 천연가스 송출을 중단하는 것을 미끼로 압력을 행사할 수 없을 것이다.

둘째, 수압파쇄에 반대하는 환경운동가들의 주장은 힘을 잃을 것이다. 지난 6월, 캘리포니아 주의 민주당 지도자들은 '수압파쇄 중지 법안'을 통과시키려 했다. 그러나 이 법안에 반대하는 25명의 공화당 의원들과 12명의 민주당 의원들이 힘을 합쳐 37대 24로 법안은 부결되었다. 법안에 반대한 민주당 의원들은 캘리포니아 중부 소속으로 그곳은 실업률이 12%나 늘어난 지역이다. 실업률은 캘리포니아 주뿐만 아니라 미국 전체, 더 나아가 전 세계 여러 국가의 최대 관심사이므로, 환경운동가들의 주장은 힘을 잃을 것이다.

현재 미국 다코다 주에서는 셰일 가스를 하루 920만 배럴 수출하고 있는데, 2015년 하반기에는 하루 1,200만 배럴로 늘어날 것이다. 셰일 가스가 미국 경제에 미치는 영향력은 막대할 것이다. 2035년에 미국은 셰일 가스로 100% 에너지 독립이 가능해질 것이다. 셰일 가스 수출은 미국 경제의 밑받침으로 작용할 것이며,

미국의 에너지 수입이 줄어들면서 무역수지가 개선되고 달러화는 강세를 띨 것이다.

셋째, 셰일 가스는 미국뿐만 아니라 주요 선진국들이 관심을 갖는 미래 에너지다. 2104년 4월 25일, 박근혜 대통령과 버락 오바마 대통령은 정상회담에서 셰일 가스 등 및 에너지 분야에서 협력을 강화하기로 했다. 이 소식이 전해지자 한국의 SH에너지화학이 28일 코스피 주식시장에서 전날보다 33원, 4.02% 오른 853원에 거래되었다. 현재 한국은 에너지의 97%를 해외에서, 주로 중동에서 수입하고 있다. 2017년에는 중국, 아르헨티나, 남아프리카공화국 등의 국가들도 셰일 가스를 개발할 수 있다. 따라서 한국 기업들은 앞으로 10년 안에 미국에서 셰일 관련 기술을 습득해야 미래 시장을 선점할 수 있을 것이다.

18

마이크로 그리드,
전력난 시대의 대안

허리케인 샌디 Hurricane Sandy 가 2012년 10월 미국 동부 해안을 강타했을 때, 미국의 전력 그리드가 폭풍 및 자연 재해, 테러 공격에 얼마나 취약한지 다시 한 번 증명되었다. 에너지국 Department of Energy, DOE 에 따르면 샌디의 여파로 850민 가구와 사업장의 진기가 끊겼다. 징전의 여파는 대단했다. 생산에 차질이 발생해 추정 피해액만 57억 달러에 이르렀다.

허리케인 샌디는 전력을 일으키고 공급하는 데 있어 피해 복구력이 뛰어난 좀 더 새로운 시스템에 대한 수요를 촉진시켰다. 과거 수년 동안, 정전 횟수가 증가했을 뿐만 아니라 천연가스와 태양열 패널의 가격 인하로 마이크로 그리드 micro grid, 기존의 광역적 전력시스템으로부터

독립된 분산전원을 중심으로 한 국소적인 전력공급시스템. 기존 전력시스템과 상호보완적인 관계를 신속하게 구축해야 한다는 목소리가 높아지고 있는 것이다.

마이크로 그리드는 스마트 그리드smart grid, '지능형 전력망'이라는 뜻으로 전력회사의 통합제어 센터와 발전소, 송전탑, 전주, 가전제품 등에 설치된 센서가 양방향으로 실시간 정보를 교환하며, 최적의 시간에 전력을 주고받음으로써 가장 효율적인 전력의 생산과 소비가 가능한 시스템와 마찬가지로 전력 배분 방식의 일종인데, 스마트 그리드는 전체 전력망을 정보 수집을 통해 유기적으로 통제하는 것이라고 한다면, 마이크로 그리드는 소규모의 전력공급원 내에 필요한 전력을 상황에 맞게 통제하는 것을 말한다. 마이크로 그리드는 스마트 그리드와 함께 현재의 전력 공급 시스템을 업그레이드하는 대안으로 떠오르고 있다.

백악관 보고서에 따르면, 기후로 인한 정전의 경제적 여파는 심각한 수준이다. 2003년부터 2012년까지 530억 달러 이상의 손실이 발생했다. 「월스트리스 저널 WSJ」은 기업들이 5%의 전력을 자체 공급하려는 이유가 여기에 있다고 보도했다. 전력을 생산하는 비용이 전력을 구매하는 비용보다 저렴해지면서 2006년 이후로 전력 생산 부서가 1만 개에서 4만 개로 늘어났다.

태양열 시스템의 비용은 10년 만에 50%까지 떨어졌다. 지난 4년 동안 태양열 모듈의 가격이 80% 저렴해졌기 때문이다. 반면 연방 정부와 주 정부의 보조금 정책도 태양열 시스템에 대한 비용 부담을 줄여주었다.

태양에너지는 전력 생산의 일부일 뿐이다. 여러 기업들은 풍력 발전기나 바이오매스 biomass, 에너지원으로 이용되는 식물, 미생물 등의 생물체를 통해 전력을 생산해 오고 있다. 그러나 이보다는 연료 전지나 소규모 가스 터빈, 피스톤식 기관이 더 많이 이용될 것으로 보인다. 이들은 천연가스로 작동되고, 앞으로 천연가스는 저렴해지고 풍부해질 것이기 때문이다.

수압파쇄와 같은 새로운 기술을 동해, 기업들은 더 신뢰할 수 있고 비용 면에서 효율적인 전력 그리드를 이미 구축해 가고 있다. 다음 사례들을 보자.

●크로거 Kroger 슈퍼마켓 체인은 낙농장에는 풍력 터빈을, 4곳의 식품점에는 태양 패널을 설치해 생산되는 전력으로 연간 1억 6천만 달러를 절감하고 있다.

●월마트 Wal-mart 는 매장 지붕에 설치된 태양 패널을 사용해 전력의 4%를 자체 공급하고 있다. 2020년까지 이러한 전력을 20%까지 더 늘릴 계획이다.

●애플 Apple 은 태양 패널과 연료 전지를 통해 전체 전력의 15%를 자체 생산하고 있다.

●BMW는 쓰레기 매립지에서 발생하는 메탄을 태워 가동되는 에너지 센터를 통해 남부 캘리포니아 조립공장에서 사용하는 전력의 50%를 자체 생산하고 있다.

●월그린스 Walgreen's 는 전기를 생산하는 태양 패널을 155개의 점포에 설치했고, 앞으로 200개를 더 설치할 계획이다.

●엔진을 생산하는 SAIC는 천연가스를 태워 그들의 데이터 센터에 필요한 모든 전력을 생산하는 피스톤식 기관을 사용하고 있다.

●베리존 커뮤니케이션 Verizon Communication 은 2014년까지 19곳의 데이터 센터에 1억 달러 상당의 연료 전지와 태양 패널을 설치하겠다고 발표했다.

마이크로 그리드는 연료 전지, 태양광 전지, 풍력 터빈, 혹은 이러한 것들의 조합을 통해 기업과 가정에서 자체 에너지를 생산할 수 있게 한다. 이렇게 되면 중앙 전력이 끊기더라도 마이크로 그리드에 건물이 연결되어 있는 경우 전원이 계속 유지될 수 있다. 또한 중앙 전력이 차단되는 동안 에너지 사용의 우선순위가 정해져야 할 것이

일본 도호쿠 지역에 설치
된 마이크로 그리드 시
설.

다. 병원이나 데이터 센터는 계속 전력이 공급되어야 하고, 그보다
덜 중요한 시설은 그렇지 않을 것이다.

그렇다면 마이크로 그리드의 미래는 어떠할 것인가? 현재의 기술
력과 트렌드를 분석해 볼 때 우리는 4가지를 예측할 수 있다.

첫째, 마이크로 그리드 시장은 전 세계적으로 2020년까지 400억
달러 규모로 성장할 것이다. 낡고 오래되어 상습적으로 정전되는
국가의 중앙 전력 그리드에 의존하지 않고, 자체적으로 전력을 생
산해 안정성을 확보하려는 기업들과 가정들이 늘어날 것이기 때

문이다. 파이크 리서치Pike Research의 보고서에 따르면, 마이크로 그리드로 생산되는 전력의 전체 용량은 2012년 764메가와트에서 2018년 약 4,000메가와트로 4배 이상 수직 상승할 것으로 보인다. 내비간트 리서치Navigant Research의 또 다른 보고서는 북미의 마이크로 그리드가 2020년까지 6기가와트의 전력을 생산할 것으로 예측하고 있다. 이것은 대형 원자력 발전소 6개가 생산하는 전력과 맞먹는다.

둘째, 전력을 생산하는 공공기관은 마이크로 그리드로 인해 매출과 수익이 떨어지면서 그들의 사업 모델이 위협받는 상황을 목도하게 될 것이다. 기업들과 가정들이 점점 더 자체 전기를 생산하면서, 고객의 수가 급감할 것이기 때문이다. 전력을 생산하는 공기업들이 민영화된다면 고객의 이탈은 더욱 심해질 것이다. 수익이 떨어지면 기존의 시설을 업그레이드하는 데 드는 비용을 감당할 수 없으므로 정전이 더 많이 발생할 테고, 소비자 이탈을 피할 수 없기 때문이다.

셋째, 전통적인 전력 생산 기업들은 마이크로 그리드에 관심을 기울일 것이다. 전력 공급 업체 서던 캘리포니아 에디슨Southern California Edison의 모기업은 지붕에 태양에너지 시스템을 설치하는 소코어 에너지 LLCSoCore Energy LCC를 인수했다. 이들은 각종 태양에너지 프로젝트에 자금을 지원하는 클린 파워 파이낸스Clean Power Finance와 이해관계를 맺고 있다.

또, 오하이오에 위치한 전력회사 AEP는 고객들이 자체 전력 생산 시스템을 설치할 수 있도록 도움을 주는 새로운 서비스를 제공할 계획이다. AEP의 CEO는 회사의 경영진에게 다음과 같은 질문을 던지며 기업 혁신을 해야 한다고 말했다. "이곳 이 자리에 계속 눌러앉아 버티다가 결국에는 박물관의 경비가 될 것인가? 아니면 이 새로운 비즈니스로 진입할 것인가?" 전력 공급 시장이 공급자 중심에서 사용자 중심으로 바뀌게 되면서, 고객이 원하는 대로 전기를 자급할 수 있도록 해주는 마이크로 그리드는 성장 가능성이 크다.

넷째, 마이크로 그리드로 안정적인 전기 공급이 가능해지고, 재생 에너지를 효율적으로 이용할 수 있을 것으로 예상된다. 선진국 정부들은 태양력 패널 등을 설치하려는 가정에 자금 지원을 늘릴 것이다. 물론 초기 설치비용이 많이 들기 때문에 모든 가정에 자금 지원을 할 수 없겠지만, 도서 및 산간 지역 등에 우선적으로 자금 지원을 할 것이다.

한국 정부의 경우, 2014년 5월 12일 산업통상자원부에서 미래를 선도할 10대 청정에너지 유망기술을 발표했다. 산업통상자원부는 이날 열린 '제5차 클린에너지장관회의CEM'에서 '10대 청정에너지 혁신기술'을 선정 및 발표했는데, 이 10대 혁신기술에는 마이크로 그리드가 포함되었다. 한국 정부는 도서 및 산간 지역에 마이크로 그리드 시스템을 우선적으로 설치할 것으로 예상된다.

19 메탄올,
미래 에너지로 떠오른다

최근 잠재가스위원회the Potential Gas Committee, PGS의 추정에 따르면, 현재 미국 본토에만 최소 2,384조 큐빅 피트의 천연가스가 매장되어 있다. 이것은 2010년도의 추정치에 비해 486조 큐빅 피트가 늘어난 것이다.

천연가스의 공급이 증가하면서 가격은 떨어지고 있다. 하지만 장기적으로 볼 때 바다 밑에 메탄하이드레이트 형태로 보존되어 있는 천연가스에 비하면 이 규모는 왜소해 보인다.

그러나 최근 비약적인 기술 발전으로, 천연가스를 통해 메탄올을 이용할 수 있게 되었다. 화학적으로 성분을 분석하면 천연가스의 주성분은 메탄이다. 메탄의 탄소 원자를 둘러싼 4개의 산소 원자 중 하나가 수산기 水酸基, hydroxyl group로 변함으로써, 그 가스는 액체로 변한다.

메탄올은 사람이나 동물이 먹는 옥수수나 기타 다른 농작물을 희생하지 않고도 에탄올의 가장 가치 있는 속성을 그대로 갖고 있다. 게다가 메탄올을 생산하는 데 드는 비용은 에탄올보다 저렴하다. 그러나 오늘날 우리가 널리 쓰고 있는 가솔린은 메탄올이 아닌 에탄올과 혼합한다. 1970년대, 카터 Jimmy Carter 행정부는 에탄올 생산에 보조금을 지불함으로써 경제적 재앙을 방지하려고 시도했다. 현재 미국은 거의 대부분 연료용으로 매년 138억 갤런의 에탄올을 생산한다.

에탄올은 생산하는 데 드는 비용이 저렴하지 않을 뿐만 아니라 매우 중대한 결점을 갖고 있다. 1차적인 문제는 그것이 옥수수를 이

에탄올은 옥수수를 이용해 생산되는데, 에너지 생산자와 옥수수 생산자 간의 경쟁으로 곡물 비용이 상승하고 있다.

용해 생산된다는 점이다. 즉, 수요가 커질수록 에너지 생산자와 옥수수 생산자 간의 경쟁으로 곡물 비용이 상승하고 있다. 오늘날 미국의 옥수수 중 40%는 에탄올을 생산하는 데 쓰인다. UN 식량 농업기구 UN Food and Agricultural Organization 는 이러한 바이오 연료를 "인류에 대한 범죄"라고 맹비난해 오고 있다.

1970년대까지만 해도 천연가스로부터 생산되는 메탄올은 천연가스의 공급이 부족해 수지에 맞지 않았다. 또한 추출하기도 어려웠고, 이로 인해 가솔린보다 메탄올의 가격이 높게 형성되어 있었다. 심지어 2005년까지도 그랬다. 2005년 천연가스의 추출 비용은 1천 큐빅 피트당 11달러인데, 가솔린의 가격은 1갤런당 2달러였다. 하지만 이제 새로운 에너지 혁명인 수압파쇄 기술로 1천 큐빅 피트당 천연가스 추출 비용이 약 2달러로 낮아졌고, 반면 가솔린은 1갤런당 3.3달러까지 치솟았다.

천연가스의 가격은 갈수록 극적으로 떨어지고 있기 때문에 메탄올의 생산은 더 늘어날 것이다. 그런데 메탄올을 생산하는 데에는 세 가지 장애물이 있다. 두 가지는 기술적 문제이고, 하나는 규제와 연관된다.

첫 번째 기술적 문제는 메탄올의 생산을 늘리는 것이다. 여러 가지 방식 중 가장 쉬운 것은 증기를 통한 추출 방식인데, 이 방식이 비용적으로 효율성을 갖추려면 충분한 규모의 천연가스가 필요하다. 이제 미국 본토에서 대규모의 천연가스가 확보됨으로써 이 문제는 더 이상 문제되지 않을 전망이다.

두 번째 기술적 문제는 메탄올로 달리는 자동차를 생산하는 것이다. 그러나 이것도 더 이상 문제되지 않을 전망이다. 예를 들어, 지난 수십 년 동안 경주용 자동차는 메탄올을 연료로 사용해 왔다. 캘리포니아 주는 많은 이동 수단들이 메탄올을 사용할 수 있도록 허용하고 있다. 오늘날, 미국의 수많은 플렉스 차량flex-fuel car, 100% 에탄올이나 100% 휘발유 또는 두 물질의 혼합물을 모두 연료로 사용할 수 있는 자동차, 혼합비를 자동적으로 분석해 엔진을 조정하기 때문에 값싼 연료를 골라 쓸 수 있음이 메탄올을 호환해 사용하고 있다. 다른 차량들도 200달러의 비용만 들이면 메탄올을 연료로 사용할 수 있도록 변형될 수 있다.

더 중요한 점은 기존의 연료 공급 인프라들이 메탄올 공급에도 활용될 수 있다는 것이다. 미국은 이미 19개의 메탄올 공장을 보유

미국의 플렉스 차량.

하고 있는데, 이 공장들에서 매년 26억 갤런의 메탄올을 생산하고 있다. 천연가스를 생산하는 주요 파이프라인을 따라 새로운 공장들이 전략적으로 들어설 수도 있고, 트럭을 이용해 기존 가스 충전소로 이동할 수도 있다. 에탄올과 가솔린을 위해 쓰이는 기존의 저장 시설과 펌프들이 메탄올을 위해 사용될 수도 있다.

메탄올은 가솔린 형태의 엔진뿐만 아니라 자동차와 상업용 차량에 사용되는 디젤 엔진에도 적합하다. 실제로, 스웨덴의 기술자들은 메탄올로도 매우 효율적이면서 공해 없이 운용될 수 있도록 트럭과 선박의 디젤 엔진을 개조하는 획기적인 기술들을 연이어 개발했다.

그러나 가장 큰 장애물은 메탄올의 확대를 방해하는 규제이다. 대체에너지의 확대를 주장해 오고 있는 자유연료재단the Freedom Fuel Foundation의 창립자 요시 홀랜더Yossi Hollander는 이렇게 말한다.

"환경보호청Environmental Protection Agency이 자동차 배기가스에 대한 규제를 만들 때, 그들은 하나의 연료만을 승인했다. 바로 가솔린이다. 에탄올은 첨가제로 분류된다. 메탄올을 규제할 것인지 첨가제로 분류할 것인지, 이것이 현재의 문제이다."

즉, 천연가스의 대량생산이라는 횡재에도 불구하고, 미국은 메탄올 이용을 규제하고 있다. 반면 이러한 규제가 없는 다른 나라들은 자동차들이 메탄올로 도로를 달릴 수 있도록 여러 가지 프로그램을 도입하는 데 있어 이미 진일보를 이루고 있다.

이스라엘을 보자. 이스라엘 정부는 85%의 가솔린과 천연가스에서 생산된 15%의 메탄올을 혼합한 M15로 달리는 자동차들을 테스트 중이다. 이스라엘 하이파 Haifa 에 소재한 도르 케미컬스 Dor Chemicals 가 M15를 생산하고, 텐 정유사 Ten Petroleum 가 소유한 가스 충전소가 테스트를 지원하고 있다. 텐 정유사의 CEO 대니 벤-네르 Danny Ben-Ner 는 "우리는 이 혼합물을 사용하는 데 있어 자동차나 가스 충전소 설비의 어떤 것도 변화를 줄 필요가 없다는 것을 확인하고자 합니다"라고 말한다.

워싱턴 DC의 싱크탱크인 국제안보분석연구소 Institute for the Analysis of Global Security, IAGS 는 이스라엘의 이 프로그램을 면밀히 모니터링하고 있다. 이들은 기존 자동차들이 메탄올 혼합물로 운용될 수 있다는 점을 미국 정부와 자동차 기업에게 이 실험 결과를 보여줄 계획이다.

미국과 마찬가지로 이스라엘은 메탄올 생산에 이용될 수 있는 천연가스가 풍부한 국가이다. 중국은 아직까지 이 행운을 누리지 못하고 있다. 가솔린의 대체재인 메탄올을 생산하는 데 석탄을 이용하고 있기 때문이다. 그러나 광대한 양의 천연가스의 수혜가 없어도 중국의 메탄올은 가솔린보다 50% 저렴한 비용으로 생산될 것으로 기대된다. 더욱이 메탄올은 완전 연소가 되기 때문에, 대기 오염으로 고통받고 있는 중국 대도시의 환경 개선에도 큰 도움이 될 것이다.

그렇다면 메탄올의 미래는 무엇인가? 세 가지 예측이 가능하다.

첫째, 개방연료기준법 the Open Fuel Standard Act에 대한 지지가 확산되면서, 미국에서 메탄올에 대한 규제가 사라질 것이다. 이 법안은 자동차 제조사들이 에탄올 대신 다른 일반 대체연료로도 도로를 달릴 수 있는 자동차를 만들도록 요구한다. 어떤 대체연료가 통용될지는 시장이 결정할 것이다. 이 제안은 이미 의회에 상정되어 있고, 이미 초당적 지지를 확보하고 있다. 단, 옥수수로 생산되는 에탄올에 대한 수요를 줄이지 않기 위해 기업들이 정치인들에게 로비 활동을 벌일 것으로 예측된다.

둘째, 미국은 현재 매년 7,800억 배럴의 원유를 외국에서 수입하고 있는데, 앞으로 미국의 원유 해외 의존도가 낮아질 것이다. 원유를 메탄올로 대체함으로써 얻게 되는 혜택은 이러한 무역 불균형의 해소에 그치지 않는다. 원유 수출국의 정치적 불안정으로 인해 에너지 수급이 위협받는 상황에서 벗어남으로써 국가의 안정성도 향상될 것이다.

셋째, 1992년 6월 브라질의 리우데자네이루에서 개최된 유엔환경개발회의에서 160여 개 국가의 서명으로 기후변화협약United Nations Framework Convention on Climate Change, UNFCCC이 체결되었다. 기후변화협약은 기후변화에 따른 피해가 인류의 공동 관심사임을 명시하고 있다. 산업화에 따라 대기 중 온실가스의 농도가 급격히 증가하고 있으며, 이로 인하여 온실효과가 가속화되고 있음을 우려해 만든 것이다. 이 협약을 체결한 국가는 사회·경제적 여건에 맞게 온실가스를 절감하기 위해 노력해야 한다. 갈수록 지구촌이 환경 문제에 관심을 가질 것이므로, 석유에 비해 친환경적인 에너지인 메탄올이 각광받을 것이다.

석유가 아닌 메탄올을 사용함으로써 환경은 훨씬 더 좋아질 것이다. 에너지 장관 어니스트 모니즈Ernest Moniz와 MIT가 공동 주관해 작성한 2011년 연구 보고서는 메탄올이 교통 환경 측면에서 천연가스를 활용하는 최상의 방법임을 말해 주고 있다. 캘리포니아 에너지 위원회가 주관한 테스트에서 메탄올이 가솔린보다 훨씬 더 적은 배기가스를 생성한다는 사실이 확인되었다. 또한 가솔린과 메탄올을 섞은 혼합물이 가솔린만 태우는 것보다 배기가스가 적게 생성된다는 사실도 밝혀졌다. 산성비와 스모그의 주범인 일산화질소의 배출 수준이 매우 낮게 나타난 것이다. 더 중요한 것은 석탄을 태울 때 발생하는 이산화탄소를 감소시키거나 격리시키는 것 대신, 그 이산화탄소가 비용 면에서 효율적으로 메탄올로 전환될 수 있다는 점이다. 서던 캘리포니아대학 University of Southern California의 로커 하이드로카본 연구소 Loker Hydrocarbon Research Institute와 같은 연구소들이 그와 관련된 기술을 이미 개발했다. 이 기술을 이용하면 불필요한 쓰레기 산출물이 가치 있는 원자재로 거듭날 수 있다.

20 산업용 인터넷, 기업의 생산성을 향상시킨다

지난 10년 동안 소비자 인터넷consumer internet 은 미디어, 커뮤니케이션, 광고 시장을 완전히 변모시켰다. 그리고 이제 인터넷이 산업 영역을 완전히 바꿀 준비를 갖추고 있다. 산업용 인터넷industrial internet 이 바로 그것이다. 산업용 인터넷이란 무엇인가? 우리 세상에 어떤 변화를 가져다줄 것인가?

소비자 인터넷에는 사회적 관계, 단순화된 구매, 정보 접근성 등의 특징이 나타나는데, 이는 기업들에게 금전적 보상을 즉시 제공하지는 않았다. 산업 영역에 인터넷의 도입이 느린 이유가 바로 여기에 있었다. 물론 회사나 기업들은 소비자를 대상으로 상품과 서비스를 판매하는 데 인터넷을 적극적으로 활용해 왔다. 그러나 상품이나 서비스, 즉 제품 그 자체로 볼 때 인터넷 기술은 그다지 큰 이로움이 없었다. 생산성을 향상시키는 명쾌한 방법을 인터넷이 보여주지 않았기 때문이다.

하지만 산업용 인터넷이라는 새로운 변화가 일어나고 있다. 산업용 인터넷은 '사물인터넷'의 개념을 더 넓게 적용하고 있다. 똑똑하고 지능적인 기계와 장비들을 서로 연계함으로써, 물리적인 산업의 세계가 완전히 새로운 방식으로 디지털 지능과 능력의 수혜를 받게 되는 것이다.

산업 인터넷 시대가 열리면 현장 장비들은 디지털로 연계된다. 즉 장비들이 데이터를 서로 수집하고 커뮤니케이션할 수 있다. 이것은 키네틱 컴퓨팅kinetic computing, 움직이는 컴퓨팅과 같은 용어로 설명된 것이기도 하며, 산업용 인터넷은 온라인 데이터의 활용 가능성을 증대시켜 운영 방식을 더 향상시킨다. 특히 빅데이터 시대를 고려할 때 더욱 그렇다. 실제로 산업용 인터넷의 완벽한 현실화를 이루는 데 필요한 것은 데이터의 폭발, 즉 빅데이터에 있다. 실시간으로 예측함으로써 산업이 작동하는 데 빅데이터가 투입되고 산업용 인터넷이 작용하는 것이다.

이러한 예측 정보를 산업에 활용하는 것은 작업 능력을 향상시키는 것 이상을 의미한다. 오히려 이것은 산업혁명 이후 비즈니스business와 정보information의 가장 의미심장한 조합이라 할 수 있다.

산업용 인터넷은 인공지능, 기계학습machine-learning 소프트웨어

그리고 새롭고 다양한 데이터의 광대한 스트림stream이 가져올 새로
운 파급력을 보여주고 있다. 이 엄청난 데이터는 더 저렴해지고 있
는 기계 장비들과 만날 것이다. 더 작고 효율적인 그리고 더 저렴해
진 센서 장비들이 특히 그렇다. 이러한 센서들이 광범위하게 거의
모든 기계들에 장착되고 있다. 제트 엔진, 발전 터빈, 의료용 장비,
산업 생산 라인과 같은 기계 장비에 센서들이 장착됨으로써, 인간
이 상상도 못할 어마어마한 데이터들이 생성되는 것이다.

　이것은 다양한 종류의 가공되지 않은 정보들이 IBM의 왓슨
Watson, 애플의 시리Siri, 구글의 검색엔진의 후방에서 서로 연계되고
활용되는 것과 같은 이치이다. 이러한 스마트 장비들이 가공되지 않
은 날것의 정보들을 이용 가능한, 활용성 높은 정보로 탈바꿈시킨
다. 이것은 공급 체인과 연결된 모든 장비들로부터 쏟아져 들어오는

애플의 시리.

정보들을 추출하고 함의를 분석하는 새로운 소프트웨어와 분석 도구들 덕분이다.

더 많은 장비가 인터넷과 연결됨으로써, 그 장비들은 광범위한 지적 네트워크의 일부가 되어 문제를 예견하는 분석력을 높이고, 산업 생산과 프로세스, 플리트fleet, 네트워크의 성능을 최적화시킨다. 예를 들자면 이렇다.

- 제트 엔진에 설치된 센서 장비는 기계적 실패 혹은 결함을 예측할 수 있다. 제트 엔진의 성능과 작동을 좀 더 면밀하게 분석할 수 있기 때문이다. 이로 인해 선제적으로 항공기의 정비가 가능하다. 즉, 이륙 전에 갑자기 일어날 수 있는 문제를 사전에 방지 및 해결함으로써 연착과 같은 지연 문제를 대폭 줄일 수 있다. 센서는 대부분의 장비들을 더 스마트하게 만든다. 일정에 어긋나지 않도록 정비할 수 있고, 고장을 사전에 예방하여 지연 시간을 최소화할 수 있다. 따라서 우리는 비행기와 자동차, 선박 사고 등 안전사고를 피할 수 있다.
- 의료기관들은 센서를 활용함으로써 의료장비들이 현재 사용 중인지 아닌지를 알아내 정확한 배치 상황을 추적할 수 있다. 이러한 정보는 의료장비들의 활용도를 높일 수 있고, 환자들의 상황과 의료기관의 절차에 맞게 더 효율적으로 진료를 이끌어내도록 돕는다. 이로 인해 많은 환자들이 더 저렴한 비용으로 의료 서비스를 이용할 수 있다.

엄청난 양의 데이터를 실시간으로 수집할 수 있는 이러한 새로운 능력은 데이터를 분석하고 사용하는 데 있어 전례 없이 혁신적인 방법을 제공하고 있는 클라우드 컴퓨팅과 조화를 이루고 있다. 모바일 기술의 혁명은 정보 공유 및 분산의 최적화를 더 향상시킬 것이다. 그 결과, 모든 산업 분야의 기업들이 산업용 인터넷의 수혜를 직접 받기 시작했다. 예를 들어 보자.

- 새로운 정보 연계는 MRI 데이터의 이동과 전달을 향상시키고 있다. 즉, 의사가 특정 환자의 MRI 자료를 찾아야 하는 대신 이러한 정보가 그 환자에 맞는 적절한 의사를 '검색'할 수 있다.

- 위험하고 막대한 피해 비용을 초래하는 대규모의 정전 사태를 방지하기 위해, 각종 센서들이 변압기와 전신주에 설치되고 있다. 이 센서들은 현 상황 정보를 정확하게 실시간으로 전달함으로써, 전력 회사와 전력 사용자들에게 사전 경고를 알려준다. 정전 사태가 발생할 경우 이 센서들은 즉각적으로 문제가 무엇인지를 정확하게 밝혀낸다.

- 농업 분야에서 습도 센서가 관개에 활용되고 있다. 이 센서로 물 사용량을 크게 줄일 수 있다.

- GE와 엑센추어 Accenture 가 합작 투자한 한 회사는 항공 운항의 효율성을 향상시키기 위해 소프트웨어 및 데이터 관리, 분석 서비스를 활용하고 있다. 이들 솔루션은 향후 15년간 연료비용을 약 300억 달

산업용 인터넷 분야의 초기 선두 주자인 GE는 이 기술을 이용하면 150억 달러의 절감 효과를 낼 것으로 예측하고, 모든 산업 분야의 제품에 센서를 계속 장착하고 있다. 기업들이 이러한 센서를 활용할 경우 그 절감 효과는 앞으로 20여 년 안에 수십 배 이상 더 커질 것이다. 이러한 산업용 인터넷의 성장으로 다음과 같은 일들이 벌어질 것이다.

10년 후 세계
Report

첫째, 산업용 인터넷은 앞으로 10년 동안 시장을 뒤흔들 것이다. 초기의 디지털 혁명은 IT 그 자체였다. 소비자 인터넷이 과거 20여 동안 엔터테인먼트 산업과 광고 산업을 새편했듯, 산업용 인테넛이 전 산업 분야로 파급될 것이다. 그 과정에서, 각종 비즈니스들이 창조될 것이다. 이미 우리는 에너지 산업과 의료 산업 분야에서 산업용 인터넷이 활용되고 있는 모습을 목도하고 있다. 2013년 다보스포럼에서 존 라이스 John Rice GE 부회장은 산업용 인터넷을 미래 산업으로 손꼽았다. 그는 "소프트웨어와 애플리케이션에 많은 관심을 두고 지난 10년간 소프트웨어 부문을 강화해 왔다. GE의 주요 생산품인 엔진, 가스터빈, 헬스케어 장비에 이미 많은 소프트웨어가 들어가 있다. 신체 촬영에 필요한 방사능 양을 낮추고 더 좋은 이미지를 촬영하기 위해 CT장비에 최첨단 디지털 기술을 적용하는 등 소프트웨어와 애플리케이션을 활용할 것이다"고 말했다. 또 라이스 부회장은 "제트 엔진 상태를 실시간으로 확인하면서 엔진 성능을 높이고 제품의 생산성을 끌어올리는 데 소프트웨어는 핵심 열쇠"라면서 "소프트웨어를 활용해 엔진 기능을 1%만 개선해도 추가 수익을 많이 올릴 수 있다"고 강조했다.

소니와 닌텐도 등 과거에 잘나갔던 일본의 기업들은 하드웨어를 기반으로 한 기업들이었다. 이들이 최근 삼성에 밀리는 것은 소프트웨어의 가치를 외면했기 때문이다. 마찬가지로 새로운 대세로 떠오르고 있는 산업용 인터넷을 활용하는 기업이 미래 시장을 주

존 라이스 GE 부회장.

도할 것이다.

둘째, 산업용 인터넷은 기존의 일자리를 없애는 동시에 새로운 일자리를 창출할 것이다. 산업용 인터넷이 산업 전반에 영향을 끼치면 자연적으로 기존의 일부 직업군을 파괴할 것이다. 그러나 산업용 인터넷은 다양한 분야에서 새로운 직업군을 창출할 것이다. 그런데 산업용 인터넷을 잘 활용하려면 인재 교육이 필요하다. 산업용 인터넷 시대에는 블루 컬러와 화이트 컬러의 경계가 허물어지고, 블루 컬러 노동자들도 소프트웨어와 애플리케이션을 활용한 제조 기술을 학습해야 한다. 따라서 기업의 달라진 작업 환경에 필요한 인재들을 교육시켜주는 업무 교육 관련 업체도 생길 것이다.

셋째, 산업용 인터넷은 특히 원료와 에너지 산업 분야에서 두각을 나타낼 것이다. 미국의 경우, 에너지와 각종 원료 산업에서 이미 그 경쟁력을 입증받고 있나. 이러한 성생력은 저렴한 인건비로 부장한 중국과 동남아시아 국가들의 경쟁력을 상쇄할 정도다. 또한 이러한 경쟁력은 미국의 기술 혁신 및 대규모의 시장과 연계되어 시너지 효과를 내고 있다. 향후 10년 내에 미국의 경제적 3대 강점 산업용 인터넷 기술의 활용과 보급, 기술 혁신, 대규모의 시장 은 미국 경제에 크나큰 도움이 될 것이다. 더 높은 임금의 일자리와 더 높은 수준의 생활을 이끌어낼 것이다.

생명공학

100세 시대가 시작된다

21. 원격진료, 의료민영화의 빛과 그림자 22. 라파마이신, 평균수명이 110세까지 늘어난다 23. 의료 혁명, 장애인과 난치병이 사라진다 24. 의사 부족 사태, 전 세계 의사들이 미국으로 몰린다

21 원격진료, 의료민영화의 빛과 그림자

2014년 3월, 세계 최고 SNS 페이스북 Facebook 은 '왓츠앱 WhatsApp' 을 160억 달러에 인수하기로 결정한 뒤 얼마 지나지 않아 가상현실 기기 업체인 오큘러스 VR Oculus VR 을 20억 달러에 인수하기로 결정했다. 미국 캘리포니아 주에 위치한 오큘러스는 21세의 청년 팔머 럭키 Palmer Luckey 가 2012년에 설립한 회사로, 가상현실 체험기기를 제작하고 있다. 이 기기를 착용하면 가상현실을 이용한 게임과 온라인 강의 수강 그리고 원격진료도 할 수 있다.

원격진료는 정보통신기술 ICT 을 이용해 원거리에 의료 정보와 의료 서비스를 전달하는 모든 활동을 일컫는다. 의사가 정보통신망을 통해 환자에게 상담이나 처방을 해주는 방식의 진료이다. 이러한 진료가 확산되면 우리의 생활은 크게 달라질 것이다.

2007년부터 미국 캘리포니아 주의 칠드런스 파트너십Children's Partnership은 학생들이 멀리 떨어져 있는 의사에게 원격진료를 받을 수 있도록 특수 장비와 네트워크를 설치했다. PC나 노트북을 통해 의사와 학생은 화상채팅을 할 수 있고, 귓속을 검사하는 이경검사기와 피부와 입 안을 촬영할 수 있는 특수카메라, 청진기, 스캐너 등의 장비가 장착됐다. 최근 미국 공립학교들은 의료서비스를 받기 힘든 시골 지역의 어린이나 저소득층 학생을 위해 학교에서 원격으로 의사의 진료를 받을 수 있는 원격진료 네트워크를 구축하고 있다. 천식, 소아비만, 발달장애, 자폐증, 주의력결핍과잉행동장애ADHD 등을 앓는 학생들은 원거리에 있는 의사에게 원격진료를 받는다. 진료를 마치고 처방전을 발급받으면 가까운 약국에서 조제약을 받을 수도 있다.

칠드런스 파트너십이 개발한 원격진료는 2007년 캘리포니아 주에 거주하는 240만 명의 어린이 가운데 68만 3천 명의 어린이가 건강보험이 없고 81만 1천 명의 어린이가 의료비 부담 때문에 진료를 받지 못한다는 통계자료를 토대로 시작됐다. 캘리포니아 주정부의 적극적인 지원을 받고 후원금을 모금해 장비와 네트워크를 구축했고, 학생들에게 무상으로 원격진료를 제공하게 되었다.

이와 비슷한 예로, 미국에는 '메디케어Medicare, 65세 이상 혹은 소정의 자격 요건을 갖춘 사람에게 건강보험을 제공한다. 1965년 7월 30일 린든 존슨 대통령 때 제정되었

미국의 메디케어는 65세 이상 혹은 소정의 자격 요건을 갖춘 사람에게 건강보험을 제공하는 사회보장제도이다.

다.'라는 사회보장제도가 있는데, 1997년부터 원격진료에도 보험혜택을 적용하고 있다. 또, 미국의 20여 개 주에서는 보험사에 고용된 의사가 원격진료를 하고 있다. 이 시스템을 이용하면 45달러 정도의 비용으로 의사에게 10분가량 진료받을 수 있다. 이는 1차 의료기관이 부족해 의료비가 높은 편인 미국 의료계의 현실을 감안하면 매우 경제적인 비용이다. 대신 이러한 방식의 원격진료는 기본 진료와는 달리 혈액 검사, 영상진단 검사 등 별도 검사를 거의 하지 않는다. 원격진료를 하는 의사는 책상 하나와 컴퓨터 모니터 두 대가 놓인 작은 사무실에서 보험사에 고용되어 일한다. 많은 수의 환자를 진료하는 의사는 일반 병원에서 일할 때보다 많은 수익을 올릴 수도 있다.

하지만 그 반대의 경우에는 일반 월급쟁이보다 나을 게 없다. 참고로, 미국에서는 원격진료에 대한 시선이 주마다 다르다. 텍사스 주와 오리건 주, 워싱턴 주에서는 안전상의 이유로 원격진료에 반대하고 있다. 여하튼 이 시스템을 서비스로 선보이는 보험사는 소비자에게 "우리 보험에 가입하면 스마트폰으로도 의사와 만날 수 있다"며 유혹하고 있다.

또, 최근 노르웨이는 노인들에게 IT 기기를 제공하고 의료·건강 관리·보안·응급 시스템을 지원하는 원격진료 시스템을 도입했다. 복지 선진국인 북유럽 국가들에서 의료시설이 부족한 소도시의 노인 건강을 위해 이러한 시스템을 도입한 것이다. 마찬가지로 일본은 1997년부터 만성질환 환자의 재택 상담에 원격진료를 도입했고, 싱가포르는 2015년까지 원격진료의 보편화를 위해 개인 의료정보를 통합하고 있다.

원격진료를 포함해 IT와 의료 서비스를 접목한 '유비쿼터스-헬스케어 U-Health Care'는 차세대 성장산업으로 성장할 것이다. 영국의 BBC리서치 BBC Research 에 의하면 세계 유비쿼터스-헬스케어 산업은 2018년이면 4,987억 달러 규모로 성장할 전망이다. 최근에 열린 소비자가전전시회 CES 에서 영상회의 전문업체인 비됴 Vidyo 는 지하철역이나 편의점 등 도시 곳곳에 설치하는 원격의료 장비 '헬스스팟 HealthSpot'을 선보였다. 미국 뉴저지 주에서 2006년에 설립한 이 회사가 개발한 헬스스팟을 이용하면 환자가 원하는 시간에 양방향

고화질 영상기기로 의사 상담과 처방을 받을 수 있다.

사람과 사람, 사람과 사물 간의 소통은 물론, 세상의 모든 사물이 네트워크로 연결되는 사물인터넷 Internet of Things 기술도 의료 기술을 발전시키고 있다. 디지털 헬스케어 업체인 프로테우스바이오메디컬이 개발한 쌀알 크기의 스마트 알약 '헬리우스 Helius'는 약에 포함된 센서가 위에 머물면서 생체정보를 의사에게 실시간으로 전송한다. 의사는 환자가 제시간에 약을 먹었는지, 환자의 몸에 이상이 없는지 등을 실시간으로 확인할 수 있다. 물론 담당의사는 원격으로 해당 내용을 파악하고 적절한 처방을 내릴 수 있다.

또 얼마 전부터 각광받기 시작한 바이오-나노프린팅 Bio-Nanoprinting 기술이 원격의료에 접목될 수도 있다. 바이오-나노프린팅 시대가 열리면 생체 정보와 바이오 화학 기술이 인터넷을 통해

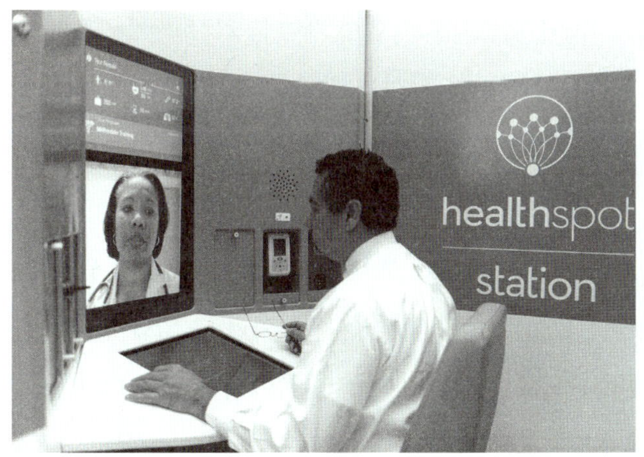

원격의료 장비 헬스스팟.

전송될 것이다. 얼마 전부터 3D 나노프린팅 기술이 각광받고 있는데, 이 기술은 컴퓨터에 설치된 프로그램을 통해 매우 정밀한 입체적인 피사체를 만들어내는 기술이다. 피사체를 나노 분자 단위로 얇게 한 겹 한 겹 쌓아올리면서 프린트하는 것이다. 전문가들은 3D 나노프린팅의 시장 규모가 30억 달러까지 성장할 것이라고 예측한다. 또, 바이오프린팅은 세포나 성장인자를 찍어내 3차원의 조직이나 장기를 만들어내는 기술이다. 바이오프린팅이 나노프린팅과 융합되어 바이오-나노프린팅이라는 새로운 기술이 탄생하게 되었는데, 이 기술은 새로운 유기체와 분자 단위의 생명체를 창조해낸다.

이 새롭고도 대담한 신기술을 이끌어낸 장본인은 미국의 유전학자 크레이그 벤터 Craig Venter 이다. 그는 셀레라 제노믹스 Celera Genomics 사와 TIGR The Institute for Genomic Research 의 창립자이다. 벤터는 2000년에 인간 게놈의 염기서열을 알아낸 최초의 과학자 중 하나로 널리 알려졌고, 2010년에는 최초로 합성 게놈을 가지고 세포를 만들어냄으로써 또 한 번 언론의 관심을 받았다. 2012년 11월에 열린 「와이어드 Wired」 지의 컨퍼런스에서 크레이그 벤터는 다음과 같이 말했다.

"우리는 단백질과 바이러스를 빛의 속도로 이동시킬 수 있는 방법을 발견했습니다. 우리는 생명체를 디지털화할 수 있습니다. 그리고 그것을 빛의 속도로 전송해서 다른 한쪽에서 그것을 다시 만들어낼 수 있습니다."

이 말은 언젠가는 과학자들이 '이메일로 의료용 백신을 전송할 수 있다'는 것을 의미한다. 언제 어디에서 전염병이 발생될지도 모르는 현 상황에서는 질병이 발생했을 때 최대한 빨리 백신을 공급하는 것이 중요하다. 현재 기술로는 연구자들이 백신을 만들어 의약회사가 이것을 대량생산하고 전 세계로 유통시키는 데는 몇 주 내지 몇 달이 걸린다. 그사이에 환자들은 소중한 생명을 잃게 된다.

바이오-나노프린팅을 활용하면 바이러스가 위협하는 곳이라면 어디든지 그 지역의 의사에게 이메일로 백신이 전송될 것이다. 덕분에 의료진은 환자들에게 백신을 빠르게 투여할 수 있을 것이다. 환자마다 투여할 백신을 프린터로 연속적으로 찍어내는 방식이 아닌, 무해한 박테리아에 유전자를 접목시키는 방식으로 단 몇 시간 만에 수십억 개의 분량을 확보할 수 있을 것이다. 이러한 신기술이 원격진료에도 활용될 것이다.

하지만 원격진료는 아직까지 널리 확산되지는 않았다. 전문가들이 가장 우려하는 것은 원격진료의 안전성이다. 경미한 증상의 환자가 아니라 심각한 증상을 앓고 있는 환자의 경우에는 대면진료를 휴대전화나 컴퓨터를 이용하는 원격진료로 대체하면 오진의 위험성이 크기 때문이다. 또 현재의 IT 기술로는 의사의 대면진료보다 정확한 진료를 기대하기 힘들다. 의사들은 오감을 이용해 환자의 건강 상태를 파악하는데, 현재의 기술로 수치 환산이 가능한 것은 체온, 혈압, 혈당, 맥박, 심전도 정도이다.

이 같은 이유 때문에 원격진료는 전 세계적으로 확산되지 못했다. 미국의 일부 기업과 민간보험사들에서 비싼 진료 서비스를 대체하기 위해 시험적으로 도입하고 있다. 인도네시아, 필리핀 등 섬이 많은 개발도상국에서 시행되는 원격진료는 소외된 사람들만을 위한 의료 서비스이다. 일본의 원격진료도 복지 서비스의 형태로만 제공되고 있다. 또, 최근 한국에서는 원격진료 도입 문제로 의사협회와 정부가 대립하고 있다.

한국의 현행 의료법은 의사가 환자를 인터넷이나 화상통신 등을 통해 원격으로 진료하는 것을 허용하지 않는다. 한국 정부는 이러한 제약을 없애기 위해 2013년부터 의료법 개정을 추진했지만 의사협회의 반대로 큰 진전을 보지 못하고 있다. 2014년 초에 한국 정부와 의사협회는 여섯 차례의 회의를 거쳐 의료법 개정에 가까스로 합의했지만 국회에서 법이 통과될지는 여전히 불투명하다. 결국 세계 각국에 원격의료가 확산되기 위해서는 사회적 합의가 필요하다.

그렇다면 원격의료가 확산된다면 어떤 일들이 벌어질까?

첫째, 조지워싱턴대학교 George Washington University 의 빌 할랄 Bill Halal 교수가 운영하는 테크케스트 www.techcast.org 에 따르면, 원격의료 시장은 2018년에 미국에서만 4천억 달러 규모로 성장하며, 전 세계적으로는 1조 6천억 달러의 규모로 성장할 것이다. 또, 2018~2020년 무렵에 IBM왓슨 슈퍼컴퓨터가 의사들의 검진 처방을 대체할 전망이다. 현재 로봇이 인간을 대신해 공장에서 위험하고 어려운 일을 하고 있듯이 앞으로 수술은 로봇이 하게 된다.

이러한 흐름에서 원격의료가 허용된다면 개인병원과 종합병원, 보험사와 제약회사 등을 거느린 대기업은 원격의료 환자를 유치하기 위해 치열한 경쟁을 벌일 것이다. 규모의 경제에서 도태된 작은 개인병원들이 몰락하고, 졸지에 실업자가 된 의사들은 대기업이 운영하는 원격진료실에서 월급쟁이 생활을 할 수도 있다.

건강은 인간의 가장 큰 관심사이고, 생명유지를 위해 의료 서비스는 반드시 필요한 것이다. 원격의료가 허용되는 국가에서는 이윤을 추구하는 기업들이 의료영리화 사업에 뛰어들 것이다. 원격의료 기계를 개발하거나 판매하는 기업들이 성행할 것이고, 원격의료 환자들을 유인하는 마케팅 기업이 번창할 것이다. 보험사들은 보험상품을 판매하기 위해 원격의료를 무상으로 제공할 것이고,

이러한 시장성에 주목한 대기업은 원격의료 의사들을 직원으로 고용할 것이다.

둘째, 원격진료가 보편화된 방식으로 정착되면 의사의 하루 일과는 다음과 같다. 출근하자마자 전날의 진료실적을 작성해 상부에 보고한다. 전날 진료실적이 나쁜 편이니 이번 달 월급봉투는 얇아질 것이다. 씁쓸한 마음을 뒤로 한 채 모니터 전원을 켠다. 다른 동료들도 하루 진료를 위해 모니터를 켠다. 그런 그들의 모습을 매니저가 날카로운 눈으로 쳐다본다. 매니저는 환자 유인과 의사 관리를 맡고 있는데, 의사인 그들보다 매출을 올리는 데 혁혁한 공을 세우는 매니저의 직급이 더 높다. 책상과 컴퓨터가 놓인 공간은 얼핏 보면 평범한 사무실 같지만 그래도 어엿한 '원격진료실'이다. 이러한 사무실이 이 건물에만 수십 개나 더 있다. 어느덧 점심시간이 다가오고 잠시 모니터를 끈다. 에너지 절약은 기업의 철칙이므로.

점심을 먹으면서 자신의 신세에 대해 생각한다. 월급쟁이나 마찬가지인 이 생활을 청산하려면 만만치 않은 비용이 든다. 상권이 좋은 곳에 개인병원도 마련하고 어마어마한 가격의 원격진료 장비를 도입하려면, 지금 실적으로는 턱없이 부족하다.

다시 사무실로 돌아와 환자를 원격진료한다. 환자번호 223번, 환자의 이름은 잘 생각나지 않는다. 워낙 많은 환자를 상대하므로 이름 따위는 기억나지 않는다. 환자의 상태와 관련된 형식적인 질문을 건네고, 혈압과 혈당 수치 등을 전송받아 확인한다. 그런데 환자의 상태가 생각보다 좋지 않다. 환자에게 새로 나온 로봇 수술을 권유한다. 주어진 진료시간은 5분이다. 조금만 늦게 환자를 봤다가는 매니저와 원장한테 질책을 받는다. 매니저와 원장의 모니터에는 의사들이 하루 몇 명을 진료했는지, 한 명당 몇 분을 소비했는지 등이 나타난다. 그러므로 보다 자세한 수술 상담은 매니저에게 맡긴다.

어느덧 하루 진료를 모두 마친다. 총 진료환자 수는 91명, 오늘은 쉬는 시간이 거의 없이 평소보다 많은 환자를 진료했으니 운수 좋은 날이다. 이런 식으로 계속하면, 퇴근길에 아내가 좋아하는 명품 가방을 사 가지고 갈 수도 있다. 병원이 원하는 대로 열심히 일하면 인센티브를 많이 받아서 고급 승용차도 새로 살 수 있다.

이렇게 원격진료가 확산되면 울고 우는 사람이 갈릴 것이다. 따라서 일부 국기에서는 시회적 약자에게 공공의료 시비스를 제공하는 데에만 원격진료가 허용될 수도 있다.

셋째, 시장조사기업 IHS테크놀로지가 발표한 '2014년 세계 원격진료 시장World Market for Telehealth-2014 Edition'에 따르면, 세계 원격진료 시장 매출은 2013년 4억 4,060만 달러에서 2018년 45억 달러로 성장하고, 원격진료 환자 수는 2013년 35만 명에서 2018년

700만 명으로 늘 것이다.

원격진료는 글로벌 기업들이 미래 먹거리로 여기고 있는 사업 분야이다. 세계 최고 반도체 기업인 인텔 Intel 은 2005년부터 원격진료 전담 사업부를 두고 병원전산화, 재택진료 등의 서비스 사업을 시작했으며, 구글 Google 은 개인의 질환 및 투약 현황 등의 의료기록을 인터넷 사이트에서 직접 열람할 수 있도록 했다. 마이크로소프트 Microsoft 는 진료 정보, 처방전, 검사 결과 등의 의료 정보를 검색 및 공유할 수 있는 시스템을 개발했다. 또 세계적인 가전업체 필립스 Philips 는 반도체 사업을 접고 노인 환자들을 위한 맞춤형 건강관리 서비스를 시작했다. 글로벌 기업들은 지금부터 10년 후까지 원격진료 시장에 급속도로 진출할 것이다.

한국의 경우, 삼성 그룹은 2010년 의료기기 등 5대 신수종 사업을 발표하며, 2020년까지 23조 원을 투자해 50조 원의 매출을 올리겠다는 목표를 밝힌 바 있다. 삼성전자는 이미 삼성서울병원과 함께 모바일병원 시스템을 구축했고, 삼성메디슨을 통해 원격의료 기기를 개발할 예정이다. 또, 만성질환을 자가 측정한 뒤 데이터를 병원으로 보내주는 장비를 제조하고 있는 한국의 중소기업 인포피아는 원격진료 및 헬스케어용 소프트웨어를 개발했다. 이 회사는 매출의 90% 이상을 해외에서 올리고 있다. 한국에서 원격의료가 허용되면 이들 회사의 주가는 크게 오를 것이다.

라파마이신,
평균수명이 110세까지 늘어난다

중국의 진시황이 불로초를 찾아 헤맸듯이 수명연장은 인류의 오래된 꿈이었다. 2009년에 라파마이신이 세간의 관심을 받게 되면서 우리는 생명 연장의 꿈을 키우게 되었다. 하지만 최근 라파마이신의 여러 가지 부작용이 발견되면서 우리는 실망하고 말았다.

그러나 라파마이신이 또다시 주목받고 있다. 현재 거론된 여러 가지 부작용을 없애줄 수 있는 새로운 방법들이 발견되고 있기 때문이다. 세계 인구가 급격하게 노령화되어 생산력을 갖춘 노동자들이 줄어들고 있는 현실에서, 이는 매우 반가운 소식이다. 라파마이신은 우리에게 미래판 불로초가 되어줄 것인가?

인간의 노화를 방지하고 수명을 연장시켜줄 것으로 기대되었던 라파마이신rapamycin은 남태평양 이스터 섬의 토양에서 1970년대에 처음 발견되었다. 이 약은 1999년에 미국 FDA의 승인을 받아 신장 이식 환자들에게 면역체계 억제용으로 사용되고 있다. 또한 심장수술과 항암치료에도 이 약이 사용될 수 있는지 실험 중이다.

그러나 이 약의 상업화는 순탄치 않은 것 같다. 라파마이신의 초기 발견 성과를 살펴보고, 현재 어떤 장애물이 상업화를 방해하고 있는지, 이 장애물을 극복하려면 무엇을 해야 하는지를 살펴보자.

라파마이신은 자연적으로 발생한 박테리아 물질로 스트렙토마이신 하이그로스코피쿠스Streptomycin hygroscopicus 박테리아에서 추출되었다. 라파마이신이라는 이름은 박테리아가 발견된 이스터 섬의 원주민어인 라파 누이Rapa Nui에서 따온 것이다. 1999년에 FDA가 항균제로 승인한 후, 현재는 장기 이식 환자들의 조직 거부 반응을 억

모아이 석상으로 유명한 이스터 섬.

제하는 데 사용되고 있다.

　그런데 라파마이신은 생명을 연장하고 노화와 관련된 질병을 예방하는 데 효과를 드러냈다. 2009년에 연구자들은 유전자 구조가 인간과 매우 흡사한 쥐를 대상으로 매우 놀라운 실험 결과를 발표했다. 「네이처 Nature」에 따르면 초기에 라파마이신을 복용한 쥐가 그렇지 않은 쥐보다 10~15% 더 오래 생존하는 것으로 나타났다.

　인간의 나이로 60세에 해당하는 쥐에게 라파마이신을 주입한 결과, 약의 효능은 더욱 활성화됐다. 라파마이신을 주입한 나이든 쥐가 주입받지 못한 쥐보다 28~38% 더 생명을 연장한 것이다. 텍사스대학 보건과학연구센터과 미시건대학, 잭슨연구소의 연구자들은 각각의 실험을 진행했는데, 그 결과는 모두 동일했다. 라파마이신의 노화억제 효능에 대한 동물 모델 연구는 단지 쥐에만 국한되지 않는다. 생명연장 효과는 애벌레, 초파리, 효모균과 같은 다양한 종에서도 나타났다. 따라서 연구자들은 그 효과가 인간에게도 유효할 것으로 내다보고 있다. 현대의 인간 평균 수명은 약 80세로, 38% 정도 수명이 연장되면 평균 수명은 110세가 된다. 이것은 심장병과 암을 극복하는 것보다 더 훌륭하게 인간 수명을 연장하는 것이다.

　라파마이신은 신체가 음식에 반응하는 방식을 변화시키고, 스트레스에 따른 부작용을 줄여준다. 예를 들어 스트레스는 단백질과 DNA를 파괴할 수 있는 산화 작용을 일으키는데, 이로 인해 인간의 신체는 질병에 더 취약해진다. 이것이 노화를 일으키는 과정의 한 구성 요소로 알려져 있다. 실제로 라파마이신은 인간 신체가 제한식 restricted diet을 하는 것처럼 세포들이 반응하게 만든다. 제한식은 건강에 좋고 더 오랜 수명과 연계되어 있다.

라파마이신은 수명연장뿐만 아니라, 또 다른 효과와도 관련 있다. 2010년에 텍사스대학 보건과학센터의 바숍 수명&노령 연구소 Barshop Institute for Longevity and Aging Studies의 연구자들은 알츠하이머를 앓고 있는 쥐를 대상으로 2가지 실험을 했는데, 라파마이신이 학습 능력과 기억력을 복구하는 데 유용하다고 발표했다.

쥐를 대상으로 한 또 다른 실험은 라파마이신이 신장암과 림프종 치료, 심장 근육 기능 향상, 희귀병인 근육위축병 환자의 수명 연장에 효과적일 수 있음을 보여줬다.

그런데 삶을 연장하고 질병을 치료하는 데 효과적인 라파마이신의 잠재성에도 불구하고, 해결되지 않은 부작용이 하나 있다. 라파마이신을 암 치료제로 개발하기 위한 임상실험에서, 약 15%의 환자들이 2형 당뇨병Type 2 diabets을 앓는 사람들과 같이 포도당 과잉과 인슐린 저항을 보였던 것이다.

인슐린은 음식물을 섭취하면 췌장을 통해 혈관으로 유입되는 호르몬이다. 이로써 간과 근육, 기타 장기 세포들이 혈액으로부터 당분을 흡수한다. 인슐린 저항은 세포가 인슐린 신호에 대한 반응을 멈출 때 일어난다. 이로 인해 혈당이 높아지고 궁극적으로 당뇨병에 걸리는 것이다.

라파마이신이 항노화 의약품으로 승인을 받으려면 연구자들은 이러한 부작용 없이 좋은 효능만 취할 수 있는 방법을 찾아내야 할 것이다. 과학자들로 구성된 각각의 팀들이 현재 이 문제를 해결하기 위해 노력하고 있다. 이 문제를 이해하려면, 라파마이신이 세포 단위에서 어떻게 작용하는지 면밀하게 살펴봐야 한다.

MIT와 펜실베이니아대학 연구진들은 실험용 쥐를 통해 라파마이신이 포유동물에게서 2가지 단백질 합성물을 억제하는 것을 발견했다. mTORC1과 mTORC2가 그렇다. 라파마이신이 작용하는 포유동물의 mTORC 합성물은 단백질 합성synthesis과 전사transcription와 마찬가지로 세포 성장과 활동, 생존을 통제하는 단백질이다. 「사이언스Science」가 발표한 최근의 연구는 그 두 가지 합성물이 각기 다른 두 가지 방식으로 수명과 인슐린에 영향을 끼친다는 점을 밝혀냈다.

- 라파마이신의 mTORC1 억제는 칼로리 억제와 같은 기능을 수행함으로써 건강한 생애를 위한 촉매 역할을 한다.
- 라파마이신의 mTORC2 억제는 인슐린 민감도를 감소시키는데, 이는 일반적으로 좋은 현상이 아니다.

이것은 매우 중요한 돌파구이다. 왜냐하면 수명에 미치는 영향과 인슐린 민감도에 미치는 영향이 각기 다른 독립적인 반응이기 때문이다. 즉, 라파마이신이 mTORC1에만 집중되도록 변형할 수 있다면, 의학적으로 혈당을 높이지 않고 수명을 더 크게 향상시킬 수 있기 때문이다.

이러한 가능성을 연구하기 위해 화이트헤드Whitehead 연구소와 펜실베이니아대학의 페럴만 의과대학Perelman School of Medicine 연구진들은 실험용 쥐를 활용했다. 그 실험용 쥐의 mTORC1 활동을 부분적으로 제한했고, mTORC2의 활동은 온전하게 유지되도록 했다. 전체 실험용 쥐 중에서 암컷들은 일반적인 인슐린 민감도를 유지하면서 통제한 쥐보다 더 오랫동안 수명을 유지했다. 이 실험 결과는 mTORC1만 억제하면 부작용 없이 더 오랜 수명을 유지할 수 있다는 것을 보여준다.

또 다른 흥미로운 이론은 mTORC1만 억제하는 것을 목표로 하되, mTORC2를 억제하기 위해 라파마이신을 변형할 필요가 없다는 것이다. 뉴욕 버펄로에 위치한 로스웰 파크 암 연구소Roswell Park Cancer Institute의 미하일 블라고스크로니 박사가 주도한 이 이론에 따르면, 인슐린 저항은 칼로리 억제의 자연스러운 부산물이라는 것이다. 즉, 음식물을 덜 섭취했을 때 인간의 신체는 마치 건강에 해로운 음식물을 과도하게 섭취하고 있는 것처럼 반응한다.

이는 무엇을 의미하는가? 사람이 굶주리고 있을 때 간은 인슐린에 저항을 하게 된다. 이것은 필수불가결한 활동인데, 신체가 생존 모드에 있을 때 간은 단백질과 지방을 분해하여 신체의 세포에 영

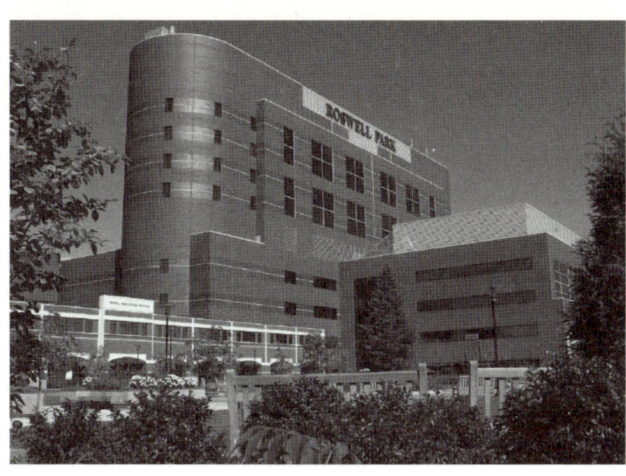

로스웰 파크 암 연구소.

양분을 공급하는 데 주력해야 하기 때문이다. 이러한 상태에서 인슐린은 방해 활동을 벌인다. 즉, 인슐린은 신체에게 당분을 흡수하라고 반응한다. 당분은 음식물 중 탄수화물로부터 온다. 음식을 섭취하지 않으면 그 신호는 무의미해지는데, 만약 간이 이 신호를 받아들여 혈액에 다소 존재하는 당을 흡수하면 인간 신체는 죽음에 이를 수노 있다. 따라서 간은 이 신호를 무시하는데, 그 결과가 소위 말하는 '절식 당뇨 starvation diabetes'로 실제로는 몸에 좋은 것이다.

의미심장하게도, 이러한 형태의 인슐린 저항으로 mTOR의 활동은 급격히 감소한다. 이것은 영양분이 소모되었을 때 mTOR이 세포를 성장시키기 때문이다. 음식물이 없을 때 매우 미약한 mTOR의 활동이 발생한다.

이것은 당뇨병에 있어 인슐린 저항과는 매우 다른 것이다. 지방이 과다한 식사는 mTOR의 활동을 과도하게 자극할 수 있다. 세포들이 이미 충분한 당분을 섭취했을 때 인슐린에 대한 민감도가 떨어진다. 블라고스크로니 박사는 라파마이신이 고도의 mTOR 타입의 2형 당뇨가 아닌 낮은 수준의 mTOR '절식 당뇨'로 이끈다고 주장한다.

이러한 관점은 2010년에 평균 7년 동안 칼로리 섭취를 민감하게 제한해 온 사람들을 연구한 결과와도 일치한다. 그 연구는 피실험자들이 당뇨병과 비슷한 포도당 과민증을 보였을지라도, 여러 실험을 통해 매우 건강하다는 사실을 밝혀냈다. 실험용 쥐를 대상으로 한 연구들은 인슐린 신호가 꺼졌을 때 더 오래 장수한다는 점을 보여줬다.

블라고스크로니 박사는 인슐린 저항은 사람이 너무 많이 음식물을 섭취하여 mTOR 활동이 증가할 때 건강에 해롭다고 결론을 내렸다. 반면, 칼로리 억제 혹은 라파마이신의 사용을 통해 mTOR 활동이 감소할 때의 인슐린 저항은 건강에 긍정적인 영향을 미친다. 블라고스크로니 박사에 따르면, 결론적으로 라파마이신은 인간의 노화억제 약품으로 기대할 수 있다.

이러한 사실을 통해, 우리는 라파마이신과 노화억제 약물의 미래를 예측할 수 있다.

첫째, 인슐린 저항이라는 문제만 해결될 수 있다면 라파마이신은 상업화될 것이다. FDA는 이미 라파마이신을 장기 이식 환자들을 위해 사용하도록 승인했기 때문에, 연구자들이 라파마이신이 알츠하이머병 치료나 노화억제에 효과가 있다는 것을 입증한다면 조만간 FDA 승인도 얻을 것이다. 그러면 라파마이신은 노화 과정을 억제하는 최초의 약으로 시장에 등장할 수 있을 것이다. 라파마이신 홀딩스 Rapamycin Holdings Inc. 라는 민간 바이오테크 회사는 라파마이신과 관계된 약을 제조하는 데 포함되는 각종 지적 재산권을 등록하고 있는 중이다. 라파마이신이 상업화되고 이 회사가 주식시장에 상장하면 대박주가 될 것이다. 또, 라파마이신 관련 회사가 우후죽순 생겨날 것이다.

둘째, 생명을 연장시키는 라파마이신은 모든 것에 긍정적 영향을 끼칠 것이다. 앞으로 10년 동안 선진국들은 저출산 고령화의 문제에 직면할 것이다. 베이비붐 세대가 은퇴하면 가까운 미래에 숙련된 기술자가 줄어들고, 선진국들은 그들에게 지원해야 할 의료보험과 노령연금으로 고민할 것이다. 이러한 상황에서 라파마이신은 국가 경제에 크나큰 도움을 줄 것이므로, 라파마이신 관련 기업에 대한 투자가 늘 것이다.

또, 라파마이신이 널리 확산되면 우리는 110세까지 살 수 있게 된다. 오래 살게 되는 만큼 70세까지 일해야 안정된 노후생활을 즐길 수 있을 것이다. 고령화 사회에서는 은퇴 이후에도 일하는 사람이 늘 것이다. 실버창업을 하거나 경비 및 청소 등 다양한 서비스 직종에서 일하는 노인층 노동자도 늘어날 것이다. 한편, 고령화 사회에 맞춰 노인을 대상으로 하는 업종도 유망할 것이다. 노인건강운동지도사, 노인대학 전문강사, 사회복지사 등은 전망이 밝다.

셋째, 라파마이신은 젊은 세대의 학습 능력을 향상시키고, 알츠하이머병을 앓는 노인들의 기억력을 복구시키며, 우울증이나 불안 장애와 같은 감정 장애를 치료하는 도구로도 개발될 것이다. 바숍 수명&노령 연구소의 연구자들은 건강한 쥐들에게 그들의 수명 기간 동안 라파마이신을 계속 투여했다. 젊은 쥐의 경우 학습 능력과 기억력이 향상됐고, 늙은 쥐의 경우 노령화에 따른 인지 능력 감소 현상이 방지됐다. 또한 일반 쥐보다 우울증이나 불안 장애의 수치가 낮게 나타났다. 연구자들은 더 나아가 행복감과 관련된 3가지 신경전달 물질인 세로토닌serotonin, 도파민dopamine, 노르에피네프린norepinephrine 이 투여된 쥐들의 중뇌midbrain 에서 매우 활성화되는 것을 발견했다. 이것은 인지 수행 과정에서 발생할 수 있는 의심과 부정적인 감정을 감소시킨다는 것을 의미한다.

23 의료 혁명,
장애인과 난치병이 사라진다

우리 주위에는 선천적 장애와 외상성 장애, 각종 난치병 등으로 고통을 겪는 이들이 많다. 다행히 지금 우리는 다리를 저는 사람이 정상적으로 걸을 수 있고, 시각장애인이 세상을 볼 수 있으며, 청각장애인이 들을 수 있는 새로운 의료 혁명을 맞이하고 있다. 과학기술의 힘을 빌려 인간의 장애를 극복하고자 하는 움직임이 활발해지고 있다. 재료공학, 마이크로봇 Microbot, 생명공학이 융합해 의료 혁명은 급물살을 타고 있다. 최근 임플란트 기술이 괄목할 만큼 발전하고 있는데, 가까운 미래에 수십만 명의 시각장애인이 시력을 회복할 수 있을 것이다.

●렌즈 임플란트 : 센트라사이트CentraSight는 비전케어 오프탈믹 테크놀로지 VisionCare Ophthalmic Technologies Inc. 사가 개발했다. 렌즈 임플란트는 74세의 에드 넝제세르 EDNungesser 의 인생을 바꿔주었다. 그는 생애처음으로 손녀와 함께 야구 경기를 볼 수 있게 된 것이다. 그는 황반변성 macular degeneration, 나이가 들어 황반에 여러 변화가 생겨 시력이 저하되는 현상 으로 시력이 크게 악화되었다. 그의 한쪽 눈에 장착된 렌즈 임플란트는 작은 망원경이 되어 시야 폭을 거의 두 배 이상 늘려주었고, 그는 삶의 질을 크게 높일 수 있었다.

●망막하 sub-retinal 임플란트 : 망막하 임플란트는 독일 튀빙겐대학교 Tuebingen of Unversity 의 시각연구소와 레티널 임플란트 AG가 공동 개발했다. 질병으로 상실한 빛 수용체를 대체하는 이 도구를 시각장애인의 망막 아래에 장착했는데, 며칠 만에 사물의 형태와 모양을 볼 수 있게 되었다. 망막하 임플란트는 망막에 집중되는 빛에 반응하는 칩으로 그 빛을 전기 자극으로 변환하여 눈의 자연 영상처리 능력을 향상시키는 것이다. 따라서 환자의 눈 운동에 따르는 안정적인 시력이 형성된다. 이러한 임플란트는 기존의 망막 보조도구보다 더 탁월한 빛 수용 능력을 지녔기 때문에, 훨씬 더 또렷한 시각을 제공한다.

한편, 새로운 방식의 인공고관절치환술 hip replacement 도 매우 큰 주목을 받고 있다. 최근 미국에서만 매년 1백만 명 이상의 사람들이

인공고관절치환술을 받고 있다. 하지만 시술 이후 약 17%의 경우에 임플란트가 느슨해져 초기에 교체해야 했다. 그 결과, 연령이 높은 환자들의 경우에는 위험한 합병증을 일으킬 수 있다. 다행히도, 최근 두 가지 신기술이 개발되고 있다.

● MIT의 화학자들은 환자의 뼈에 더 단단하게 부착되는 임플란트를 위한 새로운 코팅 기술을 개발했다. 이러한 코팅 기술이 확산되면 시술 실패율을 낮추고 감염 위험을 개선할 것이고, 인공물의 조기 교체 비용과 환자의 고통을 감소시킬 것이다. 이 코팅 기술은 임플란트가 더 단단하게 뼈를 생성하도록 신체 세포를 촉진시킨다. MIT 연구자들에 따르면, 이 코팅 기술은 골절 치료 그리고 치아 임플란트까지 개선시키는 것으로 알려졌다.

● 임플란트와 뼈의 연결을 강화하기 위해, 뼈 내부와 비슷한 구조를 지닌 티타늄 폼 foam 으로 만든 임플란트도 개발되었다. 티타늄 폼으로 만들어진 임플란트는 혈관과 뼈 세포들이 어떤 방해도 받지 않고 기공이나 흠을 채우며 생장할 수 있다. 드레스덴에 위치한 프라운호프 IFAM 연구소의 연구자들은 이 폼 구조가 '극도의 내구력과 최소한의 강도 사이에서 균형'을 제공한다고 발표했다. 사실 인공고관절치환술에서 가장 중요한 것은 임플란트의 마모율이다. 금속 대 금속 metal-on-metal 임플란트는 고분자 대 금속의 경우보다 더 탁월한 효과가 있다. 예를 들어, 더 뛰어난 대퇴골두를 제작할 수 있다. 이것은 대퇴골 탈구의 위험이 줄어든다는 것을 의미한다. 이러한 기술들은 현재 상당한 진전을 보이고 있다.

● 미국 노스웨스턴대학교와 시카고의 러시대학교 Rush University 메디컬센터, 독일 뒤스부르크에쎈대학교 University Of Duisburg-Essen 의 엔지니어와 의사들로 구성된 연구팀은 최근 놀라운 사실을 발견했다. 환자들에게 회수한 7개의 임플란트를 정밀 조사한 결과, 연구팀은 주로 흑연으로 구성된 윤활층이 임플란트 주변에 발생했다는 결론을 내렸다. 그것은 인간의 관절에서와 마찬가지로 단백질이 검출되었고, 이러한 금속 대 금속 임플란트가 안정된 고체 윤활제를 발생시키고 있다는 점을 입증한 것이다. 이러한 발견으로 보다 나은 도구를 만들어낼 수 있게 되었다.

● 독일 서부의 슈투트가르트 Stuttgart 에 위치한 프라운호퍼 연구소의

제작 엔지니어링 및 자동화 부서 Fraunhofer Institute for Manufacturing Engineering and Automation 의 연구자들은 혈액과 림프 체계에서 조직을 상하게 하고 염증을 일으킬 가능성이 있는 고도의 코발트-크롬 chromium 이온 수치와 금속 대 금속의 도구에서 발생하는 오염 물질의 영향을 실험했다. 그리고 이들은 마치 뼈와 같은 탄성을 보이는 무금속 솔루션을 개발해냈다. 'PEEK'라고 불리는 이것은 뛰어난 마모 저항력이 있으며, 생체에 적합한 고분자 합성물로 구성된다.

● SHHG Spectrum Health Hospital Group 에 따르면, 매년 5만 명의 사람들이 만성 발목 관절염으로 고통받고 있다. 이 관절염은 발목의 연골이 마모되어 발생하는 것으로, 연골이 상실되어 뼈와 뼈가 직접 맞닿아 큰 고통을 일으킨다. 기존의 치료법은 상해를 입은 뼈를 제거하고 나사와 플레이트로 남아 있는 뼈들을 결합하는 방식이었다. 이러한 조치로 고통이 감소되기는 하지만 활동하는 데 불편을 겪게 했다. 그러나 이제 연구자들은 '내재성 전체 발목 보철 Inbone Total Ankle prosthesis'로 불리는 임플란트를 고안해냈다. 이 대체 관설은 티타늄과 폴리에틸렌으로 구성되는데, 제거되는 뼈를 최소화할 수 있다. 발목뼈에 부착되는 이 대체 관절은 매우 견고하고, 자연스러운 움직임을 보장해 거의 정상인처럼 움직이게 해준다.

● 고통을 없애고 인체의 자연스러운 활동성을 유지하는 또 다른 새로운 임플란트는 생물학적 요소를 토대로 하고 있다. 뉴욕에 위치한 웨일 코넬 의학대학원 Weill Cornell Graduate School of Medical Sciences 의

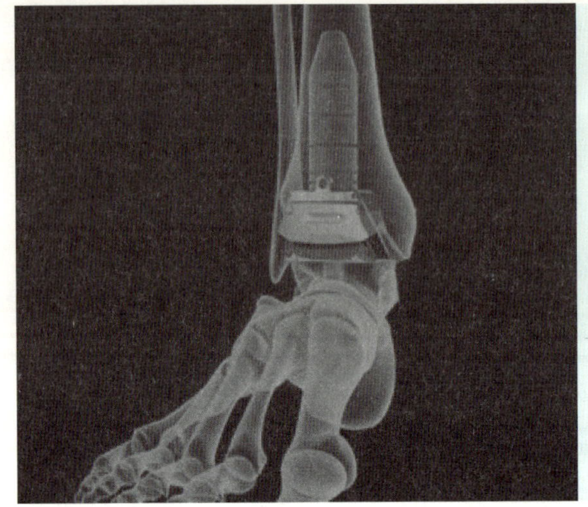

의사들과 코넬대학교 과학자들은 척추 임플란트를 공동개발했다. 미국 성인들 중 만성적으로 등 혹은 목에 고통을 느끼는 사람들은 40~60%나 되는데, 새로운 척추 임플란트는 이들을 도와줄 것이다. 기존의 치료 방식은 손상된 척추골을 제거하고 남은 척추골을 결합하는 식이었다. 당연히 치료 이후 활동하는 데 불편함을 느끼게 했다. 반면에 코넬대학교가 개발한 척추 임플란트는 실제 디스크와 구조적으로 완전히 일치하고 똑같은 방식으로 구동된다. 그것은 척추뼈와 함께 자라고 통합되는 두 가지 고분자로 구성되는데, 시간이 지날수록 세포가 생장하면서 훨씬 더 성능이 좋아진다.

팔과 다리가 불편한 환자들을 위한 임플란트도 개발되고 있다.

이 경우에는 임플린트에 전력을 공급해야 하는데, MIT의 엔지니어들은 포도당으로 전력을 공급받을 수 있는 인체에 무해한 연료전지를 개발했다. 이 포도당은 인간의 세포에 힘을 주는 당분과 똑같은 것이다. 이 연료전지는 포도당을 세포가 사용할 수 있는 에너지로 전환하는 세포 효소의 활동을 모방한다. 이것은 매우 미세한 전력을 사용하는 신경 임플란트를 움직이는 데 적합한 전력을 생산하는데, 주변의 뇌하수체에서 필요한 당분을 얻게 된다. 지금까지 언급된 사례들은 빙산의 일각일 뿐이다. 결론적으로 말하자면, 조만간 인간 신체의 모든 장애가 극복될 것이다.

첫째, 새로운 의료 기술들은 처음에는 환자들로 하여금 매우 높은 비용을 치르게 한다. 하지만 앞에서 소개한 신기술이 확산되면 치료비가 차츰 낮아질 것이다. 앞으로 10년 이내에 선진국의 병원들에서 망막 임플란트 등을 시술받는 환자가 늘어날 것이고, 이러한 변화에 민첩하게 대응하는 병원들은 높은 수익을 올릴 것이다. 또한 앞으로 보험사들은 이러한 치료들도 보험 약관에 포함시켜야 할 것이다.

둘째, 사고에 따른 장애의 치료법뿐만 아니라 예방법에도 주목해야 할 것이다. 사람들이 점차 삶의 질을 추구하는 쪽으로 트렌드가 바뀌면서 생활안전에 대한 관심이 높아지고 있다. 일례로 한국의 세월호 사건을 생각해 보자. OECD 국가인 한국은 경제 성장은 이루었지만 허술한 안전관리로 300여 명의 사람들이 바다에 수장되었다. 이 일로 한국 국민의 정부에 대한 불신은 커지게 되었다. 대형 재난 사고가 날 때마다 안전에 대한 관심은 커질 수밖에 없다. 보다 안전한 주택이나 자동차 등을 만드는 기업은 골절이나 상해 등으로부터 소비자를 보호할 것이다. 한국 자동차 기업인 현대기아차의 경우 수출용 자동차가 내수용 자동차보다 에어백 등의 안전장치를 더 많이 장착하고 있는데, 내수 시장의 소비자를 사로잡기 위해서는 안전장치를 보강해야 할 것이다.

한편, 병원들은 혈관 주사용 약물 펌프 등의 예방치료 요법들로 환자의 생명을 위협하는 심각한 사고를 막아준다면 어떨까? 앞으로는 시술치료보다 예방치료에 대한 관심이 높아질 것이다. 오늘날 많은 사람들이 종합건강진단을 정기적으로 하고 있듯이, 앞으로는 건강을 위해 예방치료를 하는 사람들이 크게 늘어날 것이다.

셋째, 가까운 미래에, 나노기술은 단 한 번의 진단으로 정확하게 암을 진단하고, 환자를 고통스럽고 지치게 만드는 부작용 없이 환자의 몸에서 암을 완전히 제거할 수 있는 치료법을 제공할 것이다.

예일대학교 Yale University 의 W. 마크 잘츠만 W. Mark Saltzman 교수가 이끄는 연구진은 나노 입자를 카테터의료용 튜브를 이용해 뇌에 주입한 다음, 압력을 이용해 종양까지 유도해 뇌종양에 항암제를 투여하는 혁신적인 방법을 개발했다. 「네이처 머트리얼즈 Nature Materials」 지는 "예일대학교에서 개발한 비바이러스성 나노 입자가 바이러스처럼 활동하면서 특정 유전자를 암세포에 주입해 세포를 죽이거나 치료한다"고 보도했다. 이는 이따금씩 건강한 세포를 파괴할 수도 있는 양전하를 가진 기존의 비바이러스성 유전자 치료 물질을 한층 향상시킨 방법이다. 또한 심각한 면역반응을 야기할 수 있는 바이러스성 유전자 치료법보다 훨씬 안전하다.

한편, 사우스햄튼대학교 University of Southampton 물리학 교수 안토니오스 카나라스 Antonios Kanaras 가 이끄는 연구진은 암 종양에 공급되는 혈액을 차단할 수 있는 스마트 나노 물질을 개발했다. 이 연구진은 소량의 금 나노 입자가 대다수의 암 유전자를 억제시킬 수 있다는 것을 밝혀냈다. 연구진은 「나노 레터스 Nano Letters」 지를 통해, 레이저빔으로 나노 입자에 빛을 비추었는데 내피세포를 파괴하고 종양으로 공급되는 혈액을 차단할 수 있다는 사실을 밝혔다. 나노기술은 화학요법에 비해 훨씬 효능이 뛰어나고 부작용이 거의 없는 암 치료법을 선보일 것이다. 앞에서 설명한 실험들이 앞으로 5년 안에 인간을 대상으로 한 임상실험을 거치면, 인류를 괴롭히는 모든 암들을 없앨 수 있다. 성체줄기세포 치료법과 더불어 나노기술은 암 치료를 라식 수술처럼 쉽게 받을 수 있게 할 것이다.

앞으로 보험사들은 암보험상품 대신 다른 보험상품을 개발해야 할 것이다. 국립암연구소 National Cancer institute 에 따르면, 현재 미국인들 가운데 50% 정도가 앞으로 암에 걸릴 수 있다. 「USA 투데이 USA Today」와 카이저가족재단 The Kaiser Family Foundation, 하버드대학교 보건대학원 Harvard School of Public Health 이 함께 실시한 설문조사는 '암 환자 가운데 25%가 암 치료를 위해 가진 재산 중 전부 또는 거의 전부를 사용한다'는 사실을 밝혀냈다. 하지만 나노기술을 토대로 한 신기술이 확산되면 많은 사람들의 생명과 재산을 지켜줄 것이다. 나노기술은 암을 손쉽게 치료할 수 있게 하므로, 사람들은 더 이상 암보험을 들지 않을 것이다.

그러나 나노기술을 기반으로 한 암 치료는 2018년 이후에나 활용할 수 있을 것이다. FDA가 인체를 대상으로 실시한 새로운 치료를 승인하기까지는 대개 2~3년이 걸릴 것이며, 상업화되기까지는 추가로 몇 년이 더 걸리기 때문이다. 나노기술은 의료기기 산업을 변화시킬 것이다. 나노기술을 토대로 한 진단법을 활용하면 수 주일 동안 검사 결과를 기다리지 않고도 환자는 단 한 번의 병원 방문으로 몇 분 내에 진단 결과를 알 수 있을 것이다. 자성 나노 입자는 오늘날의 엑스레이와 MRI 기술을 향상시킬 것이며, 의사가 실수로 발견하지 못하는 매우 작은 종양도 찾아낼 것이다. 나노기술을 적용한 소형 진단기는 의사와 환자 모두를 행복하게 만들 것이다. 마치 교통경찰이 술에 취한 운전자들에게 음주측정기를 들이대는 것처럼, 의사가 환자의 코에 소형 진단기를 갖다 대면 호흡을 통해 폐암을 비롯한 각종 호흡기 질환을 발견할 수 있을 것이다. 결국, 나노기술을 이용해 성능이 뛰어난 의료기를 만드는 기업이 각광받을 것이다.

의사 부족 사태,
전 세계 의사들이 미국으로 몰린다

미국에서 인구 노령화가 진행되면서 더 많은 의사가 필요한데도, 베이붐 세대의 의사들이 전례 없는 수치로 은퇴를 준비하고 있다. 그

건강보험개혁법이
통과되자 기뻐하는
오바마.

런데 이러한 의사 부족 사태를 극복하는 데 필요한 시스템은 아직 준비되지 않았다. 미국에서 의사가 부족해지고 있는 가운데 건강보험개혁법The Patient Protection and Affordable Care Act, 환자보호 및 부담적정보험법이 통과되었다. 소위 오바마케어ObamaCare로 불리는 이 새로운 법안으로 인해 3~4천만 명의 새로운 미국인들을 건강관리 풀healthcare patient pool에 추가할 예정이다.

오마바케어가 발표되기 전에도 미국의 의사 수는 부족했다. 은퇴 연령에 도달한 베이비붐 세대는 6,500만 명에 이른다. 베이비붐 세대 은퇴자에게는 의료 서비스가 필요하지만 의사 수가 부족한 실정이다. 이런 상황에서 은퇴하는 의사들을 대체할 의사들의 수가 부족하다. 실제로 의학 레지던트들의 급여를 상당 부분 책임지는 '졸업 후 의학교육 기금graducate medical education fund'이 50% 정도 삭감될지도 모른다. 이로 인해 신규 의사들이 부족해질 전망이다.

가장 걱정스러운 점은 수천만 명의 새로운 환자가 등장하는 것이다. 이들은 오마바케어가 시작된 2014년 1월 1일부터 정부가 책임셔야 할 자격 조건을 갖춘 사람들이다. 미국 의과대학협회Association of American Medical Colleges, AAMC에 따르면 2016년에 의사 수요는 91만 6천 명이 될 것이다. 하지만 실제 공급은 78만 5,400명 정도가 될 것으로 추정되고 있다. 즉, 13만 6백 명의 의사가 필요하게 될 것이다.

반면에, 새로운 환자들이 급증하면서 그들에게 가장 필요한 1차 진료primary-care 의사나 가정의family physician의 수가 부족해질 것이다. 지난 3년간 이들 의사의 수는 약간 증가했지만 1978년 이후 전체적으로 꾸준히 감소하고 있다. 미국은 조만간 더 많은 의사, 특히 1차 진료의가 필요할 것이다. 대도시든 그 외 지역이든 마찬가지다. 이러한 의사 부족 사태는 서비스 수요가 급증하면서 더 악화될 것으로 예상된다.

몇몇 전문가들은 의사 부족이 1차 진료 부족 사태를 야기한다고 생각한다. 그러나 AAMC의 또 다른 추정에 따르면, 2011년에 17,364명이 의과대학을 졸업했지만 1차 진료의를 선택한 사람의 수는 많지 않았다. 1차 진료 전문의 수는 2002년에 5,746명, 2007년에 4,210명으로 감소했다. 불과 5년 만에 지원율이 37%나 떨어진 것이다.

알버타대학교 University of Alberta 가정의료과 리 그린 Lee Green 학장에 따르면, 1차 진료 전문의들이 상대적으로 낮은 급료를 받고 다른 전문의보다 못한 사회적 지위 때문에 지원율이 떨어진 것이다. 실제로 방사선과나 심장과, 마취과가 1차 진료 전문의보다 더 높은 급료와 사회적 존경을 받고 있다. 이것은 1차 진료가 중요한 오바마케어의 수혜자들에게 특히 문제가 되고 있다.

그렇다면 미국은 점차 증가하는 수요를 만족시키기 위해 1차 진료의를 어떻게 양성할 수 있을까? 가장 많이 제기되는 해결책은 1차 진료의에 지원하는 의과대학생들에게 인센티브를 제공하는 것이다. 예를 들어, 급여를 높이고, 평균 15만 달러에서 20만 달러가 소요되는 학자금을 줄여주거나 보조금을 지불하는 것이다. 또한 각 지역에서 2년 동안 1차 진료의로 활동하는 데 대한 보상으로 적절한 대출을 제공하는 방식도 있다. 물론 이러한 문제를 해결하기 위해서는 미국 정부의 의료 정책 변화가 필요하다.

1차 진료의뿐만 아니라 모든 분야의 의사 수를 증가시키는 또 다른 해결책은 의료 서비스의 제공 방식을 바꾸는 것이다. 이중 가장 최선의 방식은 간호사의 역할을 늘려 그들에게 더 많은 환자 치료 업무를 맡기는 것이다. 간호사들은 이미 그러한 일을 할 수 있도록 교육받았기 때문에, 의사들은 진단, 치료, 전문의 처방 등에 집중할 수 있다.

미시건대학교 University Of Michigan 간호학과의 캐서린 포템파 Kathleen Potempa 과장은 「월스트리트 저널 Wall Street Journal」을 통해 "고급 의료 공인 간호사 Advanced-Practice Registered Nurses, APRNs 를 위한 규제 개선이 이뤄져야 한다"고 지적했다. 포템파는 간호사들을 직업적으로 옥죄고, 독자적인 의료 행위를 방해하는 장벽이 너무 많은 주에 똑같이 존재하고 있다고 주장한다. 또한 그 장벽에는 간호사들이 쉽게 처치할 수 있는 의료 행위를 환자들이 거부한다는 문제도 포함되어 있다.

간호사들을 활용해야 한다고 주장하는 사람들은 공인 간호사 Registered Nurses, RN 들이 고도의 의료 교육을 받은 점과 함께, 이미 공인받아 수행하는 업무를 통해 추가적인 의사 수요의 부담을 줄일 수 있다는 사실을 언급한다.

그러나 미국 의학협회의 로비스트들은 이러한 변화에 강력히 반대한다. 간호사들이 더 많은 일반 의료 행위를 수행하면 의사들에게는 심각한 위협이 될 것으로 보기 때문이다. 결과적으로 이러한 변화는 의료비를 낮추게 되기 때문에 미국 의학협회는 간호사들의 진입장벽을 높이기 위해 로비 활동을 준비하고 있다.

반면, 「월스트리스 저널」은 지난해 통과된 캘리포니아 주 의회 상원 법안에 대해 보도한 바 있다. 이 법안은 전문 간호사들 Nurse Practitioner, NP이 독단으로 의료 행위를 할 수 있도록 하고 있다. 캘리포니아의 58개 자치구 중 16개 자치구는 1차 진료의 수가 부족하기 때문에 이 법안은 매우 중요하다. 그러나 약 37,000명의 의사들을 대변하는 캘리포니아 의학협회는 이 법안의 무력화를 위해 1백만 달러 이상의 비용을 쓰며, "의사들의 관리 감독 없이 독단적 의료 행위를 한다면 환자들이 수준 낮은 치료를 받아 궁극적으로 해를 입을 수 있다"는 주장을 펼쳤다.

그러나 미국 보건비즈니스그룹 the National Business Group for Health 의 CEO이자 회장인 헬런 달링은 "공인 간호사들과 전문 간호사들은 그들이 현재 수행하는 업무보다 더 많은 일을 할 수 있는 교육을 받았고, 더 직접적인 의료 책임을 맡음으로써 상당 부분 기본 업무를 준전문적인 것으로 옮길 수 있다"고 주장한다. 달링에 따르면, 간호사가 주도하는 환자 중심의 팀 기반 치료가 1차 진료의 부족 사태를 완화할 수 있고, 환자에게 1차 진료 이상의 서비스를 제공하며, 전체 보건비용을 절감시킬 수 있다는 것이다.

많은 전문가들은 간호사가 의사의 부담을 짊어지고 준전문가의 의무를 이행한다면 팀 기반의 치료를 통해 큰 도움이 될 것이라는 데 동의한다. 오늘날 의사들은 의료 과실 보호는 말할 것도 없고 각종 문서작업과 컴퓨터 스크린 작업, 보험 관련 업무 등에 할애하는 시간을 점차 늘리고 있다. 이로 인해 의사의 피로를 가중시키고, 의사가 되려는 젊은 세대가 부족해지는 원인으로 종종 언급되고 있다.

또한 의사들은 최신 의학 정보와 지식을 얻기 위해 엄청난 의학 자료를 읽어야 한다. 일하고 취침하는 시간을 빼고도 최신 의학 저널, 논문과 보고서를 읽는 데만 주당 35시간이 소요된다. 이것은 환자에게 할애하는 시간이 점점 더 줄어들고 있다는 것을 의미한다.

물론 간호사의 역할을 확대하는 것만이 의사 부족 사태를 해결하는 유일한 방법은 아니다. 다른 국가에서 교육을 받은 의사들로 미국의 의사 부족 사태를 막을 수도 있다. 미국에 거주하고 있지만 여러 가지 이유로 미국에서 의사로 활동할 수 있는 허가를 취득하지 못한 이들도 의료 현장에 투입할 수 있다.

'프로젝트 밀레니얼the Project Millennial' 블로그에 따르면 현재 전공의와 전문의의 27%뿐만 아니라 미국에서 활동하고 있는 의사들의 25%는 미국 외의 국가에서 의대를 졸업했다. 프로젝트 밀레니얼에서 집필 활동을 하고 있는 의대생 카란 치하브라는 "미국 정부가 외국에서 의학 교육을 받은 수많은 의사를 효과적으로 활용해야 할 필요가 있다"고 말한다. 그러나 미국 내에서 활동할 수 있는 의사 자격을 취득하는 데는 여러 장애가 있기 때문에 그들의 전문지식이 전혀 활용되지 못하고 있는 실정이다. 실제로 미국 외의 국가에서 의대를 졸업한 사람들이 의사 자격을 취득하려면 세 가지를 충족시 켜야 한다.

1. 유창한 영어 능력을 증명해야 한다
2. 미국 내 병원, 클리닉 혹은 연구소에서 받은 추천서를 제출해야 한다.
3. 미국 내 영구 거주자이거나 현재 취업 비자 소유자 중 하나에 해당 되어야 한다.

그러나 이들이 직면하고 있는 가장 큰 장애물은 의과대학 병원들에 레지던트 자리가 부족한 것이다. 프로젝트 밀레니얼이 지적한 바와 같이, 2016년에 의대 입학자가 지금보다 30% 더 늘어난다 해도 현재의 레지던트 자리가 늘어나지 않는다면 이들의 학위는 아무 쓸모도 없게 될 것이다.

1997년에 발효된 균형예산법the balanced Budget Act 은 의과대학 병원들의 레지던트 자리에 제한을 두게 했다. 현재 전국적으로 약 1,000개의 의과대학 병원들이 있지만, 레지던트 자리는 15,000개에 불과하다.

1962년에 시작된 미국 레지던트 매칭 프로그램 National Resident Matching Program 은 의과대학을 졸업한 신청자들이 희망하는 레지던트 과정과 각 병원 담당자들이 희망하는 신청자를 매칭하는 데 컴퓨터 알고리즘을 사용해 전미 지역에 인원을 할당한다. 일부 특수한 경우에는 7년, 일반적으로 평균 4년간, 졸업 후 의과수업 Graducate Medical Education, GME 프로그램에 참여하는 레지던트는 연간 약 10만 달러를 받는다. 의과대학 교수들의 급여뿐만 아니라 레지던트들의 급여도 메디케어 Medicare 와 메디케이드 Medicaid 를 통한 미국 보건복지부의 GME 예산으로 충당된다.

미국 메디케어의 규모는 약 95조 달러이고, 메디케이드의 경우 연간 약 20억 달러다. 또 다른 37억 8천만 달러는 40개 이상의 주州 의료 프로그램과 민간 의료보험사로부터 나온다. 이러한 모든 자금들은 급여 형태로 지불되는 '직접 지불'과 프로그램 비용, 특별 진료 환자 비용, 의료 테스트 등에 대한 병원의 경비를 채워주는 '간접 지불' 형태로 나뉜다. 간호사들의 의료 참여가 어렵고 복잡한 것도 바로 이러한 이유 때문이다. 따라서 오바마케어로 인한 의사 수의 부족 사태를 고려할 때 GME 예산을 어떻게 다룰지를 논쟁 중이다.

국가회계책임&개혁위원회 National Commission on Fiscal Responsibility and Reform 는 GME 자금의 직간접적인 삭감을 제안한 반면, 오바마 대통령은 1차 진료를 담당하는 간호사들과 진료 보조 인력의 교육 및

미국의 레지던트 매칭 프로그램.

훈련에 예산을 늘리면서 간접적 형태의 GME 지출을 낮추는 방안을 제안하고 있다.

그러나 이러한 여러 가지 해결책 중 그 어느 하나도 의회로부터 주목받지 못하고 있다. 또한 의료교육 커뮤니티the medical education community의 지지자들은 레지던트 자리를 15% 더 늘리기 위해 2011년에 레지던트 부족 해결 법안The Resident Physician Shortage Reduction Act을 발의했지만 그 법안은 통과되지 못했다.

반면, 미국 가정의학회American Academy of Family Physicians는 추가되는 레지던트 자리에 1차 진료를 하게 될 레지던트들이 배정되기를 원한다. 새로운 '의사 부족 해결 및 졸업 후 의료 교육 책임 법안Physician Shortage Reduction and Graduate Medical Education Accountability and Transparency Act'이 통과된다면, 15,000여 개의 추가적인 레지던트 자리가 창출된다. 이것은 현재의 두 배에 해당하는 수치이다.

또 하나의 해결책은 의사의 지식을 전문 시스템의 힘으로 보충하는 것이다. 최신 의료 정보 및 지식을 습득하는 데 주당 35시간을 할애하는 것은 의사에게 부담이 크다. 하지만 자동화된 프로그램은 새로운 데이터의 무한 누적을 소화해낼 수 있다. 게다가 컴퓨터는 결코 지치지도 주의가 산만해지지도 않으며, 의료 진단에 영향을 미칠 수 있는 심리학적 편견을 갖지도 않는다.

오늘날 의사들이 활용할 수 있는 진단 프로그램 중 하나는 이사벨Isabel 이다. 이것은 의사들이 수두chickenpox 진단을 내렸지만 뇌사성 근막염necrotizing fasciitis, 살을 파먹는 박테리아 감염의 징후를 놓친 한 아이의 이름을 땄다. 이 프로그램을 통해 환자의 징후를 파악함으로써, 의사나 간호사들은 그들이 혹시 고려하지 않았을 수도 있는 의료 상황과 징후 등을 파악할 수 있다.

한편, IBM은 제퍼디Jeopardy 게임쇼에서 체스 챔피언들을 물리친 슈퍼컴퓨터 왓슨Watson 을 의료용으로 적용시키는 연구를 진행하고 있다. IBM은 전자 의료 기록을 분석하고 치료를 제안하는 기능을 개발하기 위해 메모리얼 슬론-케터링 암센터Memorial Sloan-Kettering Cancer Center 와 클리블랜드 클리닉Cleveland Clinic 과 공동 연구를 진행하고 있다.

IBM 연구소의 최고의료과학자 마틴 콘 Martin Kohn 박사에 따르면, 평균적으로 의사들은 논문을 읽는 데 매일 5시간 정도를 할애한다. 반면 왓슨은 초 단위로 수천 권의 책에서 정보를 흡수할 수 있다. 이 프로젝트의 최종 목표는 의사의 진료실에 있는 작은 컴퓨터와 왓슨을 연결하는 것이다. 임상을 통한 자료들이 이 시스템에 입력되면, 왓슨은 이러한 정보를 의료 저널들이나 치료 프로토콜에 있는 지식과 비교할 것이다. 이후 왓슨은 성공 확률에 따른 치료 요법 순위를 제공할 것이다.

이러한 트렌드를 고려할 때, 우리는 5가지를 예측할 수 있다.

첫째, 미국 의회는 환자들을 위해 레지던트 자리를 더 늘릴 것이다. 베이비붐 세대의 대규모 은퇴와 오바마케어에 의해 갑자기 3,400만 명의 환자들에 대한 의료 수요가 늘어나면서, 그에 필요한 의사들을 확보하지 않고서는 의료보험 개혁법을 실행할 수는 없기 때문이다. 이러한 의사 인력 증대는 이미 18개의 새로운 의과대학 신설로 현실화되고 있다.

둘째, 각 주들은 더 많은 1차 진료 의사들을 확보하기 위한 인센티브를 창출하기 위해 연방 정부를 비롯해, 의료 커뮤니티와 협력하게 될 것이다. 오바마케어로 수많은 저소득 계층의 환자들이 의료 보험 혜택을 받기 때문이다. 또한 이러한 환자들의 상당수가 1차 진료 의사에게 의존하고 있는데, 이들의 상당수는 지방 혹은 변두리에 거주하고 있다. 이들의 요구를 충족시키기 위해 1차 진료 의사들이 늘어날 것이다.

셋째, 의사들의 저항에도 불구하고 전문 간호사의 역할이 극적으로 확대될 것이다. 더 많은 1차 진료 인력을 확보하기 위해 전문 간호사와 고도로 훈련받은 의료 관계자들이 늘어날 것이다. 환자들에게 좀 더 많은 시간을 들이는 것은 필요한 일이다. 따라서 전문 간호사를 양성하거나 소개해 주는 비즈니스도 생길 수 있다. 이 비즈니스는 1차 진료를 찾는 수많은 사람에게 도움이 될 것이고, 아직까지 경기 침체에 시달리는 미국 경제에 새로운 일자리를 창출해 줄 것이다. 팀 단위의 의료 모델뿐만 아니라 전문 시스템의 노움을 받아 새로운 전문직들이 의사들이 현재 수행하고 있는 기초적인 의료 행위보다 더 나은 서비스를 제공할 수 있을 것이다. 이상적인 형태는 한 명의 의사와 여러 명의 전문 간호사들, 그리고 이사벨 혹은 왓슨 시스템과 같은 전문 시스템이 어우러진 팀으로 구성되어야 할 것이다.

넷째, 미국은 결국 의사 부족 사태를 해결하기 위해 다른 국가의 의대 졸업자들을 활용할 것이다. 이미 미국 대학병원의 레지던트 과정에는 많은 외국인들이 편입되고 있다. 또, 외국에서 자격을 취득한 의사들이 좀 더 쉽게 미국에서 취업을 할 수 있도록 이민 정책도 조정될 것이다.

다섯째, 새로운 의료 기술이 등장하면 의사 부족 문제는 현재 우려한 정도보다는 줄어들 것이다. 기술이 현재 속도로 발전한다면 2030년에는 의사의 수가 부족할 것이라는 현재의 예상은 빗나갈 것이다. 원격진료 시스템으로 환자와 의사가 직접 만나는 시간을 줄여줄 것이기 때문이다. 그렇게 된되면 초기 진단 및 유전학적 요인 치료가 훨씬 더 큰 수요를 창출할 것이다.

생활문화

삶의 패러다임이 바뀐다

25. TV의 미래, 모바일 시청이 대세다 26. 신경과학, 마음을 읽는 기계가 탄생한다 27. DM 마케팅, 통합마케팅 믹스의 핵심요소로 떠오른다 28. 공정한 교육, 미국의 교육 정책이 달라진다

TV의 미래,
모바일 시청이 대세다

20세기의 하반기에 텔레비전은 엔터테인먼트와 뉴스를 발전시킨 가장 중요한 도구일 뿐만 아니라 대중시장을 일으킨 총아였다. 하지만 1990년대에 변화가 시작되어 불과 10년 만에 텔레비전 방송은 힘을 잃고 말았다.

베이비붐 세대의 대부분은 텔레비전 방송이 3개의 대형 방송과 소수의 지역 채널들로 구성되었던 시기를 기억할 것이다. 당시 방송은 무료였지만 콘텐츠와 편의성의 측면에서 극도로 제한적이었다. 반면 X세대 Generation X 는 케이블방송, 위성방송 등 채널 확대와 함께 성장했고, 결국 통신회사들은 유료 TV 모델로 시장에 진입했다. 그리고 오늘날 밀레니엄 세대들 2000년 이후 출생자들 이 성년이 되어가면서

TV 또한 새로운 격변의 시대에 접어들고 있다. 프리미엄 방송들이 인터넷으로 옮겨가고 있기 때문이다.

엔터테인먼트와 인터넷 분야에서 세계 최고의 분석가 중 한 명인 「니덤 인사이트Needham Insight」의 로라 마틴Laura Martin 에 따르면, 프리미엄 온라인 비디오Premium Online Video, POV 시장에서 가장 큰손은 유튜브YouTube, 훌루Hulu, 넷플릭스Netflix, AOL, 야후Yahoo 다. 2013년 TV 시리즈물을 제작하기 위해 이들이 쓴 돈은 7억 5천만 달러에 이른다. 이것은 전통적인 대형 방송사와 케이블 채널이 2013년에 제작비로 쓴 450억 달러에 비하면 턱없이 적다.

프리미엄 온라인 비디오 콘텐츠의 제작비가 TV보다 적은 것과 마찬가지로, 광고에 사용된 비용도 그와 비슷하다. 텔레비전은 770억 달러의 광고 매출을 기록했다. 이에 비해 POV 광고 매출은 2012년

프리미엄 온라인 비디오 시장의 선두주자 유튜브.

에 40억 달러에 불과했다.

그러나 POV 마케팅이 성장하면서 기존 시장을 뒤흔들 것이다. 오늘날의 TV 시장은 번들링 Bundling, 두 개 이상의 다른 제품을 하나로 묶어서 단일 가격으로 판매하는 것. 한국의 방송 프로그램을 예로 들면 '일밤'이 '아빠! 어디 가?'와 '진짜 사나이'로 묶인 것이다. 콘텐츠에 의존하기 때문이다. 번들링은 여러 가지 이유로 현재 공급자들에게 합리적이다.

1. 상대적으로 소수인 인기 쇼 프로그램이 비인기 히트 쇼 프로그램을 보조한다. TV 편성 비용의 10~20%는 인기 쇼 프로그램에 쓰인다. 80~90%의 나머지 비용은 소수 시청자들이 시청하는 프로그램에 쓰인다. 시청률은 낮지만 이러한 프로그램들은 시청자들에게 더 많은 선택권을 제공한다.

2. 인기 쇼 프로그램이 비인기 쇼 프로그램을 보조하기 때문에, 콘텐츠 프로듀서들은 새로운 아이디어를 시도하고 그것이 실패해도 계속 현업에 미무를 수 있다. 분신화된 주식 포트폴리오가 리스크를 줄이듯, 제작사들은 하나 혹은 두 개의 프로그램에서 발생한 수익이 나머지 실패한 프로그램의 제작 비용을 상쇄할 수 있음을 알고 시트콤, 드라마, 리얼리티 쇼와 같은 다양한 포트폴리오로 제작할 수 있다.

3. 인기 쇼 프로그램은 시청자들에게 다른 쇼 프로그램으로 이끈다. 새로운 쇼 프로그램이 인기 쇼 프로그램 다음에 편성될 때, 후속 효과를 내기도 한다. 일반적으로 관성으로 인해 시청자들이 채널을 바꾸

반대로, 온라인 비디오는 완벽히 비번들화unbundled 된다. 이용자들은 다른 쇼 프로그램은 제외하고 특정한 에피소드만 골라 볼 수 있다. 이것은 이용자들이 가장 인기 있는 쇼 프로그램만 선택할 수 있다는 것을 의미한다. 인기가 별로 없는 쇼 프로그램에 대한 후속 효과는 없는 것이다.

비번들링이 TV 산업에 끼칠 수 있는 영향력을 파악하려면, 미디어 콘텐츠를 제작하는 다른 두 산업에서 무슨 일이 일어나고 있는지를 살펴봐야 한다.

●음반 산업에서 아이튠즈 iTunes 는 2001년에 CD에 담긴 음원들을 비번들화했다. 그러자 소비자들은 9.99달러에 10여 곡이 수록된 CD를 구매해야 했던 과거와 달리 한 번에 한 곡씩 99센트로 음원을 구매할 수 있게 되었다. 전 세계 음원 판매량이 1999년 380억 달러에서 2012년 165억 달러로 급락한 것은 우연의 일치가 아니다. 13년 만에 음반 산업은 연매출의 57%를 상실했다.

●신문 산업에서 온라인 콘텐츠 제공자들은 모든 개별 기사들을 분리시켰다. 오늘날, 특정한 기사를 보기 위해 신문 전체를 구매해야 하는 일은 없어졌다. 게다가 항목별 광고들과 구인 광고들이 커뮤니티 사이트 크레이그리스트 Craigslist.org, 온라인 구직 사이트 몬스터 Monster.com 와 같은 사이트로 이동해 버렸다. 미국 신문연합에 따르면, 미국의 신문 산업 매출은 2000년 800억 달러에서 2012년 350억 달러로 급락했다. 이러한 하락은 비번들화가 시작된 음반 산업에서 매출이 하락한 것과 흡사하다. 두 사례 모두 매출의 57%가 사라진 것이다. 구독료 갱신을 제외하고 단지 광고 수입만 따진다면, 그 손실은 대재앙 이상이다. 2000년부터 2012년까지 신문 광고 매출은 70% 떨어졌는데, 650억 달러에서 200억 달러로 급락했다.

케이블 방송 공급자들이 그들의 콘텐츠를 비번들화하는 데 가속이 붙고, 애리조나 주의 상원의원 존 매케인 John McCain 등은 소비자들이 보고 싶은 채널에만 지갑을 여는 것을 안타까워하고 있다.

그러나 영국 워릭대학교The University of Warwick의 그레그 크로퍼드Greg Crawford 교수와 스탠퍼드대학교Stanford University의 알리 유루코글루Ali Yurukoglu 교수는 콘텐츠 생산자들에게 그들의 채널에 개별적으로 가격을 매기도록 할 경우 그들이 어떻게 반응할 것인지를 조사했다. 그들은 번들로 묶지 않고 개별적으로 판매해야 한다면 시청자들이 가장 많이 보는 50개 채널들이 판매 가격을 더 높일 것이라고 결론을 내렸다. 콘텐츠 소유주들이 수입 감소를 상쇄하기 위해 거래를 재협상할 것이기 때문이다.

프리미엄 비디오 시청자들이 점점 더 온라인으로 이동하면서, 케이블방송, 위성방송, 텔코telco 공급자들은 시청자를 잃을 위험에 처해 있다. 실제로 3백만 명의 고객을 보유한 다섯 번째로 큰 케이블방송사인 케이블비전Cablevision의 CEO 제임스 돌란James Dolan은 다음과 같은 일이 벌어지면 자신의 회사가 파산할 것이라고 밝혔다. 시청자들이 TV 프로그램을 온라인으로 시청하고 있다면 케이블비전, 컴캐스트Comcast, AT&T의 유-버스U-verse와 같은 서비스를 이용할 필요가 없다. 「월스트리트 저널The Wall Street Journal」에 따르면, 이러한 공급자들이 TV 서비스 공급을 중단한다면 HBO, 쇼타임Showtime, TBS 등의 채널들은 고객들에게 자신의 콘텐츠를 직접적으로 판매해야 할 것이다.

그러나 그것은 케이블방송과 텔코 공급자들이 파산하게 될 것임을 의미하지는 않는다. 그들은 단순하게 말해 고객들에게 광대역 고속 데이터 통신망broadband, 브로드밴드 서비스를 하는 데 집중할 수 있다. 시청viewing이 완전히 온라인으로 이동한다 해도 사용자들은 여전히 AT&T, 컴캐스트Comcast, 케이블비전Cablevision 등에 돈을 지불하고 접속해야 할 것이다.

월가 금융지「배런스Barron's」가 지적한 바와 같이, 케이블방송사들은 과거 15년 동안 네트워크 구성에 2천억 달러를 투자했다. 미국 가정의 3분의 2가 초고속 인터넷 서비스를 이용하기 위해 이러한 케이블방송사에 요금을 내고 있다. 따라서 어떤 생태계가 형성되든 케이블 회사들은 여전히 TV 쇼 프로그램 방송 전송을 담당할 것이다. 이러한 추세를 고려할 때 우리는 3가지를 예측할 수 있다.

10년 후 세계
Report

첫째, 현재의 TV 시장은 모바일 비디오 시청mobile video viewing, MVV의 등장으로 문제가 생기게 되었다. MVV는 이용자들이 언제 어디서든 그들의 스마트폰이나 태블릿으로 TV를 시청할 수 있게 해준다. 실제로, MVV는 넷플릭스와 훌루와 같은 신흥 비즈니스도 위협하고 있다. 비디오 기술 회사인 프리휠FreeWheel이 조사한 바에 따르면, 모바일 기기를 이용한 시청이 이미 전통적인 TV 시청을 빠르게 대체하고 있는 중이다. 2013년 제1분기에 MVV는 전체 비디오 시청의 19%를 차지했는데, 1년 전보다 3% 상승한 수치이다. 동시에 온라인 마케터들은 2012년 미국인들이 텔레비전으로는 시청률이 1%, 온라인으로는 4% 상승한 반면, 모바일 기기로는 50%가 상승했음을 발견했다. 2020년까지 이러한 모바일 기기를 통한 시청은 더욱더 늘어날 전망이다. 이러한 전망은 시스코Cisco의 최근 연구에서도 나타난다. 2017년 모바일 비디오가 지구촌 전체 비디오 데이터 트래픽의 66%를 차지하게 되는데, 이것은 2012년보다 55% 증가한 수치다. 또한 2017년 전 세계의 모바일 사용자 수는 2012년 43억 명에서 53억 명으로 늘어나고, 모바일 기기는 10억 대 이상 늘어날 전망이다. 따라서 방송사들은 모바일 시장을 선점해야 한다.

둘째, 로라 마틴은 "모바일이 대세로 떠오르는 만큼 콘텐트 생산자들이 더 짧은 분량의 비디오 콘텐츠를 생산할 것"이라고 예측했다. 하지만 이러한 예측은 매우 단기적인 현상에 불과할 것 같다. 2013년 상반기에 온라인으로 시청된 모든 비디오의 86%가 5분 이하의 콘텐츠였다. 그러나 짧은 분량의 콘텐츠가 범람하는 현상은 사용자들의 선호도가 아니라 현재의 기술적 제약 때문일 확률이 높다. 현재 30분 이하의 TV 프로그램이 거의 전무하다는 사실을 고려해 보자. 온라인 비디오는 많은 대역폭을 사용하기 때문에 30분짜리 쇼 프로그램의 경우에도 다운로드하는 데 상당한 시간이 소요된다. 수많은 사용자들이 한꺼번에 다운로드할 경우에는 문제가 더욱더 불거진다.

그러나 이러한 기술적 제한 요소는 급격히 해결될 것이다. 시스코에 따르면, 지구촌 평균 모바일 네트워크 속도는 2012년에 0.5Mbps에서 2017년 3.9Mbsp로 거의 800% 향상될 것이다. TV 화면과 똑같이 모바일로도 동일한 시간대의 방송 분량을 시청하는 것이 가능해지면 전통적인 TV 시청률은 급격히 떨어지고 모바일 시청률은 폭발적으로 늘어날 것이다.

셋째, 전통적인 방송사들이 취할 수 있는 최선의 방어책은 '모든 곳에서 TV'를 시청할 수 있는 기술을 도입하는 것이다. 이 기술은 각 가정들이 선호하는 채널을 어떤 모바일 기기에서도, 집 안에서든 밖에서든 상관없이 볼 수 있도록 해주는 것이다. 고객들이 케이블방송 혹은 위성방송 이용자임을 확인해 주는 비밀번호를 입력하기만 하면 노트북, 태블릿, 스마트폰으로 미국 전역 어디에서든 어떤 채널이든 시청할 수 있을 것이다. 로라 마틴이 분석한 바와 같이 이러한 기술은 TV 콘텐츠 공급자들을 위한 현명한 전략이 된다. TV 시청을 거의 대부분 스마트폰으로 해결하는 10대들의 요구를 충족시킬 수 있기 때문이다. 로라 마틴은 이러한 젊은 시청자들이 앞으로 가정을 꾸리면 케이블방송, 위성방송, 텔코 공급자들은 고객 1명당 평생 4만 2천 달러의 매출_{매월 70달러, 50년간의}

시청료을 올릴 수 있다.

「배런스」지는 케이블방송과 위성방송 공급자들이 2012년에 기존 시청자들을 1% 잃었고, 젊은 시청자들이 모바일 시청을 선택하면서 그 손실은 앞으로 커질 것이라고 보도했다. 하지만 '모든 곳에서 TV'를 시청할 수 있는 기술이 도입되면 현재 시청자의 5%가 이탈하지 않도록 할 수 있다. 그러면 기존의 방송사들은 매년 42억 달러의 손실을 줄일 수 있을 것이다.

26

신경과학,
마음을 읽는 기계가 탄생한다

지금 세계는 신경과학의 중요성에 주목하고 있다. 다양성이 존재하는 21세기의 대학에는 여러 학문 분야들이 자리 잡고 있는데, 이들 학과들은 신경과학을 중심으로 통합되고 있다. 신경과학을 중심으로 생명과학, 우주과학, 의학, 정치학, 성제학 등이 경계를 넘어 융합되고 있는 것이다.

일례로 우리가 의사결정을 내릴 때 뇌 속에서 어떤 일들이 벌어지는지를 연구하는 신경경제학은, 신경과학이 주목받고 있는 우리 시대에 신개념 경제학으로 인기를 끌고 있다. 최근 「파이낸셜타임스」는 "신경경제학이 이제 막 출발했지만 기업들은 그것의 상업적 이용 가치에 주목하고 있다"고 발표했다. 애틀랜타에 있는 컨설팅업체 브라이트하우스 Bright House 는 최근 '뉴로마케팅 Neuromarketing' 부서를 신설했다. 이 부서는 특정 제품에 대한 소비자들의 뇌파 반응을 자기공명영상 fMRI 장치로 조사한다. 이 조사를 통해 기업은 고객을 끌어들이기 위해 어떤 일을 해야 하는지를 알아낼 수 있다. 코카콜라 Coca-Cola 와 로레알 L'Oreal, 나이키 Nike 등의 글로벌 기업들은 뉴로마케팅에 투자를 대폭 늘리고 있다. 이처럼 신경경제학의 연구 기법을 통해 소비자들이 언제 무슨 이유로 합리적인 행동을 하지 않는지를 파악해 보다 효과적인 마케팅 전략을 세우는 기업이 늘고 있다.

뉴로마케팅은 제품의 진열은 물론 제품의 명칭, 디자인, 기능 등의 개발 단계부터 로고나 광고 등의 브랜드 이미지를 형성하는 데에도 다양하게 활용되고 있다. 뉴로마케팅을 이용하는 기업들은 기능성 자기공명영상 fMRI, 뇌파검사 EEG: Electro Encephalo-graphy, 시선추적 Eye tracking 등 두뇌와 중추신경계의 반응을 측정하는 신경과학 기술을 통해 소비자의 행동을 예측하고 있다. 기능성 자기공명영상 장치는 뇌의 특정 부위가 활동하는 것을 포착하여 알려주고, 뇌파검사는 두피에 전극을 붙여 뇌의 전기적 활동이 어떤 로고나 디자인을 접할 때 강한 반응을 보이는지를 알려준다. 또 시선추적 장치는 사람의 눈동자와 머리가 움직이는 방향을 측정해 소비자의 행동을 읽어낸다.

현재 많은 기업이 인터넷 쇼핑몰을 꾸미거나 텔레비전 광고를 하는 데 이러한 기법을 활용하고 있다. 거리에 광고판이나 대형 화면을 설치해 지나가는 행인들의 시선을 추적하고 광고물을 얼마나 많이 보는지, 어느 부분을 눈여겨보는지 등을 측정해 마케팅에 적용하고 있다. 뉴로마케팅을 활용하는 기업들은 사람들이 운동을 하거나 영화를 보거나 쇼핑할 때, 뇌의 어느 부위가 활성화되는지도 관찰한다. 그러한 관찰을 토대로 신제품의 명칭과 디자인, 광고까지 기획하면 매출이 크게 오르기 때문이다.

신경과학은 인간의 행동과 뇌의 연결관계를 규명하는 학문이다. 그러나 얼마 전까지만 해도 신경과학자들은 인간을 직접적인 대상으로 삼아 연구하지는 않았다. 왜냐하면 우리 뇌는 워낙 섬세하고 정밀한 기관이라서 그것에 자극을 가한다면 부작용이 발생할 수 있기 때문이었다. 뇌의 두정엽이나 전전두피질에 자극을 가하려면 뇌에서 발생하는 정상적인 신호 외에 다른 신호를 만들어내야 하는데, 그 과정에서 뇌가 정상적으로 실행하는 과정을 방해할 수도 있다. 그래서 뇌와 관련된 실험들은 원숭이나 쥐 등을 대상으로 해야 했다. 하지만 신경과학이 더욱 발전한 컴퓨터 기술과 연계되면 여러 한계들이 극복될 것이다.

최근 신경과학이 IT 기술과 융합해 인류의 역사를 새롭게 바꾸고 있다. 1950년대 말에 한 번에 뉴런 neuron, 신경계를 이루는 기본세포 1개를 기록하기 시작한 이후, 오늘날에는 수백 개의 뉴런이 동시에 활동하는 것을 기록하는 수준으로 발전했다. 시카고재활연구소 Rehabilitation

Institute of Chicago는 "뇌과학 기술은 1950년대부터 7년마다 2배씩 성장했다"고 밝혔다.

이처럼 신경과학이 발전하게 되자, 언제든 두뇌에서 일어나는 일을 더욱더 정확히 이해할 수 있게 되었다. 시카고재활연구소의 과학자들은 뇌졸중이나 척수손상으로 손상된 두뇌의 연결부를 복구하는 획기적인 연구에 참여했다. 뉴런에서 얻은 데이터를 활용하고 뇌-기계 인터페이스, 기능적 전기 자극 치료기 그리고 가상현실과 같은 최첨단 기술을 이용해 손상된 두뇌의 연결부를 복구하고 있는 것이다.

또 다른 연구는 두뇌에서 얻은 정보를 기록하고 자연스러운 뉴런 활동을 모방할 수 있다는 것을 입증하고 있다. 텔아비브대학교Tel Aviv University 연구진은 뇌가 손상된 쥐에게 로봇 소뇌를 성공적으로 이식했고, 쥐는 곧 운동 능력을 회복했다. 로봇의 소뇌 안에 있는 칩은 뇌간으로부터 감각정보를 받아들이고 해석하며, 두뇌와 신체 사이에서 의사소통을 하도록 고안되었다. 놀랍게도, 이 로봇 소뇌를 이식한 쥐는 자극에 반응할 때마다 눈을 깜빡였다. 손상된 뇌 기능이 회복된 것이다.

그런데, 이러한 기술을 부정적으로 바라보는 이들도 있다. 누군가 우리의 생각을 엿본다거나 아이디어를 훔친다거나 하는 비도덕적인 측면만 생각하기 때문이다. 하지만 이 기술은 우리의 삶을 보다 편리하게 만들 것이다. 팔다리 등을 잃은 장애인들의 운동 능력을 되찾아줄 것이고, 인간을 대신해 여러 일을 대신할 수 있기 때문이다.

일례로, 캘리포니아대학교 버클리캠퍼스 University of California in Berkeley 연구진은 뇌손상을 입은 환자들이 다시 말할 수 있도록 도움을 주기 위해 연구해 왔다. 그들은 환자들이 언어를 들을 때 두뇌가 형성하는 전기적 활동의 복잡한 패턴을 해석한 다음, 그 패턴을 다시 원래의 언어와 매우 근사한 형태로 바꿀 수 있다는 점을 입증했다. 환자들이 5분 내지 10분 동안 대화를 듣는 동안 두뇌 표면에 붙인 전극의 전자 텔레파시를 활용해 두뇌 활동이 기록되었다. 그런 다음 환자가 단어를 들었을 때, 환자의 두뇌 활동을 컴퓨터 프로그램이 분석했고 연구진은 이 단어를 추론할 수 있었다.

신경과학자들은 인간의 두뇌가 발음된 단어를 전기 활동의 패턴으로 변환시킨다는 것을 오래전부터 눈치 챘다. 캘리포니아대학교

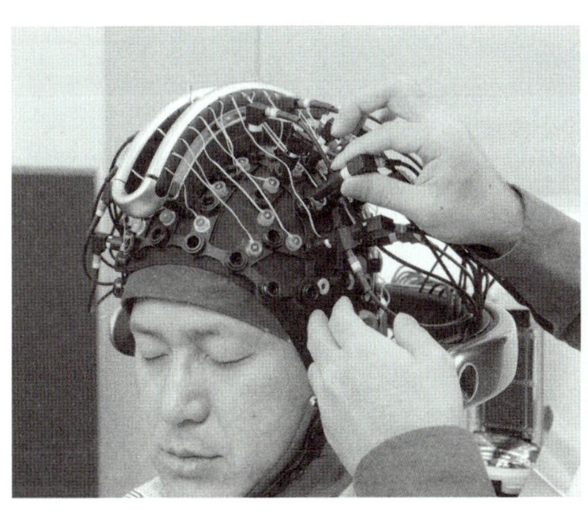

캘리포니아대학교 버클리캠퍼스 연구진은 뇌솔중 환자들이 언어 능력을 회복하는 데 도움을 주는 연구를 하고 있다.

버클리캠퍼스 연구진은 이런 패턴을 원래의 소리로 다시 변환할 수 있다는 것을 입증했는데, 이는 뇌졸중 환자들이 언어 능력을 회복하는 데 큰 도움이 될 것이다.

신경과학은 미래 자동차를 개발하는 데도 적용될 수 있다. 베를린자유대학교 Freie Universitat Berlin 오토노모스 혁신연구소 AutoNOMOS Innovation Labs 에서는 컴퓨터로 조종되는 자동차를 운전자의 뇌파를 측정하는 신규 센서 인터페이스와 연결시켰다. 컴퓨터는 두뇌가 '좌회전, 우회전, 가속, 정지'와 같은 명령을 내리면 두뇌의 생체전기 파동을 해석하도록 훈련을 받았다. 연구진은 운전자가 직접 핸들을 돌리거나 브레이크를 밟지 않아도 그의 의도에 따라 작동하는 자동차를 만들고 있다.

한편, 워싱턴대학교 의과대학 세인트루이스캠퍼스 Washington

로봇형 외골격은 장애인에게 도움을 줄 뿐만 아니라 인간이 견딜 수 없는 극도의 환경에서 탐사나 자원채굴 등을 가능하게 만들어줄 것이다.

University School of Medicine in St. Louis의 과학자들은 큰 목소리로 말하거나 머릿속으로 생각해서 컴퓨터 화면의 커서를 제어할 수 있다는 사실을 입증했다. 이 연구에 참가한 사람들은 특정 언어를 생각하거나 말해서 컴퓨터 커서를 조정하는 법을 빠르게 습득했는데, 이는 인터페이스를 인식하도록 프로그램된 뇌파 패턴을 만들었다. 워싱턴대학교의 에릭 류사트Eric Leuthardt 박사는 "우리는 말한 소리와 머릿속으로만 생각한 말을 구분할 수 있으며, 이는 진정으로 생각의 언어를 읽기 시작했다는 점을 의미합니다. 이것은 마음속으로 무슨 생각을 하고 있는지를 감지하는 '마인드 리딩'이라 불리는 선례 가운데 하나입니다"라고 말했다.

듀크대학교 신경공학센터Duke University Center for Neuroengineering 연구진은 원숭이 두 마리에게 뇌 활동만으로 가상 아바타의 손을 움직이도록 훈련시켰다. 이 연구에는 '피드백'이라는 중요한 요소가 첨가되었다. 가상 물체의 감촉은 전기 신호 패턴으로 원숭이의 뇌에 전해졌고, 원숭이들은 가상 물제를 파악하고 구분할 수 있었다.

이러한 기술은 각종 부상과 뇌졸중을 당한 환자들의 삶을 바꿔놓을 수 있다. 일례로 워싱턴대학교의 연구결과는 운동 능력을 잃은 사람이 로봇 팔을 부착하면 정상적으로 활동할 수 있다는 엄청난 가능성을 제시한다. 듀크대학교 연구진은 심각한 장애를 입은 환자도 로봇형 외골격을 부착하면 생각을 통해 움직일 수 있을 뿐만 아니라 외부로부터 촉감과 모양까지 인지할 수 있다고 발표했다.

듀크대학교의 연구에 영향을 받은 시카고대학교University of Chicago 연구진은 움직임에 대한 운동감각 피드백 정보와 로봇 팔의 공간 위치에 대한 정보를 더하면, 뇌-기계 인터페이스를 사용하던 원숭이는 팔을 다루는 운동 감각을 상당히 향상시킬 수 있다는 점을 입증했다. 이로 인해 셔츠 단추를 잠그거나 걷는 일들이 훨씬 쉬워질 것이다.

또 다른 주목할 만한 연구는 메릴랜드대학교University of Maryland에서 이루어지고 있다. 연구진은 비외과적인 방법으로 뇌파를 읽을 수 있는 브레인 캡을 개발했다. 과거의 과학자들은 인간의 유용한 두뇌 활동을 충분히 탐지하려면 뇌에 직접 센서를 달아야 한다고 생각했다. 하지만 뇌와 센서 사이에는 두꺼운 두개골이 가로막고 있어서 외과적인 수술을 해야 했고, 이 방법은 너무 위험했다. 메릴랜드대학교 연구진은 외과적인 수술을 하지 않고서도 센서를 연결할 수 있는 브레인 캡과 인터페이스 소프트웨어가 머지않아 컴퓨터, 로봇의족, 전동 휠체어, 심지어 디지털 아바타를 다룰 것이라고 내다보았다. 비외과적인 방법으로 뇌파를 읽어내는 이러한 방식은 신체건강 및 정서적으로 해롭지 않아서 많은 사람들의 관심을 끌고 있다.

이와 비슷한 연구는 미시건대학교University of Michigan에서도 개발 중이다. 연구진들이 만들어낸 뇌와 외부 기기를 연결하는 삽입 물질은 피부 속에 위치하지만, 피질을 침투하지는 않는다. 피부는 두뇌에서 컴퓨터에 신경 신호를 무선으로 전송하는 전도체 역할을 한다.

이러한 기술 발전을 고려한다면 앞으로 어떤 일이 일어날까?

첫째, 지난 세기에 컴퓨터가 기술 혁명을 이끌었던 것처럼, 앞으로는 신경과학이 새로운 혁명을 이끌 것이다. 앞으로 10년 동안 뇌를 읽는 기술이 향상되어 무한한 잠재력을 지닌 두뇌의 기능과 원리, 발달 및 활동 등을 더욱 잘 이해할 것이다. 따라서 신경과학과 관련된 산업은 폭발적으로 성장할 것이다. 이러한 성장은 대기업은 물론 중소기업에도 큰 혜택을 줄 것이다. 신경 질환이나 사고로 장애를 앓게 된 사람들을 위해 로봇형 외골격을 조립해 판매하는 것은 대기업이 맡을 것이고, 로봇형 외골격과 관련된 부품들을 생산하는 것은 중소기업이 맡을 것이기 때문이다.

한편, 현재 단순히 자동차 범퍼와 타이어 등을 생산하고 있는 기업들은 앞으로 급성장할 무인자동차 시장에 대비하면 좋을 것이다. 오늘날 출시되는 대부분의 신차들에 안전주차용 센서가 기본으로 부착되어 있는 것처럼 앞으로는 인간의 뇌와 연결해 주는 센서가 부착된 브레이크와 핸들 등을 생산하는 중소기업이 크게 성장할 것이다. 또, 신경과학은 로봇 기술과 융합되어 인간이 견딜 수 없는 극도의 환경에서 탐사나 자원채굴 등을 가능하게 만들어줄 것이다.

이 분야에 종사하는 근로자들은 산업재해를 덜 겪게 될 것이다. 반면에, 이들의 생명안전 수당은 지금보다 줄어들 수 있다.

둘째, 앞으로 10년 안에 키보드와 마우스는 과거의 산물이 될 것이며, 우리는 생각을 통해 기기와 소통할 것이다. 오늘날 우리가 사용하는 원시적인 인터페이스는 마인드 리딩 기술이 등장해 구식 기기가 될 것이다. 따라서 다양한 기능과 디자인을 자랑하는 키보드와 마우스 등을 생산하던 기업들은 역사 속으로 사라질 것이다.

또한 우리의 생각을 직접 알아내는 기계가 가전제품과 휴대폰 등 사실상 모든 기기들의 모습을 바꿀 것이다. 누군가에게 전화를 할 때에는 그저 그 사람의 이름을 생각하면 되고, 피자를 배달시키고 싶다면 '피자 배달'이라는 단어를 머릿속으로 떠올리기만 하면 될 것이다. 휴대폰은 알아서 전화를 걸어줄 것이며, 따끈따끈한 피자가 우리에게 배달될 것이다.

이처럼 생각만 하면 무엇이든 가능해지는 세상에서, 대중의 심리를 조종할 줄 아는 사람이 부자가 될 것이다. 최근 신경과학을 마케팅과 접목시킨 뉴로마케팅이 마케팅의 대세로 떠오르고 있다. 뉴로마케팅을 공부하면 유능한 기획자나 마케터가 될 것이다. 뉴로마케팅과 신경경제학을 이용하면 광고, 포장, 유통 및 제품 디자인 등에 이르기까지 소비자의 구매욕을 자극시켜 매출을 높일 수 있다. 뉴로마케팅은 앞으로 10년을 지배할 새로운 마케팅 기법이 될 것이다.

셋째, 신경과학은 사회 안전을 위해서도 이용될 수 있다. 최근 미국의 마인드 리서치 네트워크 Mind Research Network 의 켄트 키엘 Kent Kiehl 박사는 출소를 앞둔 96명의 남성 재소자를 대상으로 '뇌 영상 패턴과 재범률의 상관관계'를 연구했다. 키엘 박사와 연구진은 재소자들에게 컴퓨터를 이용해 과제 재소자들의 충동적 반응을 억제한 상태에서 신속한 의사결정을 내리게 하는 것 를 부여하고, 그들이 과제를 해결하는 동안 뇌를 fMRI로 촬영했다. 연구진은 운동제어 및 결정기능에 관여하는 뇌의 영역 ACC 을 집중적으로 분석했으며, 분석을 마친 뒤 출소한 재소자들의 행적을 4년 동안 추적조사했다.

그 결과, 과제 수행 시에 ACC의 활성이 낮았던 사람들은 그렇지 않은 사람들보다 재범률이 높게 나타났다. 이 결과는 나이, 알코올중독, 사이코패스 특성 psychopathic traits 등의 다른 위험인자들을 배제한 경우에도 달라지지 않았다. 곧, ACC의 활성이 하위 50%에 해당하는 사람들은 상위 50%의 사람들보다 재범률이 2.5배 높았다.

이러한 연구를 이용하면 범죄자들의 재범을 예방할 수 있다. 현재

성범죄자들에게 전자발찌를 채우고 있는 것과 마찬가지로, 흉악
범들을 대상으로 컴퓨터를 이용해 ACC의 활성도를 조사한다면
어떨까? ACC의 활성이 낮은 사람들은 재범률이 높으므로, 이들
을 고위험군으로 분류해 집중 관리한다면 재범률을 낮출 수 있을
것이다.

27

DM 마케팅, 통합마케팅 믹스의 핵심요소로 떠오른다

소셜 미디어, 웹 광고가 전통적인 잡지와 신문, 라디오, 텔레비전 광고를 대대적으로 습격해 밀어내고 있는 것처럼 보인다. 하지만 이러한 와중에 예상 밖의 일이 일어나고 있다. 가장 전통적인 광고 매체 중 하나인 DM Direct Mail 이 진화를 거듭해 오늘날의 새로운 통합 마케팅 믹스 Mix 의 핵심요소가 되고 있다. 그렇다면 DM은 마케팅의 주요한 방법으로 계속 유지될 것인가?

미국 DM협회 Direct Marketing Association 에 따르면, 미국의 마케터들은 2012년에만 다이렉트 리스폰스 마케팅 Direct Response Marketing, 중간 상인이나 소매점 등의 유통 경로를 거치지 않고 광고나 방문 등을 통해 고객의 요구에 응하는 판매 활동 에 1,700억 달러를 썼다. 이 규모는 미국 내 모든 광고 활동의 절반 이상을 차지하는 어마어마한 수치다. DM협회가 발간하는 연례 간행물인 「The DMA's Response Rate 2012 Report」는 조사 응답자의 79%, 비영리 영역의 응답자 95%가 DM을 활용했음을 밝혀냈다. 실제로 2012년에 미국 일반우편U. S. standard mail은 거의 800억 건의 배송을 처리했다. 이 배송 수는 2008년에 비해 24% 줄어든 수치인데, 이렇게 줄어든 이유는 금융 공황의 즉각적인 여파 때문이다.

하지만 인상된 우편 요금에도 불구하고 2012년 이후 이 규모가 유지되고 있는데, 이것은 사실 여러 가지 측면에서 매우 놀라운 일이다. 20년 전에 등장한 월드 와이드 웹www으로 인해, 마케팅과 상업 영역은 엄청난 변화를 겪었다. 신문과 잡지, 라디오와 같은 전통 매체들은 급격한 하향세를 겪었고, 텔레비전 광고는 과거의 영화를 거의 잃어버렸기 때문이다. 오늘날 마케터들은 온라인 배너 광고나 전자메일을 통해 매출을 올리기 위해 고군분투하고 있다. 최근에는 소셜 미디어를 통해 매출을 올리기 위해 애를 쓰고 있다.

1990년대 화려했던 닷컴 거품을 거슬러 올라가보면, DM은 다윈의 진화론적 관점에서 보면 경쟁에서 분명히 도태되어야 하는 것처럼 보였다. 무엇보다도 DM은 느려 터졌고, 돈이 많이 들며, 분명히 '과거'의 냄새를 풍긴다. 하지만 DM은 여전히 살아남았다. 실시간 쌍방향의 새로운 방식과 매체의 습격에도 불구하고 마케팅 매체에서 백악기 공룡 수준의 도구인 DM은 도대체 어떻게 살아남은 것일까?

그 답의 일부는 인간의 두뇌가 다양한 매체에 반응하는 방식에 있다. 2009년에 영국에 위치한 헤드헌터 회사인 밀워드 브라운Millward Brown은 두뇌가 DM과 같은 물리적 마케팅 매체를 어떻게 처리하는지를 조사했다. 스크린을 통해 구현되는 가상 혹은 디지털 매체에 대한 반응과 비교하기 위해서였다.

마케팅의 성사를 좌우하는 감정의 중요도를 연구한 자료에 따르면, 다른 형태의 매체가 불러일으키는 감정 처리 상태를 이해할 때 매우 주목할 것이 있다. 영국 뱅거대학Bangor University의 소비자심리 실험센터Centre for Experimental Consumer Psychology와 함께, 밀워드 브라운 사는 기능적 자기공명영상funtional Magnetic Resonance Imagery, fMRI을 이용해 인간의 두뇌가 가상의 매체와 물리적 매체에 각각 어떻게 자극받고 반응하는지를 스캐닝했다.

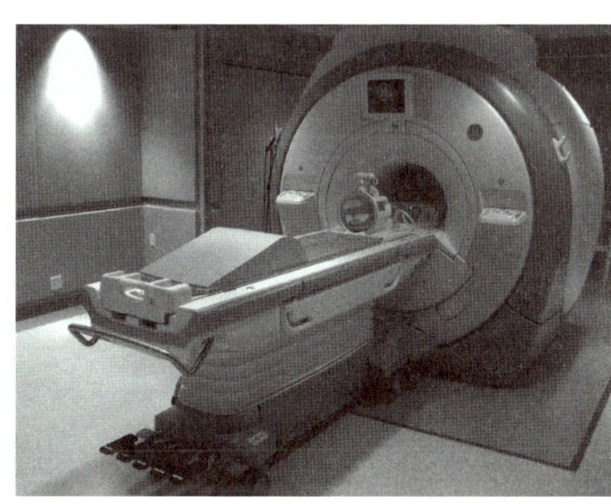

밀워드 브라운 사는 기능적 자기 공명영상을 이용해 인간의 두뇌가 가상의 매체와 물리적 매체에 각 각 어떻게 자극받고 반응하는지를 스캐닝했다.

fMRI 스캐닝은 연구조사자들에게 광고를 처리하는 두뇌 영역의 활동을 직접적으로 보여줬다. 여기에는 피조사자들이 일반적으로 말로 표현하기가 매우 어려운, 그래서 기존의 조사 방식에서는 간과될 수 있었던 미묘한 처리과정까지 포함되었다. 다른 형태의 매체에 대한 인간 두뇌의 반응을 연구한 이 프로젝트에서 도출된 결과는 기존의 다른 어떤 마케팅 조사에서도 볼 수 없었던 새로운 성취를 이뤄냈다. 핵심적인 결과는 다음과 같다.

① 눈에 보이고 손으로 만져지는 물리적 매체는 두뇌에 더 깊은 각인을 남긴다. 카드 인쇄물의 형태를 띤 매체는 두뇌의 좌우 두정엽에 시각적·공간적 정보의 통합과 연계된 영역에서 더 활발한 활동을 일으켰다. 이는 물리적 매체가 두뇌에 더 실감적이고 실체적인 것을 가져다준다는 의미이다. 즉, 이것은 두뇌의 기억 공간 네트워크와 연계되기 때문에 기억을 끄집어내기가 더 쉽다는 것이다.

② 물리적 매체는 더 많은 감정 프로세스를 이끌어내고, 이로 인해 '인간의 기억'과 '브랜드'의 연계를 강화시킨다. 스크린으로 보이는 가상 매체보다 물리적 매체를 볼 때, 보다 많은 처리과정이 우측 대뇌 피질에서 일어나기 때문이다. 이것은 감정적으로 강력한 자극 그리고 기억의 처리 과정과 연관된다. 즉, 물리적인 매체들이 감정적으로 더 생생한 기억을 만들어낸다는 점을 보여준다. 물리적 활동은 소뇌에도 많은 반응을 일으키는데, 소뇌는 작업 능력뿐만 아니라 공간과

감정의 처리와도 연계된다.

③ 물리적 매체는 가상의 매체보다 인간의 내면에서 일어나는 감정과 연계되는 더 많은 두뇌 반응을 일으킨다. 이것은 광고의 더 효과적이고 탁월한 내재화를 의미한다. 내측 전두엽과 대상피질은 감정 처리와 연계된 두뇌 영역이다. 이 영역은 가상적인 것보다 물리적인 것에 더욱 활발한 활동을 보였다.

④ 두뇌의 디폴트 네트워크 Default Network, 멍한 상태에 있거나 잡념에 빠졌을 때 극도로 활발해지는 뇌 영역의 네트워크로 스스로 불필요한 정보를 과감하게 삭제해 새로운 생각을 채울 수 있는 여백을 만든다. 즉, 뇌에 자극이 없을 때 활성화되는 부분이다. 가 가상의 광고보다 DM을 볼 때 더 활발한 것으로 나타났다. 전문가들은 디폴트 네트워크에서의 활동을 외부 자극에 대한 인간의 감정적 반응과 연관 짓는다. 그것도 훨씬 더 집중도가 높다는 것이다. 이것은 각 개인들이 정보를 자신의 사고 및 감정과 연관 짓는다는 것을 의미한다.

가상의 매체들이 목표 고객을 설정하거나 쌍방향에 있어 매우 독특한 장점을 지니고 있음은 분명하다. 다만 이번 연구는 DM이라는 물리적 매체에는 매우 특별한 것이 있다는 점을 보여줬다. 연구 결과의 핵심은 명확하다.

'물리적 매체DM 에 의해 촉발되는 두뇌의 감정 처리가 똑같은 내용을 담은 가상의 매체보다 훨씬 더 활발하다!'

물리적 매체가 제공하는 실체적 경험 Real Experience 이 기억의 일부분이 되는 데 더 유용하다는 것이다. 그것은 더 풍성하고 큰 감정을 일으키고, 그러한 감정이 두뇌에 긍정적인 브랜드로 인식된다는 것이다. 게다가 실체적 경험은 내재화된다. 그렇게 내재화된 매체는 개인에게 더 효과적이다. 행동을 이끌어내는 강력한 동기가 되는 것이다.

그런데, 지금까지 마케터들은 연령에 따라 매체를 달리해야 한다고 생각해 왔다. 청년층은 소셜 미디어나 웹 광고, 노년층은 신문이나 텔레비전 광고가 유용하다고 생각했다. 하지만 전국 소비자 조사에 따르면, 놀랍게도 DM은 전체 연령 모두에게 효과적인 영향을 끼쳤다. 특히 18세에서 34세까지의 젊은 세대들은 온라인 소스보다는 오히려 우편을 통한 마케팅 메일에서 정보를 얻는 것을 더 선호했다. 왜냐하면 광고성 메일을 받아 보는 즉시 휴지통에 버리기 때문이다.

DM 마케팅은 거의 모든 영역에서 매우 유용하다. 그 핵심 이유 중 하나는 측정 가능성 Measurability 에 있다. 텔레비전, 라디오, 인터넷 배너, 수많은 인쇄 광고가 가진 고질적인 문제는 '고객의 실제 주문'과 '광고의 효과'를 연결하기가 매우 어렵다는 점이다. 고객이 어떤 매체를 보고 동기를 부여받아 제품을 구매했는지를 거의 알 수 없었다.

반면, DM 패키지나 카탈로그는 마케터들에게 '실제 판매'와 '판매 효과'를 명확하게 연결한다. 따라서 오퍼와 목표 대상, 중간 매개체, 계절에 따른 시장 수요의 경향 및 변동 등에서 마케터들이 들인 인적·물적 ROI 투자수익률 를 정량화하는 것이 가능하다.

DM 마케팅은 거의 모든 영역에서
매우 유용하다.

오늘날 각광받는 소셜 미디어들이 영향력을 지닌 것은 분명하지만 이들이 지닌 아킬레스건은 마케팅에 쓰이는 비용과 실제 판매로 생긴 수익을 연계시키기가 매우 어렵다는 데 있다. 하지만 DM의 명확한 ROI 성향으로 인해, 마케터들은 DM 비용과 손익분기점을 연계할 수 있다. 이것은 「타깃마케팅 Target Marketing」지가 실시한 최근의 소사에서도 명확하게 나타났다. 그 조사는 DM이 B2C 기업이 제공하는 물품 및 서비스가 소비자에게 직접적으로 제공되는 전자상거래 형태 마케터들에게 신규고객 유치, 고객 접촉, 고객 유지에 있어 가장 강력한 ROI를 제공하고 있음을 밝혀냈다.

그렇다면 B2B 기업과 기업 사이에 이루어지는 전자상거래 형태 마케터들에게는 어떨까? 그들은 신규고객을 유치하거나 고객 유지를 하는 데 이메일에 가장 높은 점수를 매겼다. 하지만 B2B 시장에서조차 DM은 매우 유용한 것으로 나타났다. 여기서 핵심은 전체적인 통합 마케팅 믹스에서 DM을 마케팅의 핵심요소로 사용해야 한다는 점이다.

소셜 미디어와 인터넷 시대에 낡고 전통적인 방식인 DM은 시대와 뒤떨어져 보인다. 하지만 DM은 앞서 설명한 바와 같이 가장 강력한 힘을 지니고 있다.

첫째, 종이 카탈로그는 적어도 앞으로 10년 동안에도 비용 면에서 가장 효과적인 마케팅 도구로 계속 유지될 것이다. DM협회의 통계 보고서에 따르면, 기업들이 주문에 대한 평균 광고비를 측정했을 때 카탈로그는 주문당 47.61달러, 전자메일은 53.85달러, 유료 검색엔진에는 99.47달러가 소요된 것으로 나타났다. 인터넷과 스마트폰이 아무리 발달하더라도 사람들은 오감을 직접적으로 자극하는 종이 카탈로그에 마음을 열 것이다. 따라서, DM 마케팅은 앞으로도 유효할 것이다.

둘째, 통합 마케팅은 거의 대부분의 비즈니스에서 규범이 될 것이다. 시장이 포화되면서 거의 모든 매체는 수입 감소를 경험하게 된다. 여기서 핵심은 다양한 채널들을 통합해 광범위한 인상과 효과를 전달하는 데 있다. 예를 들어, QR 코드가 들어간 DM은 효과적인 방안을 제공할 수 있다. 대부분의 DM은 다른 물리적 매체뿐만 아니라 온라인에 등재된 자원이나 소스, 콘텐츠와 연동되어 그 영향력을 배가시킬 것이다. 이것은 고객 생애 가치_{Lifetime Value,} 한 고객이 특정기업의 고객으로 존재하는 전체 기간 동안 창출하는 가치를 최대화시킬 것이다.

셋째, DM 마케터들은 고객에게 여러 감각을 동원해 판매 효과를 높이는 새로운 방법을 발견할 것이다. 예를 들어, 뉴로마케팅 Neuromarketing, 신경과학과 마케팅을 접목한 마케팅의 새로운 분야. 보다 자세한 내용을 알고 싶으면 일상과 이상 출판사에서 펴낸 『돈 굴리는 뇌』를 참조하기 바란다. 연구자들은 구매 결정에 영향을 미치는 냄새, 맛, 감촉, 온도가 시각, 소리와 결합할 수 있는 획기적이고 놀라운 방식을 발견해내고 있다. 라디오, 텔레비전, PC, 태블릿 혹은 스마트폰과 달리, 정교하게 설계된 DM 패키지는 이러한 모든 채널과 방식을 통해 상당한 영향력을 미치는 메시지를 전달할 수 있다. 시장점유율 Share-of-Market 보다 지갑점유율 Share-of-Wallet 이 중요해지고 있는 오늘날의 세계에서 DM의 영향력은 무시할 수 없을 것이다. .

28 공정한 교육,
미국의 교육 정책이 달라진다

마틴 루터 킹 주니어 Martin LutherKing Jr 목사는 인종이 문제되지 않는, 모든 신의 자녀들이 그들의 인성에 의해 판단을 받는 세상을 꿈꿨다. 인종차별은 미국의 백호주의 때문에 생긴 것이 아닌가? 백호주의를 오랫동안 운용한 미국은 진정한 민주주의 국가라 할 수 있을까?

백호주의는 사회적으로 크나큰 피해를 입혔다. 차별을 느끼는 사람들뿐만 아니라 경제적으로 수혜를 본 사람들에게도 피해를 끼친 것이다.

인종차별 문제에 대한 도덕적 논쟁은 흑인 노예 제도의 어두운 과거와 차별을 합법적으로 허용한 짐 크로우 법안 Jim Crow Laws 에 기반하고 있다. 1960년대, 인종차별 정책이 도입되던 당시에 대부분의

인종차별에 반대했던 마틴 루터 킹 주니어.

흑인 미국인들은 가난했고 매우 소수만이 관료 계급에 있었다. 미국 최고의 대학들, 기업들, 법률 회사, 은행에서 상당한 위치에 오른 흑인은 실제로 거의 없었다.

인종차별 정책은 백인들이 사회 기득권을 차지하기 위해 만들어졌다. 흑인을 비롯한 유식인종은 사회 기득권과는 거리가 멀었다.

하지만 1990년대 이후 미국 사회는 달라지게 되었다. 미국 정치인들은 "차별받는 계급을 우대해야 더 공정한 사회를 창출하는 가장 빠르고 효과적인 방안"이라고 주장했다. 이들은 사회적으로 가치 있는 자원을 인종차별의 희생자였던 사람들에게 공정하게 나눌 것을 원했다. 그래서 흑인들에게 직업과 고등교육, 신용대출, 주택임대 등을 제공한 것이다. 그 결과, 미국은 다양한 인종과 민족에게 특별한 혜택을 제공하는 수많은 국가들 중 하나가 되었다.

그런데, 미국이 이러한 흐름에 동참하게 된 것은 교육 관계자들의 태도 변화 때문이기도 하다. 그동안 미국의 지식인들은 "역사적인 오류를 바로 잡아야 한다"고 주장하며 인종차별을 반대해 왔는데, 최근 지식인들은 "다양성을 촉진해야 한다"고 주장하며, "다양성이 모든 학생들에게 더 나은 교육을 제공한다"는 논리를 펴고 있다.

결론적으로 미국의 대학들은 "오늘날 인종은 대학 신입생을 선발하는 과정에서 합격을 결정하는 주요 요소가 아니다"라고 주장한다. 그리하여 학업성취도가 월등한 백인계와 아시아계 학생들보다 학업성취도가 떨어지는 흑인과 히스패닉계 학생들에게도 입학을 승인하고 있는 것이다. 이러한 분위기는 이미 무르익어, 미국의 최고 대학들 거의 대부분이 '다양한' 학생들로 구성된 캠퍼스를 구축하고 있다.

미국의 대학들은 인종의 다양성을 확보하기 위해, 다른 피부색을 가진 학생들에게 특별한 기준을 적용하고 있다. 프린스턴대학 Princeton University, 미국 동부 8개 아이비리그에 속해 있는 명문대학 과 하버드대학 Harvard University, 미국 매사추세츠 주 케임브리지에 있는 아이비리그 사립대학 의 전 총장들인 윌리엄 보웬 William Bowen 과 데릭 복 Derek Bok 이 1999년에 내놓은 연구 보고서는 이러한 기준들을 잘 보여준다.

　이 보고서는 3년 동안 28개의 대학에 진학한 학생 8만 명의 학업 점수에 크게 기반하고 있는데, 이들은 GPA Grade Point Average, 졸업 평점 과 SAT Scholastic Assessment Test, 미국 대학입학 시 고려하는 요소 중 하나이며 여러 개의 시험을 통칭함에서 대학들이 흑인 학생들에게 입학 특혜를 주고 있음을 발견했다. GPA 기준 3분의 2에 해당하고, SAT 1,600점 기준에서 400점 부족한 학생들에게 입학을 승인하는 혜택을 준 것이다.

　즉, 백인 학생의 SAT 1,500점은 흑인 학생의 1,100점에 해당한다. 특이한 입학 기준에 따라 SAT 1,100~1,199점을 받은 흑인 학생은 대학에 들어가기가 쉬어진 것이다. 반면 백인 학생은 SAT 1,459~ 1,499점에 도달하지 않으면 입학을 꿈꿀 수 없다. 백인 학생들이 오히려 역차별을 받게 된 것이다.

　더욱이 SAT 1,500점 이상을 받은 흑인 학생은 입학 승인을 받지만, 똑같은 점수대의 백인 학생 중 3분의 1은 입학 승인을 받지 못한다. 또, SAT와 GPA가 동일할 때 흑인 학생들과 백인 학생들 간의 입학 승인이 미시건대학 University of Michigan의 경우 171대1, 노스캐롤라이나대학 University Of North Carolina의 경우 177대1이다.

　교육 분야에서 특정한 인종에 대한 차별을 없애기 위해 고안된 이러한 정책은, 오히려 역차별을 불러일으키게 되었다. 그런데도 수많은 사람들이 "이러한 차별이 사회에 긍정적이기 때문에 계속 유지해야 한다"고 주장한다. 하지만 두 가지 의문이 남는다.

● 첫째, 흑인에 대한 우대 정책이 실제로 원래의 목표를 달성하고 있는가? 즉, 우대를 받아 입학을 승인받은 흑인 학생들이 바람직한 교육적 성과를 내고 있는가?
● 둘째, 우대 정책으로 인해 대학 캠퍼스는 진정으로 혜택을 얻고 있는가?

우선, 다양성의 혜택부터 따져보자. 이민 정책이 거의 50여 년 동안 지배한 미국이라는 나라에서, 중산층 흑인 및 히스패닉계 젊은 계층과 중산층 백인 및 아시아계 젊은 계층을 섞는 일은 바람직하지 않을 수도 있다. 입학을 승인받은 소외 계층 학생들은 결과적으로 어떠한가? 교육적 결과가 좋지 않아 좋은 직업과 많은 수입을 얻지 못하고 있다. 통계자료에 의하면 미국 사회에서 소외 계층들은 사회적 지위가 향상되었지만 그러한 결과는 우대 정책으로 비롯된 것은 아니다.

앞서 언급한 전 대학 총장들인 윌리엄 보웬과 데릭 복이 작성한 연구 보고서에 따르면, 1960년에 25~29세 사이의 흑인계 미국인들 중 대학을 졸업한 사람들은 불과 5.4%에 불과했다. 1995년에 이 수치는 15.4%로 급상승했다. 더불어, 1964년에는 법과대학의 1%, 의과대학의 1.1%에 불과했던 흑인계 학생들은 1995년에는 각각 7.5%와 8.1%로 늘어났다.

그러나 저명한 흑인계 경제학자 토마스 소웰Thomas Sowell이 지적

했듯이, 이러한 소외 계층의 진일보는 우대 정책에서 기인했다고 볼 수가 없다. 우대 정책을 시행하기 이전인 1940년대와 1950년대를 돌이켜보면, 당시 흑인들은 북부에서 남부로 이동을 시작하고 있었고, 이러한 움직임은 흑인들의 교육 수준이 높아지고 빈곤 수준이 낮아지는 것과 연관이 있기 때문이다. 즉, 교육 분야의 우대 정책과 그 우대 정책 대상자들의 사회 경제적 지위 상승 사이에는 연관관계가 없다.

이러한 결론은 대상자들이 수혜를 입어 입학한 대학교와 그 대상자들 간의 '학문적 부조화 academic mismatch'로 인해 기인한 것이다. 1996년에 다트마우스대학 Dartmouth College 의 심리학자 로저스 엘리어트 교수는 이러한 부조화의 문제를 언급했다. 그는 "상위권 대학 입학을 승인받은 수만 명의 준비되지 않은 소외 계층 학생들이 엘리트 학생들에게 '완전히 압도당하는' 감정을 느끼기 때문에 공부를 제대로 할 수 없다"고 말했다.

이로 인해 흑인계와 히스패닉계 학생들 다수가 낮은 평점을 받고, 더 쉬운 전공학과로 전과하고 심지어 중퇴하는 경우가 발생했다. 이것은 소위 STEM 과학Science, 기술Technology, 공학Engineering, 수학Math 전공에서 실제로 일어난 일이다.

연구 보고서는 학문적 부조화에 처한 학생들은 일반적으로 과학 분야에서 좀 더 쉬운 다른 분야로 전과하는 경향이 매우 크다는 점을 보여주고 있다. 그런데 우대 정책의 대상자들, 즉 소외 계층 학생

STEM 분야에서 박사 학위를 취득하는 흑인계 학생들은 백인계 학생들의 7분의 1에 불과하다.

들은 이러한 경향이 너무 크기 때문에 STEM 분야에서 박사 학위를 취득하는 흑인계 학생들은 백인계 학생들의 7분의 1에 불과하다. 고액 연봉을 받는 일자리가 STEM 분야에서 생성되고 있다는 점에서 이러한 현상은 우대 정책의 허점을 여실히 보여준다.

뿐만 아니라, 우대 정책은 법조인이 되려는 흑인계 학생들의 수를 오히려 격감시켰다. 리처드 샌더Richard Sander 와 스튜어트 테일러Stuart Taylor 는 공동 저술서인 『Mismatch부조화』에서 준비되지 않은 상태에서 법과대학에 입학한 흑인계 법대생들이 얼마나 많이 중퇴하고 있는지를 언급했다.

전과하거나 중퇴하는 이러한 사례들은 전적으로 기회 손실을 의미한다. 윌리엄 보웬과 데릭 복은 우대 정책으로 상위권 대학에 입학한 학생들이 그보다 한 단계 낮은 대학에 입학했다면 STEM 분야의 수료 비율이 80% 정도 늘었을 것이라 판단한다.

부조화의 부정적 측면과 미국 대학의 흑인계 학생들의 다수가 중산층과 중상류층 가정에 속해 있다는 점을 고려했을 때, 수십 년간 지속된 교육 분야의 우대 정책은 이제 부작용을 낳고 있다.

따라서 앞으로 미국에서는 다음과 같은 변화의 바람이 일 것이다.

첫째, 교육 분야의 우대 정책은 10년 내에 완전히 사라지지 않을 것이다. 그러나 구조적으로 변화가 올 것이다. 우선, 공립대학부터 교육 분야의 우대 정책을 폐지하라는 압력을 받게 될 것이다. 사립대학에서는 여전히 우대 정책이 실행될 것이지만, 몇 가지 변화는 일어날 것이다. 우대가 적용되는 방식이 투명하게 드러나도록 요구받을 것이다. 교육 시장과 관계된 기업들과 단체들이 현재의 우대 정책이 사회 경제적인 측면에서 바람직하지 못하다는 것을 서서히 인식하고 있기 때문이다. 이들이 현재의 정책을 바꾸기 시작하면 사립대학에서도 변화의 바람이 불 것이다. 흑인들에게 기부를 덜 받는 대신 우수한 학생들에게 대학 문을 열어줄 것이다.

둘째, 교육 관계자들은 '학문적 부조화'의 문제를 해결하기 위해 다음과 같은 노력을 기울일 것이다. 입학 승인을 얻었지만 '부조화'에 처한 학생들을 위해 보다 개선된 보충학습 프로그램을 운영할 수도 있다. 그러나 이것은 대부분의 경우 실질적인 해결책은 아니다. 왜냐하면 부족한 학업성취도는 초등학교와 중학교, 고등학교 때부터 비롯된 것이기 때문이다. 교육성취평가원National Assessment of Educational Progress, NAEP의 연구 자료에 따르면, 흑인계 12학년의 학업성취도는 백인계 8학년의 학업성취도와 엇비슷한 것으로 나타났다.

교육 수준에 상관없이 모든 학생들에게 기회를 제공한다는 것은 바람직한 시도이지만 초등 교육 단계부터 학업성취도를 향상시키는 데 더 많은 투자가 이루어져야 한다. 학업성취도가 낮은 학생들에게 어려운 교육을 받게 하는 현재의 방식은 문제 있을 뿐만 아니라, 성적이 우수한데도 우대 정책으로 인해 입학을 승인받지 못한 학생들에게도 해를 끼칠 뿐이다. 다행히 미국 정부가 이러한 문제를 인식하기 시작했기 때문에, 앞으로 5년 내에 교육 정책이 달라질 것이다.